中国旅游业普通高等教育应用型规划教材

前厅与客房服务细节管理

王 蕾 主 编

中国旅游出版社

项目策划：孙妍峰
责任编辑：孙妍峰
责任印制：谢　雨
封面设计：何　杰

图书在版编目（CIP）数据

前厅与客房服务细节管理 / 王蕾主编. -- 北京：
中国旅游出版社，2019.11
　　ISBN 978-7-5032-6323-1

　　Ⅰ．①前… Ⅱ．①王… Ⅲ．①饭店－商业服务②饭店
－商业管理 Ⅳ．①F719.2

中国版本图书馆CIP数据核字(2019)第185133号

书　　　名：前厅与客房服务细节管理

作　　　者：王蕾主编
出版发行：中国旅游出版社
　　　　　　（北京建国门内大街甲 9 号　邮编：100005）
　　　　　　http://www.cttp.net.cn　E-mail:cttp@mct.gov.cn
　　　　　　营销中心电话：010-85166536
排　　　版：北京旅教文化传播有限公司
经　　　销：全国各地新华书店
印　　　刷：三河市灵山芝兰印刷有限公司
版　　　次：2019 年 11 月第 1 版　2019 年 11 月第 1 次印刷
开　　　本：787 毫米 × 1092 毫米　1/16
印　　　张：13
字　　　数：309 千
定　　　价：39.80 元
ＩＳＢＮ　978-7-5032-6323-1

前 言

随着我国酒店业的飞速发展和酒店市场的日益壮大，新产品、新服务不断涌现，顾客对酒店产品和服务的期望越来越高，同时越来越多的世界著名酒店集团入驻我国酒店市场，顾客的选择余地不断增大，导致酒店业的竞争日趋激烈。如何提高酒店服务质量，在激烈的市场竞争中处于优势地位，是酒店管理者的基本追求。酒店有形产品的同质化也逐渐被管理人员和消费者接受，酒店管理者清晰地认识到酒店所销售的唯一商品是服务，服务质量是酒店的生命线，是酒店竞争的核心和焦点，提高服务细节管理是酒店制胜的根本。

数据显示，客房部的收入约占酒店总体收入的 66%，客房利润较其他部门利润高出很多，因此客房部是酒店最重要的盈利部门；同时客房部也是酒店提供服务的主要部门。前厅部作为酒店客房销售的部门，一方面左右着酒店营收和利润情况，另一方面也是酒店服务的窗口和门面，因此提升前厅与客房服务管理，应对不断出现的新问题、新情况，加强细节管理，对于提高顾客满意度、提高酒店经济效益和社会效益尤为重要。

全书共 12 章。第一章是前厅部概述，主要阐述了前厅部的地位和功能、组织机构、岗位职责和素质要求，前厅部的设计等内容；第二章是预订服务细节管理，主要阐述了前厅预订服务的种类、渠道、程序以及超额预订的处理等内容；第三章是礼宾服务细节管理，主要阐述了迎送宾客服务管理、行李服务细节管理和金钥匙服务等内容；第四章是前厅接待及收银服务细节管理，主要阐述了前厅接待服务细节管理、客房的分配和收银服务细节管理等内容；第五章是前厅综合服务细节管理，主要阐述了总机服务管理、商务中心服务管理、问询服务管理以及 VIP 服务管理等内容；第六章是宾客关系管理，主要阐述了大堂副理、投诉处理程序和客史档案管理等内容；第七章是前厅销售管理，主要阐述了前厅销售过程管理、房价管理和收益管理等内容；第八章是客房部概述，主要阐述了客房部的地位与任务、客房部的组织机构、岗位职责、与其他部门的关系以及客房的类型等内容；第九章是客房清洁服务细节管理，主要阐述了客房日常清洁服务管理、客房计划卫生管理、客房清洁服务的质量控制和公共区域的卫生清洁管理等内容；第十章是客房服务细节管理，主要阐述了对客服务模式、项目和服务规程，客人类型和服务方法，客房个性化服务、贴身管家服务以及提高客房服务质量途径等内容；第十一

章是客房物资管理，主要阐述了客房物品和设备的分类和管理、客用品的管理、客房棉织品的管理等内容；第十二章是客房安全管理，主要阐述了客房安全管理的意义和内容、火灾安全管理、盗窃事故管理和意外事故安全管理等内容。

　　本书在写作过程中，为了加强对基本管理理论和实践的理解，选用了近期酒店业实际发生的案例，并进行了详细点评，希望能够帮助酒店管理人员和广大读者更深理解现实问题处理的方法和基本原则。同时为了确保研究内容的丰富性和多样性，在写作过程中参考了大量理论、研究文献和网络资料，在此向涉及的专家学者们表示衷心的感谢。

　　最后，限于作者水平，加之时间仓促，本书难免存在疏漏和错误，在此，恳请同行专家和读者朋友批评指正！

作　者
2019 年 5 月

目　录

第一章

前厅部概述

学习目标

【知识目标】

1. 了解前厅部的地位作用及主要任务。
2. 掌握前厅部组织机构及其设置原则。
3. 了解前厅部各组织机构的职能。
4. 了解前厅部主要岗位职责及素质要求。
5. 了解前厅部的设计与布局。

【技能目标】

1. 根据市场竞争需要,设计建立科学、合理的前厅部组织机构。
2. 根据酒店实际,提出前厅部管理的基本要求。

引例:前厅部经理的工作烦恼

刘英是某市五星级酒店的前厅部经理,她刚开完一个管理会议。今天的讨论主要集中在客房销售中存在的问题上。尽管这段时间前厅部的经营没出什么问题,她还是决定仔细地审视一下前厅部的工作,以防出现类似情况:在成本控制方面还有没有漏洞?员工在履行职责时的服务态度如何?她本人与其他部门的经理合作得好吗?这些只是她决定要检讨的几个大的方面的内容。

她把过去三个月的经营情况与自己所做的预测进行比较,结果发现有75%的预测是正确的。她还发现大部分时间,前厅部的劳动力成本被控制在了预算范围之内。但也有三次超过了预算额,当时是有几位临时工没有来上班,使她不得不让正式工加班而付给她们较高的加班费。

她感到有一个地方需要改进。最近，客人经常投诉她手下的两名员工。一个是阿琳，总机话务员，她在接电话时，对客人很不耐烦，三言两语地应付了事。阿琳已经在酒店工作了15年，最近一段时间，她待人缺乏礼貌，一改过去和蔼可亲的样子，过去她的热情礼貌和和蔼可亲曾为她多次赢得"杰出员工奖"。另一个是行李员小马，这个月以来，他多次上班迟到。有一次竟然无故没来上班。问他的时候，他说以后再也不会迟到了。

刘英还记得上个月与市场营销部之间发生的一件不愉快的事，这件事到现在为止还没有了结。当时，刘英告诉市场营销总监王强，说1月份某个周末的客房已订满了，而实际上当天只有25%的开房率。这一小小的错误使得他失去了很大一笔佣金。最近，市场营销部还就有关情况向前台接待员做了了解。

尽管刘英认为她的管理工作做得相当不错，但她也愿意接受改进前厅部管理工作的任何建设性建议。她与总经理李明飞先生进行了交流，李先生希望他的部下能与酒店一起成长。他愿意以任何方式提供帮助。你认为李明飞先生会向她提哪些建议？

点评：

前厅部经理的工作是繁杂又需要耐心和能力的，不仅要管理好本部门的各项工作，还要做好与其他部门的沟通协调。在工作中，要时刻关注各个方面的变化，及时地处理解决问题。这些都要求前厅部经理有良好的人际沟通技巧、丰富的经验、良好的职业素质等，只有这样才能很好地完成前厅部的各项工作。

第一节　前厅部的地位与功能

前厅部是酒店销售商品、组织接待工作、调度业务经营以及为客人提供一系列前厅服务的酒店综合性服务机构。前厅部在酒店中有着举足轻重的地位，这与其接触面广、政策性强、业务复杂，同时直接关系到酒店经济效益等诸多特性相关。

一、前厅部的地位

前厅部在酒店的重要地位，主要表现为以下三个方面：

1. 前厅部是酒店的门面

前厅部位于酒店接待工作的最前列，是酒店最先迎接客人以及最后恭送客人的部门，是给客人留下第一印象及最后印象的服务环节。从心理学角度看，第一印象往往具有先入为主的作用，客人总是带着第一印象来评价一个酒店的服务质量；而最后印象在客人的脑海里停留的时间最长，留下的记忆最深刻。所以前厅部是赢得客人好感的重要阵地，也是客人对酒店服务质量感触最深的部门。

作为酒店的门面，前厅部的服务气氛、服务水平代表酒店总体水平及印象。这不仅包括大堂的整体设计、装饰、陈设布置（见图1-1）；也包括前厅部员工的精神面貌、仪容仪表、服务态度、服务技巧、服务效率及组织纪律等。

图 1-1　酒店前厅接待区域

2. 前厅部是酒店的销售窗口

前厅部是酒店的销售窗口，它左右着酒店客房的出售，管理着酒店收益关系。首先，前厅部通过预订、接待客人、推销客房及其他服务设施，达到销售的目的；其次，前厅部的接待、礼宾、大堂副理等在回答客人的问讯、介绍酒店的设施和提供优质服务的过程中，能够起到扩大销售、促进客人消费的效果；再次，前厅部通过和客人直接或间接的接触，与酒店服务的主体——社会，建立起广泛的联系，从而了解到多方面的信息，为酒店制定销售政策和酒店其他部门的销售提供重要依据和条件。

3. 前厅部是酒店业务活动的中心

前厅部作为酒店业务活动的中心，主要表现在以下四个方面：

（1）前厅部是酒店的神经中枢。前厅部为了有效地组织客源，开展预订和接待业务，必须和旅行社、大使馆、领事馆、各种国际商业机构、国内客户单位、机场、车站、码头等单位保持联系，也必须同旅游团队的领队、陪同等建立联系。同时还必须联络与协调酒店的其他部门，共同为客户服务。所以，前厅部犹如酒店的神经中枢，对外起着联络官的作用，对内则起着业务协调的作用，在很大程度上控制与协调整个酒店的业务活动。

（2）前厅部是酒店的信息集散中心。酒店工作的质量和效率，在很大程度上取决于传递信息的数量、有效性、及时性及准确性。而绝大多数的业务信息都是经过整理、加工再传递给其他相关部门及酒店管理机构的。前厅部作为最先接触客人和最先为客人提供服务的部门，是酒店的信息集散中心，它所收集、加工和传递的信息是酒店管理者进行科学决策的依据。

（3）前厅部的服务始终贯穿客人在酒店居留的全过程。前厅部从客人进入酒店前开始，到客人入住直至离开酒店，在客人于酒店消费的整个过程中扮演着重要的角色，这是酒店其他任何部门都不可替代的。

（4）前厅部是建立良好客人关系的重要环节。前厅部是与客人接触最多的部门，所以前厅部是酒店建立良好的客人关系的重要环节。如希尔顿酒店的员工手册指出，在与客人的关系中每一位员工都代表希尔顿，在客人面前都是希尔顿大使，应与客人建立良好的关系。酒店服务质量水平若从客人角度来分析，"客人满意程度"是重要的评价指

标，而建立良好的客人关系正是提高客人满意度的重要因素。

二、前厅部的主要功能

1. 销售客房

前厅部负责受理客人预订，向客人推销客房，并为客人办理入住手续。前厅部推销客房数量的多少、达成价格的高低，不仅影响酒店的客房收入，也影响酒店餐饮、娱乐、商务等部门的收入。

2. 控制客房状况

前厅部必须在任何时刻都能正确地显示客房状况，准确、有效的房态控制有利于提高客房的利用率及对客服务质量，从而有利于提高酒店的经济收入和利润率。

3. 提供对客服务

前厅部还负责提供各项前厅对客服务，例如在机场、车站接送客人、提供行李服务、迎接服务、问询服务、邮件服务、各项委托代办服务等。

4. 协调对客服务

前厅部要向有关部门下达各项业务指令，协调各部门解决执行指令过程中遇到的问题，联络各部门为客人提供优质的服务。

5. 信息收集、处理与传递

前厅部是酒店的窗口，也是酒店的信息中心。前厅部不仅负责收集、整理各类外部市场信息（如内外经济信息、客源市场信息等），还负责收集、整理各类内部管理信息（如开房率、营业收入、预订情况、客人信息等）。同时前厅部还负责信息的传递工作。

6. 负责客账管理

前厅部负责客账管理工作，记录与监督客人与酒店间的财务关系，以保证酒店及时、准确地得到营业收入，前厅部的客账管理包括客账建立、客账累计、审核及结算等内容。

7. 建立客史档案

客史档案中记录了酒店所需要的有关客人的主要资料，供酒店分析客源市场状况、客人消费项目及能力，制定有针对性的经营决策；是酒店提供针对性服务、研究客人消费心理、提高酒店销售能力的主要依据。

第二节　前厅部的组织机构

一、前厅部的组织结构

酒店前厅部的组织结构受到酒店本身的背景、特点、规模、经营方式、营业对象、目标市场、财务制度、政策法令等诸因素的制约。所以，不同酒店应遵循组织结构设计原则，根据各酒店的实际情况，建立各自最适合的组织结构。

（一）前厅部组织机构图

大、中、小型酒店前厅部的组织机构可参考下列图设置。

1. 大型酒店

在大型酒店中，前厅部通常设有部门经理—主管—领班—普通员工四个层次，但是不同大型酒店的前厅部组织结构也会根据不同的情况有所变化（见图1-2）。

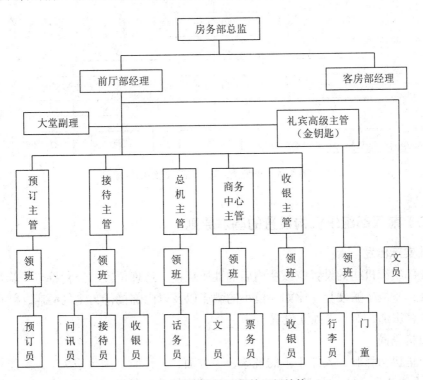

图1-2 大型酒店前厅部的组织结构

2. 中型酒店

中型酒店的前厅部一般由部门经理—领班—普通员工三个层次构成，与大型酒店相比，中型酒店前厅部下设的管理层次较少，职位种类也较少（见图1-3）。

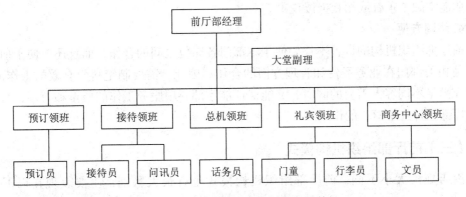

图1-3 中型酒店前厅部的组织结构

3.小型酒店

小型酒店的前厅部通常由客房部下设的总服务台替代，一般只设前厅主管、领班、普通员工三个层次（见图1-4）。

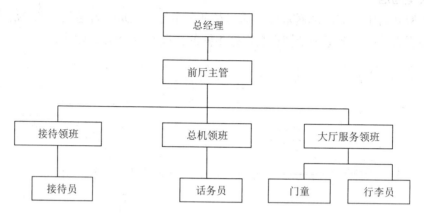

图1-4　小型酒店前厅部的组织结构图

（二）前厅部组织机构设置的基本原则

1.从实际出发

前厅部组织机构的设置应该从酒店的性质规模、地理位置、经营特点及管理方式等实际出发，不能生搬硬套。比如规模小的酒店以及以内部接待为主的酒店，就可以将前厅部并入客房部，而不必独立设置。

2.机构精简

为防止机构臃肿、人浮于事的现象，一方面，要注意"因事设人"，不能"因人设事""因人设岗"；另一方面，也要注意，"机构精简"并不意味着机构的过分简单化，不能出现职能空缺的现象。

3.分工明确

应使每个岗位的员工都有明确的职责、权利和具体的工作内容。在明确各岗位人员职责和工作任务的同时，还应明确上下级隶属关系及信息传达的渠道和途径。防止出现管理职能空缺、重叠或相互推诿现象。

4.协调方便

前厅部组织机构的设置不仅要便于本部门各岗位之间的合作，而且还要便于前厅部与其他相关部门在业务经营和管理方面的合作。因此，需要制定科学有效的工作流程，使之在满足不同客人需要的同时，又能保证前厅部各项服务工作的质量和效率，真正发挥前厅部"神经中枢"的作用。

（三）前厅部组织机构模式

酒店规模大小不同，前厅部组织机构模式也有很大区别，主要表现在以下三个方面：

1. 大型酒店管理层次多，小型酒店管理层次少

大型酒店设有前厅部经理—主管—领班—普通员工四个层次，而小型酒店只设有前厅主管、领班、普通员工三个层次。

2. 大型酒店组织机构内容多，小型酒店组织机构内容少

很多大型酒店前厅部设有商务中心、礼宾部等，而小型酒店可能没有。

3. 大型酒店岗位分工细，小型酒店综合性强

大型酒店前厅部很多职能分开，有不同的岗位负责，而小型酒店则可能将其合二为一，考虑到酒店前厅部与客房部的联系甚为密切，大多数小型酒店都将前厅部与客房部合并称为"客务部"或者"房务部"。也有的酒店考虑到前厅部的销售功能及其与销售部的配合作用，将前厅部划归酒店的销售部，而将客房部设置为单独的部门，另外还有极少数酒店将前厅部单独成立为一个部门，与客务部、销售部并列存在。

二、前厅部主要机构的职能

1. 预订处

酒店前厅部一般设立预订处或订房部，提供预订服务。其主要职能有：接受客人以电话、传真、信函、电子邮件或口头等形式的预订，负责与有关公司、旅行社等客源单位建立业务关系，尽力推销客房并了解委托单位接待要求，密切与前台接待处的联系，及时向前厅部经理及前厅有关部门提供有关客房预订资料。

2. 接待处

前厅部的接待处为客人办理接待入住手续，其主要职能有：接待前来入住的客人，办理入住登记手续，分配房间，负责对内联络，掌握客房出租变化，掌握住店客人动态及客户资料，建立客户档案，控制客房状态，及时更改客房信息，制作客房营业日报表等表格，协调对客服务工作。

3. 问询处

前厅部的问询处是为满足住店客人和来访客人寻求酒店日常服务需要而设，其主要职能有：回答客人有关酒店服务的一切问题和酒店外的交通、旅游、购物、娱乐、社团活动等内容的询问，代客对外联络（主要指机场、车站、码头、游览点等代办服务事项）。

4. 礼宾部

前厅礼宾部又称为大厅服务处，其主要职能有：机场车站等店外迎送，开关车及店门，向抵店客人表示欢迎、致以问候，协助管理和指挥门厅入口处的车辆停靠，确保畅通和安全，代客装卸行李，陪同客人进房并介绍酒店设施、服务项目，为客人搬送行李，提供行李寄存服务，传递客人的信件、传真及邮件等，传递有关部门通知单，雨伞的寄存与出租，代客联系车辆，送别客人，负责客人其他委托代办事项等。

5. 电话总机

前厅部的总机房是酒店电话服务的承担者，其主要职能有：为客人转接电话，提供请勿打扰电话服务，提供叫醒服务，回答电话问询（如查找客人、查询电话号码、查询约会及会议场所等），接受电话投诉，接受电话留言，开通或关闭长途电话业务。

6. 收银处

有些酒店收银处由酒店的财务部管理，但是它的工作地点设在前厅前台处，与前台接待处、问询处等有着不可分割的联系，是前台的重要组成部分，也有的酒店把它纳入到前厅部的组织机构中。其主要职能有：负责为住店客人设立各自的账卡，接受各部门转来的客账资料，与酒店所有消费场所的收款员或服务员保持联系，催收核实账单、及时记录客人在住店期间的各种账款，为客人兑换外币，为离店客人办理结账、收款或转账等事宜，夜间处理酒店的业务收益核算，编制营业日报，记录客人消费情况、客户资料等。

7. 商务中心

商务中心为商务客人提供各类商务所需的服务，例如收发传真、复印、打字及电脑文字处理等商务服务，另外还提供车、船、飞机的票务服务。

第三节　前厅部主要岗位职责及素质要求

一、前厅部主要岗位职责

1. 大堂副理岗位职责

直接上级：前厅部经理。

岗位职责：

（1）代表总经理在大堂处理宾客对酒店内各部门的一切投诉。

（2）代表总经理做好日常的贵宾接待工作，完成总经理临时委托的各项工作。

（3）回答宾客的一切询问，并向宾客提供一切必要的协助和服务。

（4）维护大堂秩序，确保宾客的人身和财产安全以及酒店员工和酒店财产的安全。

（5）负责检查大堂区域的清洁卫生，各项设施设备的完好情况，维护酒店的高雅格调。

（6）负责协调、处理宾客的疾病和其他事故。

（7）督导、检查大堂工作人员的工作情况及遵守纪律情况（前台、财务、保安、管家、绿化、餐饮等人员），管理在大堂区域出现的酒店员工。

（8）夜班承担酒店值班经理的部分工作，如遇特殊、紧急情况需及时向上级汇报。

（9）发现酒店管理内部出现的问题，向酒店最高管理层提出解决意见。

（10）协助各部门维系酒店与 VIP、客人、熟客、商务客人的良好关系。

（11）收集宾客意见并定期探访各类重要客人，听取意见，并整理呈报总经理及各管理部门。

（12）在前厅部经理缺勤的情况下，行使前厅部经理的职权。

（13）参与前厅部的内部管理。

（14）完成前厅部经理临时指派的各项工作。

2. 前厅接待员岗位职责

直接上级：前台接待领班。

岗位职责：

（1）按酒店规定自查仪表仪容，准时上岗。

（2）认真阅读交班记录，完成上一班未完成工作。

（3）热情接待各方来宾，为客人提供良好的服务。

（4）客人到店时，要主动向客人问好。

（5）为客人准确快速地办理入住登记手续，合理安排好各种房间。

（6）准确掌握房态并及时与客房部核对房态。

（7）与各部门密切联系，做好客人资料、信息的沟通。

（8）熟练掌握业务知识及操作技能，负责有关住房、房价、酒店服务设施的咨询推销工作。

（9）做好各类报表打印及统计工作。

（10）能独立安排散客或团队的房间。

（11）灵活处理团队及散客增减房间及房价问题。

（12）了解客情，做好突发事件的解决工作。

（13）认真完成主管和领班交给的各项工作，出现问题及时向上级汇报。

3. 预订处主管岗位职责

直接上级：前厅部经理。

直接下属：预订领班。

岗位职责：

（1）负责客房预订的业务工作，适时了解市场信息和酒店房态，争取最高开房率和营业收入。

（2）审阅所有确认的订房单，与电脑资料核对，确保无误。

（3）掌握即将入住宾客的情况，通知有关部门做好宾客抵达前的准备工作。

（4）统计和分析酒店前期、同期预订情况，预测客房销售情况，为上级决策提供依据。

（5）掌握各销售渠道的合同和信用情况，熟悉各有关单位及联系人情况，以便与他们保持联系与沟通。

（6）主持预订部门工作例会，上传下达，与相关部门做好沟通、合作与协调工作。

（7）每天检查员工的仪容仪表、礼节礼貌、遵章守纪、服务规范等工作情况。

（8）对员工进行培训并进行定期评估。

（9）下班之前与前台核对当日及次日的房态。

（10）完成前厅部经理或其他管理部门所交给的任务。

4. 预订领班岗位职责

直接上级：预订处主管。

直接下属：预订员。

岗位职责：

（1）协助主管的日常工作。

（2）分派和督导预订员工作。

（3）及时通知和落实宾客的特殊要求。

（4）负责检查次日抵达宾客的订房单并与电脑核对，确保无误。

（5）完成主管分派的其他任务。

5. 预订员岗位职责

直接上级：预订领班。

岗位职责：

（1）服从预订处主管和领班的工作安排。

（2）接受和处理电话、传真、面谈等形式的预订，处理更换和取消预订服务。将订房信息输入电脑订房系统，并将资料整理存档。

（3）准备次日 VIP 宾客接待工作。

（4）认真完成预订处主管和领班分派的各项工作，出现问题及时向上级汇报。

6. 礼宾部主管岗位职责

直接上级：前厅部经理。

直接下属：礼宾领班。

岗位职责：

（1）负责礼宾部的全面工作。

（2）主持礼宾部工作例会，上传下达，与相关部门做好沟通、合作与协调工作。

（3）每天检查员工的仪容仪表、礼节礼貌、遵章守纪、服务规范等工作情况。

（4）对员工进行培训并定期进行评估。

（5）认真检查行李的合理存放和分配运送，确保不出现差错，疏导门前车辆。

（6）管理本部门服务用具和工作业务报表，处理来自酒店内外各类与本部门业务有关的投诉。

（7）完成前厅部经理或其他管理部门所交给的任务。

7. 礼宾领班岗位职责

直接上级：前厅部经理或礼宾部主管。

直接下属：门童或行李员。

岗位职责：

（1）协助主管制订工作计划。

（2）准备排班表。

（3）监督、指导员工工作。

（4）督促行李员做好记录。

（5）为住店客人提供帮助。

（6）引导客人参观房间设施。

（7）推销酒店其他设施。

（8）重视客人投诉。

（9）协助工作人员为住店客人过好生日。

（10）检查设施。

（11）做好设备保管保养。

（12）留意宴会指南等大厅布告。

（13）认真填写交接班记录。

8. 门童岗位职责

直接上级：礼宾领班。

岗位职责：

（1）替客人开车门、店门。

（2）问候客人并协助提拿行李。

（3）向客人介绍酒店情况。

（4）替客人联系出租车。

（5）疏导车辆，保持大门前交通顺畅。

（6）雨天必要时为客人提供打伞服务。

（7）当出租车司机不懂外语时，应尽量帮忙翻译。

（8）负责大门口的安全，如果发现有形迹可疑的人，应立即上前询问，必要时交予保安人员处理。

9. 行李员岗位职责

直接上级：礼宾领班。

岗位职责：

（1）搬运行李。

（2）介绍酒店服务项目、当地旅游景点。

（3）帮助客人熟悉周围环境。

（4）送信件、文件、留言等。

（5）替客人预约出租车。

10. 商务中心主管岗位职责

直接上级：前厅部经理。

直接下属：商务中心领班。

岗位职责：

（1）负责商务中心的全面工作。

（2）主持商务中心工作例会，上传下达，与相关部门做好沟通、合作与协调工作。

（3）每天检查员工的仪容仪表、礼节礼貌、遵章守纪、服务规范等工作情况。

（4）负责安排员工班次，监督员工的考勤。

（5）负责制作各类工作报表，并对中心各种设备定时进行清洁和保养，以保证其正常运行。

（6）对员工进行培训并进行定期评估。

（7）检查当班记录。

（8）完成前厅部经理和其他上级管理部门交给的任务。

11. 商务中心领班岗位职责

直接上级：商务中心主管。

直接下属：文员。

岗位职责：

（1）协助主管制订工作计划。

（2）准备排班表。

（3）监督、指导员工工作。

（4）当班期间，安排员工的具体工作。

（5）完成上级交给的其他任务。

12. 商务中心文员岗位职责

直接上级：商务中心领班。

岗位职责：

（1）熟悉传真、打印、复印各项业务，严格按照规程操作，以便为客人提供高效的商务中心服务。

（2）当班过程中出现特殊情况及时向主管请示汇报。

（3）负责制作、传递客人的账务，包括传真、复印、打字的费用。

（4）接听电话，回答客人关于酒店相关业务、知识的问讯。

（5）向当班主管负责，完成主管和领班交给的其他任务。

13. 总机主管岗位职责

直接上级：前厅部经理。

直接下属：总机领班。

岗位职责：

（1）负责酒店电话总机房的管理工作，努力完成每月工作计划，负责计划、监督和指导总机的运营管理。

（2）主持总机工作例会，上传下达，与相关部门做好沟通、合作与协调工作。

（3）每天检查总机员工的仪容仪表、礼节礼貌、遵章守纪、服务规范等工作情况。

（4）对员工进行培训并定期进行评估。

（5）督导话务员爱护酒店各项设备，检查督导其严格遵守计算机操作程序和注意事项，发现问题及时处理。

（6）同工程部联系定期检查电话机线路和有关设备的工作情况，及时保养和维护设备并记录存档。

（7）努力钻研业务，掌握相关电话、电信方面的专业知识。

（8）对酒店发生的失火、盗窃等重大事件，迅速通知有关部门妥善处理。

（9）完成前厅部经理和其他上级管理部门交给的任务。

14. 总机领班岗位职责

直接上级：总机主管。

直接下属：话务员。

岗位职责：

（1）协助主管做好总机工作，制订工作计划。

（2）准备排班表。

（3）监督、指导员工工作。

（4）当班期间，安排员工的具体工作。

（5）完成上级交给的其他任务。

15. 话务员岗位职责

直接上级：总机领班。

岗位职责：

（1）熟悉本组范围内的所有业务和知识。

（2）认真做好交接班工作。

（3）按工作程序迅速、准确地转接每一个电话。

（4）对客人的询问要热情、有礼、迅速地应答。

（5）主动帮助宾客查找电话号码。

（6）准确地为客人提供叫醒服务。

（7）掌握店内组织机构，熟悉店内主要负责人和各部经理的姓名、声音。

（8）熟悉市内常用电话号码。

（9）掌握总机房各项设备的功能，操作时懂得充分利用各功能键并了解各注意事项。

（10）完成上级交代的其他工作。

二、前厅部服务员的素质要求

前厅部是酒店提供服务的重要部门，根据前厅部的工作特点，前厅部服务员通常应具备以下素质。

（1）五官端正，身材匀称，气质高雅，口齿清楚。

（2）熟练掌握岗位相关服务技能和各项规章制度。

（3）了解酒店内各相关营业场所经营时间、项目等情况；了解酒店外旅游景点及娱乐等方面的知识和信息。

（4）能够进行熟练的打字和电脑操作。

（5）具备良好的英语口语水平。

（6）性格活泼，思维敏捷，理解能力和自控能力强，善于应变。

（7）具有良好的酒店意识，包括服务意识、团队意识、服从意识等。

服务细节解析：前台接待"食言"以后……

一天下午，一位香港客人来到上海一家酒店前厅接待处，怒气冲冲地责问接待员："你们为什么拒绝转交我朋友给我的东西？"当班的服务员小黄，连忙查阅值班记录，不见上一班留有有关此事的记载，便对客人说："对不起，先生，请您先把这件事的经过告诉我好吗？"客人便讲述了此事的原委。原来他几天前住过这家酒店，前两天去苏州办事，离店前预订了今天的房间，并告诉前台服务员，在他离店期间可能有朋友会将他的东西送来，希望酒店代为保管，服务员满口答应了，但这位服务员却未在值班簿上做记

录。第二天当客人的朋友送来东西时，另一位当班服务员见没有上一班的留言交代，又见客人朋友送来的是玉器，便拒绝接收，要求他自己亲手去交。当客人知道此事后，十分恼火，认为酒店言而无信，是存心跟他过不去。于是便有了一开始责问接待员小黄的场面。

小黄听了香港客人的陈述，对这件事的是非曲直很快就有了一个基本判断，马上对客人说："很抱歉，先生，此事的责任在我们酒店。当时，服务员已经答应了您的要求，但他没有把此事在值班簿上记录留言，造成了与下一班工作的脱节。另外，下一班服务员虽然未得到上一班服务员的交代，但也应该根据实际情况收下您朋友带来的东西，这是我们工作中的第二次过失。实在对不起，请原谅。"说到这里，小黄又把话题一转，问道："先生，您能否告诉我，您朋友送来让寄存的东西是何物？""唔，是玉器。"小黄听了马上以此为题缓解矛盾："先生，话又得说回来，那位服务员不肯收下您朋友的玉器也不是没有一点道理的，因为玉器一类物品属于贵重物品，并且容易造成损伤，为了对客人负责，我们一般是不转交的，而要求亲手手送，当然您的事既然已经答应了，就应该收下来，小心保存，再转交给您。不知眼下是否还需要我们转交，我们一定满足您的要求。""不必啦，我已经收到朋友送来的玉器了。"客人见小黄说得也有点道理，况且态度这么好，心情舒畅多了，随之也就打消了向酒店领导投诉的念头。

点评：

这件事，服务员小黄处理得很好，值得肯定，但由此暴露的酒店前厅工作脱节造成不良后果的教训更值得吸取。酒店前台工作要避免此类事件的发生，员工应树立整体意识，各个岗位之间，上一班与下一班之间要做好协调工作（包括认真做好值班记录），相互衔接，环环相扣，从而保证整个酒店工作像一个工厂流水线那样顺顺当当地正常运转。

第四节　前厅部的设计与布局

前厅部设计与布局得合理与否，直接影响到前厅提供服务的便利性、舒适性，还会影响到酒店节能、维修保养等方面的问题，因此前厅部的设计与布局会影响到酒店的经济效益和服务水平，是影响酒店服务和经营水平的重要因素。

一、前厅环境设计要求

1. 积极发挥前厅大堂综合服务的作用

大堂是酒店室内部分面积最大、人流最多的交流区域。前厅大堂不仅要显示酒店高大敞亮的豪华气派，而且要集接待、大堂管理、服务、公众休息处等多种功能于一身，空间利用率高。大堂区域可以划分为：入口区域、接待区域、休息区域、通道区域及电梯等待区。在节庆时，大堂更能积极发挥大空间与活动窗口的优势，成为渲染气氛的重要场所。而商务酒店更是充分利用大堂举办商务活动，例如小型商务洽谈会、鸡尾酒会等。所以，在进行前厅环境设计的同时，应根据酒店的实际情况充分考虑这些因素。

2. 崇尚自然、注重生态

创建绿色酒店活动正在国内酒店积极进行，前厅作为酒店的窗口及重要公共活动场所，更应体现出酒店崇尚自然、注重生态的设计理念。例如，注重创造宜人的微气候，利用天然材质、绿色盆栽或鲜花装饰等。

3. 突出主题与个性

雷同与千篇一律的酒店设计已经难以吸引越来越成熟的消费者，主题化与个性化已成为酒店业主们追求的潮流。酒店设计的个性化可以体现在各个方面，而前厅作为客人首先接触的区域，是一个重要的着眼点。

二、前厅功能布局

前厅部是酒店重要的交通枢纽和宣传窗口，也是主要的服务场所和客人活动集散地。因此，前厅的功能布局与行走线路设计是前厅设计的基础。只有在功能完善、布局合理的空间中，服务功能才能充分体现，才能保证客人的需求得到满足。

酒店前厅必须有合理的空间和充足的面积，前厅一般由交通走道、入口门厅区、休息等候区和总服务台、公共休息区以及公共洗手间与电梯等区间及对外服务设施组成，与此相连的还有大堂吧、商场等其他设施。一些酒店还设有中庭，营造出新型多功能空间。前厅是酒店的公共活动中心，人流量大，且路线复杂，如果功能布局的设计缺乏深思熟虑，将很可能造成前厅交通的阻塞，影响整个环境的井然有序，进而影响酒店的经营和管理工作。

1. 入口空间

入口空间是酒店窗口之最前端，具有招徕客人、引导人流的作用，在设计上需要具备强烈的认知性和引导性。

酒店大门作为内外空间交界处，设计日趋多样、完善，体现了酒店的特色。酒店大门的类型分为手推门、旋转门、自动感应门等。大多数酒店的设计为组合设置，手推门加自动感应门或手推门加旋转门等，以满足多方面的需求。大门的组合与酒店所处地域的气候条件有关，而且，不同等级、规模、建筑造型风格及经营特点的酒店，其大门的数量、位置与尺度也相应而异。大门设计一般应达到以下功能要求：

（1）醒目、吸引力。

酒店大门是酒店的门面，其外观要求新颖，显示出酒店的独特标志和文化特色，能对客人构成较强的吸引力。现代酒店常常采用玻璃大门，设计注重门框、拉手、图案、玻璃四周实墙的处理。也有一些酒店就地取材，利用当地的一些建筑材料与民间工艺艺术等，使入口大门产生一种与众不同的艺术效果。

（2）方便进出，保证交通畅达。

酒店大门不仅要考虑一般客人的进出，还要考虑团体客人、轮椅客人的进出，当然也要方便行李的进出。

大多数酒店的正门分为两扇，便于客人进出。客流量大的酒店还可以在正门两侧各开一两扇边门，以便团体客人行李进出酒店。大多数城市开展的无障碍城市建设，要

求酒店有专门针对残疾客人的特殊需要，在大门处设立专供残疾客人轮椅出入的无障碍通道。酒店大门前还应有供客人上下车的空间及回车道、停车场，使客人进出安全、方便。

从入口到大厅内各个功能区间的人流行走线路上可以通过彩色地面图案、吊灯排列等方式，再加上一些艺术陈设的装饰，以及各种指示标志形成明确的人行走向，使具有动感的走线与相对平静的总服务台与休息区互不影响。

（3）隔音、隔尘、防风、恒温。

酒店大门还要求有隔音、隔尘、防风、恒温的功能，以保证大厅内空气清新、温度适宜的安宁环境。所以，酒店大门一般采用双道门。其中一道门作为风幕起到防风作用，另一道门为超声波或红外线光电感应自动门，以减少大门的开启时间，防止空调空气外逸。另外，旋转门也能有效地解决内外温度的空气阻隔问题，降低能源消耗费用。

2. 前台

（1）位置。

前台是酒店首要的对外服务的窗口，一般来说，无论是何种风格的大堂，前台必须设置在比较明显突出的位置，凭借灯光、装饰等手法成为公众瞩目的焦点之一。前台员工应能观察到整个大厅及电梯、商场等各服务场所出入口的情况。一般前台的主轴线应与客人进出酒店大门的直线通道垂直或平行。这不仅有利于员工及早注意到客人，方便对客服务，而且也利于酒店的保安工作。

（2）形状。

前台的外观形状与前厅的整体设计密切相关，不同的柜台风格能够营造出不同的视觉效果，进而营造出不同的大堂氛围。前台的常见形状有直线形、折线形、圆形、半圆形及椭圆形等。各种形状的柜台，具有不同的优缺点。其中直线形、L形、门字形、W形、H形等柜台对客人有效服务的面积较大，因而效率较高；而圆形、半圆形及椭圆形的柜台，会使客人觉得更有浪漫情调，客人能从不同角度看到柜台内的一切。目前很多酒店的前台的格局，采用开放式柜台的形式，消除与客人之间的隔断，更拉近了与客人之间的距离。

（3）材质。

在柜台的材质选择上，主要采用大理石、磨光花岗岩及硬木等材料，以满足经久耐用、易于清洗和美观大方的要求。

3. 公共休息区

位于大堂的公共休息区是客人来往酒店时歇息、等候或约见亲人、朋友时必不可少的场所，休息区对于前厅而言，要求相对安静及不受干扰。所以，最常见的平面布局是将前台和公共休息区分设在入口大门区的两侧，电梯位于入口对面；或者电梯与公共休息区分列两侧，前台正对入口。这两种布局方式都具有功能分区明确、线路简捷，对公共休息区干扰较少的优点。

4. 商务中心

商务中心是客人光顾频繁的营业场所，所以在视觉上不应过于隐蔽。一些酒店采用透明玻璃作为分隔，并配以明晰醒目的图形标识指示。商务中心室内环境要求简洁、明快，符合商务人士的办公习惯，主色调以绿灰、蓝灰为宜。

5. 公共洗手间

公共洗手间是每个酒店在前厅部必备的服务设施，被誉为酒店的"名片"，可见其对酒店形象所起的重要作用。如果一家酒店大厅内装饰得富丽堂皇、一尘不染，但是洗手间却脏乱不堪，无疑会使客人对酒店的卫生产生怀疑，也会使酒店的形象大打折扣。现在很多酒店都已认识到洗手间清洁的重要性，并且将之作为名副其实的休息场所的一部分，不仅整洁干净，而且配备了洗手液、烘干器、手巾、梳子、化妆纸、鞋刷等小物品，让客人从细微处感受到酒店的周到服务。对酒店公共洗手间的测评，可以从以下几个方面着手：

（1）在规格与风格上是否配合酒店的整体装潢，面积是否合理。

（2）是否有明晰可见且符合国家标准的女宾区与男宾区标志与分界。

（3）大厅内是否有洗手间通向指示牌。

（4）洗手间内的镜面是否足够大与完整清晰。

（5）是否备置卫生纸，是否放置在手及之处的容器中。

（6）是否配置洗手液。

（7）是否备有擦手纸与烘干机。

（8）是否有清雅的背景音乐。

（9）空气是否清新，是否摆设绿叶盆栽、花卉。

（10）是否有专人定时清扫，保持洗手间的清洁。

（11）清洗工具是否放置在隐蔽处。

（12）是否配有残疾人专用厕位或残疾人专用洗手间。

6. 团队大堂或登记处

由于团队及会议客人人数多、活动时间集中，规模较大的酒店一般都另设有团队进出口及团队大堂。这一方面能使酒店大堂避免拥挤嘈杂，维持良好的秩序；另一方面也为团队客人办理手续及休息提供方便，图1-5为北京某会议型酒店团队登记处。

图1-5 北京某会议型酒店团队登记处

📖 【本章小结】

　　前厅部是酒店的中枢神经和对客服务的指挥中心，是酒店的销售窗口，是给客人留下第一印象和最后印象的地方，对于提高酒店服务质量和建立良好的宾客关系，具有重要意义。要做好前厅部的管理工作，首先应该掌握前厅部组织机构及其设置原则；了解前厅部在酒店中的地位和作用，前厅部各组织机构的职能，前厅部主要岗位职责、素质要求以及前厅部的设计与布局。通过本章的学习，对于前厅部整体工作建立初步认识，为学习各部门、各岗位服务细节内容和管理工作打下基础。

❓ 【复习思考题】

　　1. 简述前厅部的概念。
　　2. 简述前厅部的地位。
　　3. 简述前厅部的主要功能。
　　4. 画出前厅部的组织机构图。
　　5. 简述前厅部组织机构设置的基本原则。
　　6. 试述前厅部管理人员的素质要求。
　　7. 试述前厅部环境设计要求。

本章案例思考：给客人一点惊喜

　　某日，一位客人气愤地向某酒店大堂经理说，他入住的房间周围比较吵，要求前台接待人员换个比较安静的房间。但是由于其预订的是普通标准间，当日的此类房间已无空余，因而无法换房，客人要求免费退房。

　　大堂经理仔细聆听了客人的诉说后，暂时安顿客人在大堂吧稍事休息就赶忙走到前台询问，前台接待员小江的回答如客人所说，但大堂经理又了解到酒店豪华标准间还有空房。就当机立断将客人的普通标准间换至安静的豪华标准间，并亲自送客人进房间，客人最终满意，并表示下次仍会光临该酒店。

　　点评：

　　随着客人个性化服务要求的不断提高，客人入住酒店后，因为房间朝向、位置、布局等不满而提出换房的现象在大多数酒店都会遇到。处理此类问题时，服务人员应该坚持首问负责制的原则，首先弄明白客人的主要需求，提供相应的服务，从而保证客人住店愉快、舒心。一些比较成功的酒店还会根据客人的个性要求建立客人档案，给回头客一点惊喜，培养客人对酒店的忠诚度。

　　在酒店日常运行过程中，经常会遇到案例中类似的现象。暂且不谈该前台员工缺乏灵活性，工作缺少主动性，值得庆幸的是该酒店大堂经理能及时采取补救措施，将该客人的普通标准间升级至豪华房间，留住了客人。从表面上看，酒店的收入会相对减少，客人好像占了便宜，但是从长远来看，酒店通过提供给客人的一点惊喜——升级房间，为酒店树立了一个良好口碑——"全心全意为客人着想，诚心诚意为客人解决问题"，这也是前厅部的工作宗旨。

第 二 章

预订服务细节管理

学习目标

【知识目标】

1. 掌握预订的概念。
2. 了解预订的方式、种类。
3. 掌握预订的基本程序。
4. 掌握超额预订的概念。
5. 了解超额预订发生纠纷的处理方法。

【技能目标】

1. 能够根据客人要求，完成预订工作。
2. 对于客人不同情况的更改预订，能够给予恰当处理。
3. 对于客人取消预订，能够给予恰当处理。

引例：客房重复预订之后

　　销售公关部接到一个日本团队住宿的预订，在确定了客人提出的要求，包括客房类型和安排同一楼层后，公关部将日本团队全部安排在 10 楼，销售公关部开具了"来客委托书"，交给了前台石小姐。由于石小姐工作疏忽，错输了电脑，而且与此同时，又接到一位中国台湾石姓客人的来电预订。因为双方都姓石，石先生又是酒店的常客与石小姐相识，石小姐便把 10 楼 1015 客房许诺订给了这位台湾客人。

　　当发现客房被重复预订之后，前台的石小姐受到了严厉的处分。处分的原因在于，一是工作出现了差错；二是违反了客人预订只提供客房类型、楼层，不得提供具体房号的店规。这样一来，酒店处于潜在的被动地位。如何回避可能出现的矛盾呢？酒店总经

理找来了销售公关部和客房部的两位经理，商量了几种应变方案。

中国台湾石先生如期来到酒店，当得知因为有日本客人来才使自己不能如愿时，表现出了极大的不满。石先生坚决不同意更换客房，对于前台的解释和赔礼，石先生认为酒店背信弃义、崇洋媚外，"日本人有什么了不起，我先预订，我先住店，这间客房非我莫属"。

销售公关部经理向石先生再三致歉，并道出了事情经过的原委和对前台石小姐失职的处罚，还转告了酒店总经理的态度，一定要使石先生这样的酒店常客最终满意。

这位石先生每次到这座城市，都下榻这家酒店，而且特别偏爱住10楼。据他说，他的石姓与10楼谐音相同，有一种住在自己家的心理满足，更因为他对10楼客房的陈设、布置、色调、家具都有特别的亲切感，会唤起他对逝去的岁月中一段美好而温馨往事的回忆。因此，他对10楼情有独钟。

销售公关部经理想，石先生既然没有提出换一家酒店住宿，表明对我们酒店仍抱有好感，"住10楼比较困难，因为要涉及另一批客人，会产生新的矛盾，请石先生谅解"。

"看在酒店和石小姐的面子上，同意换楼层。但房型和陈设、布置各方面要与1015客房一样。"石先生做出了让步。

"14楼有一间客房与1015客房完全一样。"销售公关部经理说，"我们事先已为先生准备好了。"

"14楼，我一向不住14楼的。西方人忌13楼，我不忌讳，但我忌讳的就是14，什么叫14，不等于是'石死'吗？让我死，多么不吉利。"石先生脸上多云转阴。

"那么先生住8楼该不会有所禁忌了吧？"销售公关部经理问道。

"您刚才不是说只有14楼有同样的客房吗？"石先生疑惑地问。

"8楼有相同的客房，但其中的布置、家具可能不尽如石先生之意。您来之前我们已经了解石先生酷爱保龄球，现在我陪先生玩上一会儿，在这段时间里，酒店会以最快的速度将您所满意家具换到8楼客房。"销售公关经理说。

"不胜感激，我同意。"石先生惊喜。

销售公关部经理拿出对讲机，通知有关部门："请传达总经理指令，以最快速度将1405客房的可移动设施全部搬入805客房。"

点评：

预订重复是容易产生客人严重不满的低级服务错误，但是因为酒店服务是由员工完成的，出现错误是不可避免的，当出现错误的时候，酒店管理人员应从解决现实问题，即解决客人的需要和今后避免类似问题发生两个方面着手解决。在本案例中，管理人员的做法值得提倡，采取补救举措，弥补工作失误，给石先生多种选择的方案，最终让石先生满意。可以看出为了换回酒店的信誉，同时也为了使"上帝"真正满意，酒店做出了超值的服务。此事被传为佳话，声名远播。

此外本案例虽然是人为失误，但是对于预订程序的操作不够规范，也是导致本次失误的重要原因，因此，我们本章就来学习客房预订的基础知识和规范流程。

第一节　客房预订服务概述

　　客房预订是酒店一项重要业务，酒店一般都在前厅部设有预订处，专门受理客房预订业务。对于客人来说，通过预订可以保证客人的住房需要，尤其是在酒店供不应求的旅游旺季，预订具有更为重要的意义。对于酒店来说，客房预订便于提前做好一切接待准备工作，如人员的安排、服务安排等。因此预订业务是酒店非常重要的工作内容。

　　预订是客人通过电话、传真、书信、E-mail、网络等方式与酒店联系预约客房。酒店根据客房的可供情况，决定是否满足客人的订房要求。

　　酒店一般都在前厅部设有预订处，专门受理客房的预订业务。客人通过预订可以保证自己的住房要求，而酒店则可以通过预订做好一切接待准备并提前占领客源市场、提高客房利用率，所以预订是酒店一项十分重要的业务。

一、客房预订的意义

　　酒店通过预订业务拓宽了客户服务在实践、内容等方面的范围，形成更加完整的为客人提供全面服务的概念。

　　（1）开展预订业务是酒店一项有利的促销手段，酒店因此能更广泛、更直接地接触客人，了解需求，吸引客源，使酒店客房达到理想的出租率。

　　（2）开展客房预订业务有助于酒店更好地预测未来客源情况，以便及时调整经营销售策略，在激烈的竞争中把握主动。

　　（3）酒店通过客房预订可以在劳动力、物资、资金等方面进行有效的计划安排，从而有利于提高酒店的管理水平和服务质量。

二、客房预订的主要任务

　　客房预订的主要任务包括：

　　（1）根据客人要求，提供让其满意的理想房间。

　　（2）及时处理客人的订房要求。

　　（3）记录、储存预订资料。

　　（4）完成预订客人抵店前的准备工作。

三、客房预订的方式

　　客房预订的方式多种多样，各有不同的特点，客人采用何种方式进行预订，受预订的紧急程度、客人个人习惯和设备等条件的制约。

　　当前，客人的预订方式主要有以下几种。

（一）电话预订（Telephone）

电话订房较为普遍，它的特点是快捷、方便，客人与酒店可以直接进行沟通，以便客人能够根据酒店客房的实际情况，及时调整其预订要求，订到满意的客房。在实际使用中，可能因语言障碍、电话的清晰程度以及受话人的听力水平等因素影响，导致电话订房出错。因此，预订员必须将客人的预订要求认真记录，并在记录完毕之后，向对方复述一遍，得到客人的确认。

在接受电话预订时，要注意不能让对方久等。因此，预订员必须熟悉当前以及未来一段时间可提供的客房情况。如由于某种原因，不能马上答复客人，则请客人留下电话号码和姓名，待查清房间可供情况后，再通知客人是否可以接受预订。

（二）传真订房（Fax）

传真订房一般为旅行社、团队等单位和组织所采用，是一种较为正式的订房方式，其特点是方便、快捷、准确、正规，它可以将客人的预订资料原封不动地保存下来，不容易出现订房纠纷。

（三）口头订房（Verbal）

口头订房是客人（或其代理人）直接来到酒店，当面预订客房。它能使酒店有机会更详尽地了解客人的需求，并当面回答客人提出的任何问题。同时，也能使预订员有机会运用营销技巧，必要时，还可通过展示客房来帮助客人做出选择。

对于客人的当面口头预订，预订员应注意下列事项：

书写清楚。客人的姓名要清晰工整，不能拼错，必要时请客人自己拼写。

在旺季，对于不能确定抵达时间的客人，可以明确告诉其预订保留到何时（通常是当天18：00）。

如果客人不能确定逗留的确切天数，也要设法请客人提出最多和最少的天数。

（四）合同订房（Contract）

合同订房是酒店与旅行社或商务公司之间通过签订订房合同，达到长期出租客房的目的。

（五）国际互联网预订（Internet）

随着信息时代的到来，国际互联网预订是现阶段酒店客房预订的一种新模式。

1. 国外互联网预订

20世纪80年代，计算机、信息通信技术以及一些相关技术领域取得了重大的发展，这些技术有力地推动了更加先进的预订系统的产生。真正意义的网络预订应从这个阶段开始的，最早是航空公司开始使用计算机进行预订机票业务。由于航空公司的产品和旅游酒店的产品同样都具有不可储存性，国外一些酒店集团敏锐地发现了这一共同点和这一系统的潜在价值，于是开发了更适合于酒店预订的系统即CRS（中央预订系统），完成了酒店预订系统的一次历史性飞跃。这一系统就是我们现在所说的全球分销系统（Global Distribution System，GDS）。GDS 系统的产生颠覆了以往必须使用电话或者面对面进行预订的观念，中间商可以通过其安装的预订终端向酒店发出预订要求。30 多年来，这种基于行业内部局域网的网络预订模式一直是各大酒店集团开展网络预订业务所使用的主流方式。

现阶段，国外大多数酒店集团投入了大量资金开发自己的计算机网络预订系统。如世界上最大的酒店集团，假日集团的预订系统 HOLIDEX 共有 2500 个终端，假日集团成员酒店 33% 客房销售是通过它实现的。可以说在激烈竞争的酒店市场上，谁拥有强大的预订系统，谁就可以占据市场竞争的有利地位。如 Until International，它在 40 多个国家设有代表处，为 6000 多家酒店代理预订业务。

2. 国内互联网预订

随着我国互联网的普及，越来越多的酒店开始利用互联网发展业务，并从中获益。我国互联网订房的主要途径有三个方面：利用企业自身网站、利用网络订房中心等旅游中间商、利用其他网站。

（1）利用企业自身网站。

目前大部分酒店都已经建立了自己的网站，但网站的利用率目前不太理想，大多数酒店没有投入足够的人力和财力进行酒店网页建设和网络实时销售业务。

（2）利用网络订房中心等中间销售商。

随着旅游业的发展，旅游中间商的范围不断扩大，出现了像北京艺龙公司、携程计算机技术（上海）有限公司等利用网络平台等手段为客人提供中介服务的网络订房中心，这些订房中心开展了一定规模的网络订房业务。北京艺龙公司、携程计算机技术（上海）有限公司都已经成功地在美国纳斯达克上市。除了这两家比较大型的公司外，在全国范围内还有近千家的规模中等或小型的网络订房中心。

网络订房中心有其自身的优势。第一，网络订房中心以先进的技术为依托，技术手段现代化。第二，较大型的网络公司资金雄厚，形成规模效应。第三，网络订房中心业务覆盖面广，对旅游产品进行有效整合。酒店利用网络订房中心开展预订业务可以取得：①扩大酒店客源范围，提高酒店的客房利用率；②在更广阔的范围内宣传酒店。

（3）利用其他网站。

酒店利用现有的各类网站资源进行网络宣传，如网络广告、相关链接等途径。利用此种途径的原则是用最少的资金获得最大的宣传。

随着科学技术的不断发展和进步，酒店应分析自身的特点确定投入的方向和投入比例，使网络销售发挥更大的作用。

第二节 客房预订种类和渠道

一、客房预订的种类

酒店在处理客人的订房时，一般分为非保证类预订和保证类预订两大类。

（一）非保证类预订

1. 临时预订（Advance Reservation）

临时预订是指未经书面确认或未经客人确认的预订，通常酒店会与客人约定将客房保留到 18：00。如届时客人未到，该预订即被取消。

这类预订通常是客人在即将抵达酒店前很短的时间或在到达的当天联系订房。在这种情况下，酒店一般没有足够的时间（或没有必要）给客人寄去确认函，同时也无法要求客人预付订金，所以，只能口头承诺。

2. 确认类预订（Confirmed Reservation）

通常是指以书面形式确认过的预订（或客人已经以口头或书面形式对预订进行过确认）。对于持有确认函来店登记住宿的客人，可以给予较高的信用，因为这些客人的地址已被验证，向他们收取欠款的风险较小。

对于确认类预订，酒店依然可以事先声明为客人保留客房至某一具体时间，过了规定时间，客人如未抵店，也未与酒店联系，酒店有权将客房出租给其他客人。

（二）保证类预订（Guaranteed Reservation）

保证类预订是指客人保证前来住宿，否则将承担经济责任，因而酒店在任何情况下都应保证落实的预订。

保证类预订有以下三种形式。

1. 预付款担保

预付款担保是客人通过交纳预付款而获得酒店的订房保证。假如客人预订住房时间在一天以上，并且预付了一天以上的房租，但届时未取消预订又不来入住，酒店收取一天的房租，把余款退还给客人，同时，取消后几天的订房。如果客人在邻近住店日期时订房，酒店没有足够的时间收取订金，可要求客人用信用卡担保预订客房。

2. 信用卡担保

除了支付预付款以外，客人还可以使用信用卡做担保预订酒店客房。这样，如果客人届时既未取消预订，也不来登记入住，酒店就可以通过发卡公司收取客人一夜的房租，以弥补酒店的损失。

3. 合同担保

这种方法虽不如预付款和信用卡那样被广泛使用，但也不失为一种行之有效的订房担保方式。它是酒店与经常使用酒店设施的商业公司签订合同，当公司的客户要求住宿时，公司就与酒店联系，酒店会为其安排客房，即使客人未入住，公司也保证支付房租，同时，客房也被保留一个晚上。

对于保证类预订，酒店无论如何要保证其房间，只要客人一到就为其提供客房或代找一间条件相仿的房间。在后一种情况下，酒店要代付第一夜的房费以及其他附带费用，如出租车费和打到家里或办公室的电话费等，这就是所谓的"第一夜免费制度"。

服务细节解析：因小失大

厦门，金秋，时值旅游旺季。从事鞋业销售工作的何先生接到上海一位客商打来的电话，说第二天晚上将从上海飞至厦门，希望何先生为他订好一间客房。何先生考虑到时下客房紧张，于是就急忙向附近的某家五星级酒店预订了一间商务房。

次日，何先生仍不放心，因为昨天该酒店没有收到他的订金，于是又匆忙赶到这家酒店，直接用自己的身份证办理了入住手续，付了两个晚上的押金。

何先生吃完晚饭，心想该开车到机场去接这位客商了。不曾想却接到这位客商从上海打来的电话，说因家中有急事耽搁，要拖后一天才能来，而且在上海已把机票退了，同时表示抱歉，忘了打电话告知。

人既然不能来了，也不好责怪人家。何先生只好驱车来到原先订好房间的这家酒店，想把今天的房间退了，改为从明天开始入住。

何先生到酒店时，正好是晚上7：00，"小姐，今晚我这个房不订了，我的客人明天才能来，能不能今天就不算我的钱，我明晚开始照样要住两个晚上的，你看可以吗？"

前台接待员小徐不假思索地说："哦，对不起，现在已超过傍晚6点，按规定即使现在退房也要算你一天房费的。"

何先生也知道有麻烦，但还是不想放过争取的机会。

于是又进一步说道："小姐，这个房间我是为朋友订的，我虽然已付了钱，但今天确实没有住过，能不能通融一下？"

"对不起，我没有这种权利。再说您的资料已经输入电脑了，不是说改就能改的。不过，你既然明天开始还是在我们这里住两天，我倒可以建议大堂副理帮你打折，这样三天下来也就损失不多了。你看可以吗？"小徐耐心地解释，并提出善意的建议。

何先生陷入了沉思。假如上海老兄明天仍然无法来的话，后面麻烦不就更大了？凭他的直觉，这位上海老兄明天有可能还来不了。更何况，即使上海客商来了，叫人家结了三天的房费，尽管房费降低，但人家怎么理解呢？他沉默良久，倒是徐小姐打破沉寂，爽快地说："我还是请大堂副理过来和您说吧。"

大堂副理小陈很快出现在何先生面前。何先生把情况如实相告后恳请大堂副理通融，并说以往他的很多客户都是经他介绍入住到该酒店的，如果今天的事情能解决，保证今后仍然介绍客户过来住。

大堂副理小陈也感到为难，同样坚持徐小姐的意见，因为他只有一定的打折权，而没有免单权。假如请示上司，小陈以前也曾因类似事情而碰过钉子，他不想找这种麻烦。最后还是没有答应何先生的要求。无奈，何先生最后还是结了一天的房费。

不过，他同时也没有再预订明天的房间了。

点评:

前台接待员小徐和大堂副理小陈对此事的处理,应当说没有什么可指责的地方,小徐做过挽留客户的努力,小陈表达了他的为难之处。当然,小陈若再请示上司是可以的,但他碰过钉子,谁还愿意为挽留一个客人而给上司留下"不善于处理问题"的印象呢?

小徐和小陈最后还是眼睁睁地看着这位客人走了。他们也知道,虽然今天这间房的房费没有损失,但是后两天甚至今后可能更多由这位客人带来的营业收入就这样丢掉了。因小失大,这是显而易见的。

小徐和小陈没有过错,而客人却走了。问题究竟出在哪里?我想,这与管理者对经营的灵活性和"对客问题处置权"的下放等方面的认识不足有关。意识不到位,政策必然有缺陷。假如上层经营管理决策者能深入现场亲身感受上门客人对酒店的期望和殷殷之情,亲身感受一线人员的为难之处和为酒店着想的强烈愿望,亲身感受在"买方市场"下的市场竞争激烈气氛等,一定就不会责备小陈等人"要"过大的权力和做过多的请示了。小陈则可以根据客户的实际情况和考虑这位客人将带来的潜在客源做出迅速而灵活的处理。比如,这一天的房费或按半天计算,或按钟点房计费甚至干脆全免(旅游旺季,客房紧张,何先生退房后,这间房可能有其他客人入住,这间房当天的收入还是没有损失的)。

当然,一线人员的自身素质也必须尽快提高,这样,上级下放对客问题的处置权力才具有实质性的意义。

二、客房预订的渠道

了解客人的预订渠道对于促进酒店销售,提高开房率,具有重要意义。客人的订房渠道通常有以下几种。

1. 散客自订房

拟住店客人通过电话、传真、面对面等方式自行订房。

2. 旅行社订房

旅行社通常与酒店有合同,负责为酒店提供客源,酒店以较低的价格将客房出租给旅行社,旅行社在房价中获得一定的折扣。这种订房渠道虽然房价很低,但可以保证酒店有一定数量的稳定客源。

3. 协议公司订房

公司、政府或事业单位为招待本单位外来客人,与酒店签订合同,酒店以较低的价格将客房出租给对方单位。

4. 会议组织订房

会议组织机构在为会议客人订房时,一般还要对酒店的其他产品进行预订,主要包括会议室及会议设备、餐饮、用车等。

5. 连锁酒店或者合作酒店订房

为了加强自己的竞争力,酒店选择加入酒店集团,成为连锁酒店,连锁酒店间可以相互提供免费订房服务，这使连锁酒店在订房上具有明显的优势。为了与连锁酒店竞争，一些独立的酒店之间开展了订房业务合作，建立自己的预订网络。

6. 国际订房组织订房

UTELL、STERLING 和 SUMMIT 曾经是国际上三大著名订房中心。目前，这三大组织已合并，冠名为 SUMMIT，一举成为全球最大的销售订房中心之一。SUMMIT 订房组织具有几大特点：第一，它的客人层次很高，主要为高级商务客，全部选择入住五星级酒店；第二，它的客源多，SUMMIT 代理了全球所有主要航空公司、旅行社和跨国商务公司的预订系统，拥有 92 家成员酒店和遍布全世界的 52 个订房中心；第三，加入网络的成员酒店档次高，这些成员均为五星级酒店；第四，订房渠道畅通，SUMMIT 可以通过 GDB（全球销售系统）、Internet 和 Travel Web 网络订房；第五，有较强的销售组织保证，SUMMIT 有专职销售人员，分布在世界各主要城市，通过销售访问为成员酒店推广。

7. 网上订房中心

随着互联网技术的发展和普及，国内外出现了网上订房中心，如国内著名的、已在美国上市的携程、艺龙旅行网等网站。这类订房在酒店销售中所占比重越来越大，呈逐年攀升的趋势。几乎每家大型酒店都与数十家订房中心签署了订房协议，个别酒店甚至与 60 多家订房中心签署了协议。实际上，因为存在管理成本问题，酒店签署的订房中心并非越多越好。所以，酒店应对订房中心每年梳理一次，淘汰一批，再签约一些新的。

第三节 客房预订的程序

一、预订前准备

客房预订业务是一项技术性较强的工作，如果组织得不好，常会出现差错，以至于影响对客服务质量和整个酒店的信誉。为了确保预订工作的高效有序，必须建立科学的工作程序。客房预订的程序具体如图 2-1 所示。预订前做好准备工作，才能给订房客人迅速准确的答复，从而提高预订工作的水平和效率。

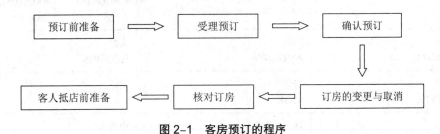

图 2-1 客房预订的程序

（1）预订人员上班时按照酒店规定的要求规范上岗，做好交接班。

（2）接班时预订人员查看上一班预订资料，问清情况，掌握需要处理的、优先等待的、列为后备预订等事宜。

（3）预订人员正式开始工作前，检查计算机等设备是否完好，准备好预订单、预订

表格等各种资料和用品，摆放整齐规范。

（4）预订人员上岗后，要对可预订的各类客房做到心中有数，以便向客人提供准确的可订房间情况。

二、受理预订

接到客人的订房申请后，意味着预订程序正式开始，预订人员要认真仔细地开展各项工作。

（1）预订员应迅速查看在预订期内有没有客人要求的房间，以及是否符合客人的订房要求，决定是否接受客人的申请。

在决定是否接受客人订房要求时，应考虑以下几个方面的因素：客人预期抵达的日期、客人所需客房的种类、客人所需客房的数量、客人住店的天数、客人对房价及其他的特殊要求。

（2）预订员要根据上述条件决定是否接受客人的订房要求。若客人的上述需求与酒店的接待能力和规定相吻合，则予以接受；反之，则予以婉拒。

（3）如接受预订则意味着对预订客人的服务工作开始，预订人员要填写"客房预订单"。客房预订单如表 2-1 所示。

（4）填写客房预订单时，预订员要逐栏逐项填写清楚，并向订房人重复其主要内容。

（5）客房预订单一般包括的主要内容有：客人姓名、人数、国籍、抵离店日期及时间、车次或航班、所需客房种类和数量、价格、付款方式、预订人姓名、单位及地址、电话号码、特殊要求等信息。

（6）如客房的可供出租状况不能全部满足客人的要求时，预订员应建议客人做些更改，主动提出一系列可供客人选择的建议，如最后仍无法满足客人要求，预订员需顾及客人心理，要以友好、遗憾和理解的态度对待客人，并希望客人下次光临本店。

表 2-1　客房预订单

客房预订单 RESERVATION APPLICATION		□ 新订 NEW BOOKING	□ 更正 AMENDMENT NO:
客人姓名 GUEST NAME	间数 AMOUNT	人数 PERSONS	
房间类型 ROOM TYPE	房价 RATE		
预抵日期 ARRIVAL DATE	预离日期 DEPARTURE DATE	申请人 NAME OF APPLECATE	
所属公司 FIRM	电话号码 PHONE	申请日期 DATE OF APPLECATE	
备注 REMARKS		预订人 CLERK	

（7）如果客人以书面形式进行订房，而酒店不能满足时，也应立即复函，以表歉意。
附：

致歉信

亲爱的_____：

在_____日期内，由于客满而不能接受您的订房要求，我店深表歉意，感谢您对本店的关照，希望以后能有机会为您服务。

××酒店

三、确认预订

接到客人预订要求并经核对，酒店可以满足客人订房的要求，预订人员的工作转入确认预订的程序。

（1）预订员应及时发出预订确认书。确认书中应复述客人的订房要求、房价及付款方式，申明酒店对客人订房变更、取消预订的规定。对确认类预订的客人告知最后抵达酒店时限，对保证类预订的客人申明收取预订金。

（2）根据国际订房惯例，不管订房人以什么方式订房，酒店都应向客人传真或电邮书面订房确认书。

四、订房的变更与取消

酒店接受并确认了客房预订后，客人可能会由于各种原因对原来的预订提出变更要求，甚至取消预订，预订人员要重视并做好预订的变更或取消工作。

1. 变更预订

（1）填写预订变更单。预订员在填写预订变更单时不能在原订房单上涂改，必须重新填写，设计预订单时也要考虑此类情况。要根据客人的姓名抽出原订房单，用于查对客人预订的有关要求，在填写预订变更单时，应把变更的内容填写在备注栏内。如果客人通过电话提出更改预订要求时，预订员除了记录变更内容外，还应记录来电人的姓名、地址和电话号码。

（2）修改原始预订总表。客人更改预订，应按接受一个新的预订工作程序办理，首先取出客人的订房资料，根据更改记录，修改电脑记录中客房预订总表。如更改内容涉及一些原有的安排（如接送时间、订餐等）应及时向有关部门发更改通知单。若时间允许，应重新给客人发一份预订确认书，以表示前一份确认书已失效。

（3）如果客人变更预订，非保证类预订通知酒店即可。保证类预订则根据客人向酒店通知变更对酒店造成的损失情况，在保证金中扣除一定的金额作为补偿。

2. 取消预订

取消预订意味着酒店可实现销售收入的损失，是酒店不愿意看到的事情，因此在处理取消预订时，预订员的态度往往不如受理预订时积极。调查表明90%因特殊原因取消预订的客人，在后来的订房中仍会返回原酒店住宿。因此，预订员应尽可能地待客礼貌、服务快捷。即使取消预订的客人不再返回本店住宿，依然要礼貌服务，给酒店营造良好的形象。预订员在接到客人取消预订通知时，要进行下列工作：

询问客人姓名、地址以及预计抵店时期和离店日期；建议客人进行预订更改；如客人表示不愿意，应向客人表示惋惜，并向客人表示期待客人的下一次惠顾，愿意为其再次服务；抽出原始订房单，标注"已取消"字样并签名；资料存档。

五、核对订房

由于客人抵店前经常出现取消或变更订房的情况，因此，需要订房部门做好客人抵店前的核对工作，以确保订房准确无误。订房核对工作一般分三次进行，分别为客人到店前一个月、一周和前一天。

（1）在客人抵店前一个月进行第一次核对订房工作，以电话、传真或邮件等方式直接与订房人联系，问清是否能如期抵店，住宿人数及时间有无变化等情况。

（2）在客人抵店前一周进行第二次核对订房工作，程序和方法与第一次核对相同。

（3）在客人抵店前一天进行第三次核对订房工作，对预订内容要仔细检查，发现问题要立即与有关部门联系，商量解决办法和补救措施。

六、客人抵店前准备

客人抵店前的准备工作，是前厅服务过程中非常重要的前期工作，必须达到有序、细致、无误的标准，以便于各服务接待部门为不同客源、不同身份和特点的客人提供有针对性的个性化服务，同时提前做好充分准备。

（1）预订员提前一周或数日，将主要客情，如重要贵宾（VIP）、大型会议及团队等信息通知各有关部门，可向有关部门分发重要客人预报表。

（2）客人抵店前夕，将具体接待安排以书面形式通知有关部门，使各部门做好对客服务的准备工作。通知单主要有：VIP接待通知单、接站单、订餐单、次日抵店客人名单等。

（3）客人抵店当天早上，接待员根据抵店客人名单，提前预分好房间，并把钥匙信封、住房登记单准备好。将有关细节通知有关部门，以搞好接待，共同完成客人抵店前的各项准备工作。

服务细节解析：预订的"婚房"

王先生在新婚之日来到酒店，要求办理在一个月之前预订的新婚套房的入住手续。接待员查看后，发现他所预订的套房住着一位一周前住店、延期离店的李先生。王先生在前台大闹。接待员请来经理，经理了解情况后，立即将王先生请入办公室，端上饮料和果盘，对抵店准备工作的疏忽向王先生表示深深的歉意。补救方法是以原房间对折的价格准备一间更高档次的豪华套房作为王先生的新婚套房，并且在王先生的婚宴上每桌免费赠送一个特色菜，以表歉意。王先生虽然接受了这个建议，但又要求酒店给当日婚宴打八折，否则一定要原来预订的房间。经理陷入两难境地。

评析：

按照国际惯例，预订客房属于受到法律保护、必须提供的要约，本案例是因为服务人员没有很好地遵守预订的基本程序，特别是在客人抵店前，核对订房工作没有做好。在解决问题过程中，经理已经无法满足王先生的要求，只能寻求其他解决方案，如将相应的优惠条件给李先生，请求李先生另外入住房间，同时酒店应采取措施，规范预订程序，避免今后类似问题的发生。

第四节 超额预订及订房纠纷处理

一、超额预订

超额预订（Overbooking）是指酒店在一定时期内，有意识地使其所接受的客房预订数超过其客房接待能力的一种预订现象，其目的是充分利用酒店客房，提高开房率。

由于种种原因，客人可能会临时取消预订，或出现"No Show"现象，或提前离店，或临时改变预订要求，从而可能造成酒店部分客房的闲置。为保证开房率，酒店可以进行超额预订，减少损失。

超额预订需要有一个"度"的限制，以免过多超额而导致有些客人不能入住，也要避免过少超额而使部分客房闲置。一般情况下酒店的超额预订比例应控制在10%~20%，但现阶段随着我国经济建设的发展，酒店特别是客房面临着供过于求的局面，大多数酒店没有可能出现超额预订的情况，超额预订通常会出现在旅游地区、旅游旺季和节假日，具有很高的随机性。因此，它是订房工作中一个非常棘手的问题，需要慎重对待。那么到底怎样确定超额预订数呢？

1. 超额预订的影响因素

超额预订数要受预订取消率、预订而未到客人之比率、提前退房率以及延期住店率等因素的影响，它们之间存在一个关系式，从而可以帮助酒店确定超额预订的具体数量。

2. 超额预订数的确定

预订取消率、预订而未到客人之比率、提前退房率以及延期住店率等因素之间存在如下关系：

超额预订房数 = 预计临时取消预订房数 + 预计预订而未到客人房数 + 预计提前退房房数 – 延期住店房数

= 酒店应该接受当日预订房数 × 预订取消率 + 酒店应该接受当日预订房数 × 预订而未到率 + 续住房数 × 提前退房率 – 预期离店数 × 延期住店率

假设：X= 超额预订房数；A= 酒店客房数；C= 续住房数；r_1= 预订取消率；r_2= 预订而未到率；D= 预期离店房数；f_1= 提前退房率；f_2= 延期住店率，则：

$$X=(A-C+X)\times r_1+(A-C+X)\times r_2+C\times f_1-D\times f_2$$

$$X=C\times f_1-D\times f_2+(A-C)(r_1+r_2)/1-(r_1+r_2)$$

设超额预订率为 R，则

$$R = \frac{X}{A-C} \times 100\%$$

$$= \frac{C \times f_1 - D \times f_2 + (A-C)(r_1 + r_2)}{(A-C)[1-(r_1+r_2)]} \times 100\%$$

例如：某酒店有标准客房 1000 间，未来 10 月 2 日续住房数为 300 间，预期离店房数为 200 间，该酒店预订取消率通常为 5%，预订而未到率为 2%，提前退房率为 3%，延期住店率为 4%，试问，就 10 月 2 日而言，该酒店：

（1）应该接受多少超额订房？

（2）超额预订率多少为最佳？

（3）总共应该接受多少订房？

解：

（1）该酒店应该接受的超额订房数

$X = C \times f_1 - D \times f_2 + (A-C)(r_1 + r_2) / 1 - (r_1 + r_2)$

  = 300 × 3% − 200 × 4% + （1000 − 300）（5% + 2%）/1 − （5% + 2%）

  = 63（间）

（2）超额预订率

$$R = \frac{X}{A-C} \times 100\%$$

$$= \frac{63}{1000-300} \times 100\%$$

= 9%

（3）该酒店共应该接受的客房预订数

  = $A - C + X$

  = 1000 − 300 + 63

  = 763（间）

答：就 10 月 2 日而言，该酒店应该接受 63 间超额订房；超额预订率最佳为 9%；总共应该接受的订房数为 763 间。

二、超额预订的操作控制

超额预订的处理要有一定的灵活性和随机性，掌握好以下几个方面的情况，有利于做好超额预订的操作控制，避免超额预订过度和客房空置问题。

1. 掌握好团体订房和散客订房的比例

团体订房是事先有计划的，取消和无故不到的比例可能性很小，即使是取消预订，一般也会事先通知。而散客的特点是随意性比较大，受外界因素的影响大，所以，在团体预订多而散客预订少的情况下，超额预订的比例就要小一些。反之，散客订房多，团体订房少时，则超额预订的比例就要大一些。

2. 根据预订情况分析订房动态

订房情况分析是对住店客人中提前预订者和不提前预订者做百分比分析。如果住店的客人一贯是提前预订，而不经预订直接住店的客人所占的百分比很小，那么在掌握超额预订上就要加大比例，以避免因为客人的临时取消而造成的客房闲置。反之，则超额预订的量就要小些。同时对于那些经常订房不到的单位和个人要做好记录，以后处理超额订房时可先占用这些单位和个人的房间，增加超额预订的数量。

三、订房纠纷处理

酒店因客满不能安排预订客人入住，或客人抵店时所提供的房间不能尽如人意等情况时有发生。一旦发生订房纠纷，酒店应根据不同情况妥善处理。

（一）因超额预订引起的订房纠纷

常见的订房纠纷是因为超额预订引起的。对于超额预订，从实践上虽然是可以理解的，但从法律意义上讲是违法的，因为酒店接受了客人的预订，就意味着在酒店与客人之间确立了关于客房出租的某种合同关系。而酒店进行超额预订，势必会因此在某个时间，使某个或某些客人不能按"合同"约定的条件（预订要求）入住，这就相当于酒店单方面撕毁合同，因此，客人有权利进行起诉。对此，酒店经营者应当有个清醒的认识，对于因超额预订而不能入住的客人，应该妥善处理。

如果因超额预订而不能使客人入住，按照国际惯例，酒店方面应该：

（1）诚恳地向客人道歉，请求客人谅解。

（2）立即与另一家相同等级的酒店联系，请求援助。同时，派车将客人免费送往这家酒店。如果找不到相同等级的酒店，可安排客人住在另一家级别稍高一点的酒店，高出的房费由本酒店支付。

（3）如属连住，则店内一有空房，在客人愿意的情况下，再把客人接回来，并对其表示欢迎（可由大堂副理出面迎接，或在客房内送鲜花等）。

（4）对提供援助的酒店表示感谢。如客人属于保证类预订，则除了采取以上措施以外，还应视具体情况，为客人提供以下帮助：

①支付其在其他酒店住宿期间的第一夜房费，或客人搬回酒店后可享受一天免费房的待遇。

②免费为客人提供一次长途电话费或传真费，以便客人能够将临时改变地址的情况通知有关方面。

③次日排房时，首先考虑此类客人的用房安排。大堂副理应在大堂迎候客人，并陪同客人办理入住手续。

（二）其他原因引起的订房纠纷

日常发生的订房纠纷，除了因酒店实施超额订房引起的，还有以下几个主要原因：

（1）客人通过信函要求订房，因客满酒店在回信时同意列为候补。

（2）客人抵店时间已超过规定的留房截止时间，或是未按指定的航班、车次抵达，事先又未与酒店联系，酒店无法提供住房。

（3）客人打电话到酒店要求订房，预订员同意接受，但事后并未寄出确认书，客人

抵店时无房提供。

（4）客人声称自己办了订房手续，但接待处没有订房记录。

（5）价格上发生争执或因不理解酒店入住和住房方面的政策及当地法规而产生不满。

酒店在处理上述订房纠纷时，既要分清责任，维护自身的合法权益，又要耐心、诚恳，设身处地为客人着想，帮助客人解决问题。注意"情、理、法"三者兼顾。

第一种情况，不能视为准确订房，故此酒店如果实在无法保证客人住房，可以委婉地向客人解释酒店不予提供住房的做法。

第二种情况，虽为确认订房，但已超过了酒店规定的留房时限。显然，因这种情况发生纠纷，责任不在酒店一方。但是对客人同样要热情接待、耐心解释，并尽力提供帮助，绝不可与客人争吵。如果酒店没有空房，可与其他酒店联系安排客人入住，但酒店不承担任何费用。

第三种情况，虽无书面凭证，但从信义上讲，口头承诺应同书面确认一样生效。遇到这种情况，应向客人道歉，尽量安排客人在本酒店住宿，实在无房提供，可安排客人在附近酒店暂住，次日接回并再次致歉。最忌讳酒店处理此类问题时借口未确认而对客人失礼。

第四种情况，接待处要与预订处联系，设法找到客人的订房资料，看是否放错或丢失，或是其他原因。如经查找，确认客人是前一天的订房客人，但未能按时抵店；或是客人提前抵店，在酒店客满的情况下，前台接待人员应尽力提供各种帮助，为客人解决面临的困难。如经查找，确认是当天抵店的订房客人，但酒店此时已无法提供客房，而必须将客人安排在其他酒店，那么应按超额预订的补救方法处理。

第五种情况，前台接待人员必须耐心而有礼貌地向客人做好解释工作，使其既接受现实又不致产生不满情绪，无论如何不能与客人发生争执。

服务细节解析：超额预订过度

A市现有四星级以上酒店近20家，客房数近10000间，就目前接待规模而言，A市客源明显不足，开房率普遍较低。最近有一个全国性的大型洽谈会在A市召开，这一活动无疑给A市星级酒店带来生机。组委会选择了H酒店作为会议主会场，预计用房约300间。共有客房368间的H酒店将会议期间的预订散客用房、长包房以及现有的住店客用房等可变因素进行综合分析以后认为，向洽谈会提供300间客房没问题。由于本次住宿以会议团体为主，最后确定超额预订率为2%，但到会议当天出现了超额预订过度现象。在结账高峰前期，因散客没有退房，加之超额预订导致的房源紧张，还有一些参会人员携带家属及其他不可控因素，导致大堂一片混乱。会务组人员、参会人员纷纷指责酒店方只重经济利益，客人来了没有地方入住，要求退房，另寻酒店。

点评：

确定超额预订率为2%这一比例严格来说并不为过，但酒店仍未考虑到会议团体的用房数的可变性，因为会有一些非会议的家属随同前来，另外还有可能会有一些会议团队客人要求单独住一间房等情况，结果造成酒店出现超额预订过度现象。不过，A市酒店客房相当充足，此时可以考虑将一些散客安排到其他同等级酒店中去。

总之，处理订房纠纷是一件复杂、细致的工作，有时甚至很棘手。前台服务人员要注意平时多积累经验和技巧，善于把握客人心理。为了做好善后工作，防止类似纠纷的发生，还应记录酒店负有失约责任的住客名单，呈报管理部门，并记入客史档案。

客房预订工作业务量大，渠道、方式多且经常出现订房变更，所以很容易出现工作失误。预订人员在订房的全过程中要认真负责，按规范要求细致地处理每一个问题，以保证预订工作的准确性，减少差错和纠纷。

 【本章小结】

接受客人预订是酒店前厅部一项重要业务，对于提高客房利用率，满足客人需要具有重要意义。大型酒店一般设有预订处，有专门的预订人员。预订人员必须随时掌握房间状况，热情、礼貌、高效地回答问题，接受客人的预订要求。为了确保预订工作高效有序，酒店应根据自己的经营目标及经营情况，建立符合自身组织机构要求的预订工作程序。酒店经营旺季时，为了提高客房利用率，防止因为客人订了客房而不来入住或临时取消订房等现象发生，给酒店造成损失，酒店常常要进行"超额预订"。酒店应根据经验，确定科学的超额预订率。对于订房纠纷，酒店要根据具体情况，区别对待，妥善处理。

【复习思考题】

1. 简述客房预订、超额预订的概念。
2. 客房预订的种类有哪些?
3. 保证类客房预订的种类有哪些?
4. 简述客房预订的程序。
5. 酒店收费方式有哪些?
6. 试述超额预订纠纷的处理方式。

本章案例思考：预订纠纷谁之过

姚先生是一家大公司驻某市的代表，最近他的上司要来该市视察其业务开展情况，为了做好接待工作，姚先生提前15天在市内某家高档酒店预订了房间，次日他还打电话到酒店前台与接待员再次确认，当得知房间已经安排妥当后，姚先生总算放了心。哪知天有不测风云，就在姚先生与接待员电话确认订房的第二天，他接到了前台预订员的电话，被告知商务套间已满，建议其入住豪华套间。因存在房费差价，姚先生拒绝了酒店的提议，并取消了在该酒店的订房，改住到其他酒店。

点评：

酒店客房是很脆弱的特殊商品，具有不可储存性，为了获取最大的利益，经营者总是希望住店客人越多越好。但是，一年365天，哪天盈，哪天缺，酒店很难了如指掌，这就给客房预订增加了难度。客人事先订好了房间，因客满而住不了房的现象有时也是难免的，但是酒店却不能以此为由，把不便留给客人，应该热情相待，妥善处理。按照

国际旅游协会规定，订房是受法律保护的，客人一般不会因预订问题起诉酒店，但是信誉是酒店最重要的东西，面对客满，订房客人可能不声不响地离去，表面看一场纠纷平息了，但酒店却很可能永远失去了一位顾客，这个损失用眼前利益是无法衡量的。因此，对预订某类型房间而无此类型房间入住的客人，理应无条件地留下，比如可以将客人的房间升级，从表面上看这种做法使酒店损失了几百元钱，但酒店因此却可以保住信誉，并赢得了一位客人。钱损失了还可以赚回来，但是信誉受损了就难恢复了。

分析姚先生预订纠纷的原因主要是酒店预订处与接待处沟通不良，接待员未能正确掌握可租房的数量，造成了订房差错；预订处发现订房差错后，没有妥善处理好姚先生订房事宜，最终使酒店失去了这位客人。

第三章

礼宾服务细节管理

学习目标

【知识目标】

1. 了解迎送宾客服务内容。

2. 掌握散客行李搬运服务程序。

3. 了解团队客人、换房客人行李搬运服务程序。

4. 掌握行李寄存服务程序。

5. 掌握金钥匙的概念。

6. 了解金钥匙的起源、发展、服务宗旨和素质要求。

【技能目标】

1. 根据客人需要，做好门童、店外接送员的接送服务。

2. 根据客人需要，做好行李搬运服务。

3. 根据客人需要，做好行李寄存工作。

引例："上错车"的行李

清晨，某酒店大堂内，几批团队客人正要离店（以下分称A团、B团与C团）。酒店大门口同时堆了三堆行李，其中两堆行李（B团与C团）加了行李网，另一堆行李（A团）正在装车。20分钟后，A团已经出发，剩下的两个团队也正在装运行李准备离店。这时，B团队一位刚用完早餐来到集合点的客人发现他的行李少了一件。据称这件行李是他自己拿到集合点，放在自己团队的行李边，然后去了餐厅。领队急忙与酒店行李员进行核对查找，C团队的行李核对无误，那么最大的可能便是这位客人的行李被放到A团队行李边，而被误装到这个团队的车上去了。时间紧迫，B团队要去机场办理登机手

续，而客人因为丢失行李而焦急万分。

点评：

事情已经发生，此时重要的不是追究到底是谁的责任，而是如何能以最快的速度为客人排忧解难。行李员迅速与大堂副理协商，与A团的领队及陪同联系，明确A团路线及去向。如果追车及送往机场的时间允许，应在记录行李特征后立即派人追车，取回行李再直接送往机场。同时B团的行程不变，按时前往机场。如果追车希望不大或A团的行程不容耽搁，那么只有与A团的下一站酒店联系，请他们帮助将行李托运至B团的下一目的地。此事件的发生也说明了酒店礼宾部工作的责任重大，必须时时小心处理，确保谨慎无误，否则一旦出现偏差，会给客人带来不可弥补的损失，也会给酒店服务工作带来较大麻烦。

第一节　迎送宾客服务管理

前厅礼宾部又称为大厅服务处，其主要职责有：机场车站等店外迎送，开关车及店门，向抵店客人表示欢迎、致以问候，协助管理和指挥门厅入口处的车辆停靠，确保畅通和安全，代客装卸行李，陪同客人进房并介绍酒店设施、服务项目，为客人搬送行李，提供行李寄存服务，传递客人的信件、传真及邮件等，传递有关部门通知单，雨伞的寄存与出租，代客联系车辆，送别客人，负责客人其他委托代办事项。

一、迎送宾客服务岗位介绍

1.门童

门童（Doormen）又称门迎、门卫，是站在酒店入口处负责迎送客人的前厅部员工。门童值班时，通常身着镶有醒目标志的特定制服。门童工作时，应注意动作的姿势。站立时，要自然挺直，双手背后，双脚分开约与肩同宽。

2.店外接送员

有些酒店设立店外接送员（驻机场代表）一职，负责在机场、车站、码头迎接客人。

二、店外迎接服务

店外接送员外出迎接客人时，最好手持一块写有本酒店名称和客人姓名的牌子，以引起客人的注意，方便客人找到预订的酒店。牌子的正面应是中、英文对照的酒店名称，反面应是客人的英文或中文名字。欢迎牌上应钉有0.5米左右长的把手，这样可使牌子举得高些，客人很容易从人群中发现酒店欢迎牌。店外迎接员要特别注意自己的仪表、仪容，举止言谈要温和得体，动作要快而准确，能充分体现本岗位的工作特点（即责任心、自觉性、灵活性、协调性和独立性）。当重要客人到达机场时，店外迎接员要事先将信息送入海关，以便检查，并随时把重要客人的情况（如尚未到达、已到达、在途中或推迟到达）通知酒店以便接待。如果飞机、车、船的到达时间有变动，店外接送员应立即把变动情况通知酒店。店外迎送员应在掌握酒店当天准确房间出租情况的基础上，力争使更多的未订房客人入住；在送客回酒店的路上，应适当地介绍沿途风景等，以解除客人长途旅行的疲劳。店外接送员还应该把要事记录在值班日志上，以使下一班的员工能继续完成本班未完成的工作，保证酒店的服务在时间上具有连续性。

三、店门接送服务

店门接送服务主要由门童负责，其具体服务程序根据客人抵店的具体情况有所不同。

1. 迎接客人

（1）散客步行到店时的服务程序。

门童应当向客人点头招呼致意，并致欢迎词"欢迎您来我店（Welcome to Our Hotel），请"，同时应用手示意客人进入大厅，并为客人拉开酒店正门（自动门、旋转门则可不必）。如果客人的行李较多，门童应帮助客人提拿行李。在进入大厅前交给行李员；如果行李员距离比较远，门童应做手势要求行李员继续提供服务，而不能高声叫喊，以免破坏大厅内的安静气氛。

（2）散客乘车到达时的服务程序。

门童要把车辆引导到客人容易下车的地方，一般是正门前的台阶下方。汽车停稳后，门童应打开车门，如果客人乘坐的是出租车，应等客人付完车费后再打开。然后热情地向客人致意问候，应努力记住客人的姓名以示尊重。开门时，门童应为客人护顶，即要用左手开车门成70°左右，右手挡在车门上沿，防止客人头部碰上车框。

门童开车门时一定要注意以下几点：

①原则上先女后男，先外后内，先老后幼，应优先为女宾、外宾、老年人开车门。

②如无法明确区别车内乘客的性别、国籍、年龄等情况，应先开朝台阶一侧的后门。

③如果客人行动不便，例如病人、老人和小孩，门童应辅助他们下车，必要时提醒他们注意台阶。

④开完车门后，如果客人有行李，门童应帮助客人把行李卸下，并提醒客人清点行李，如果客人乘坐出租车来到酒店，应记录车辆牌号，并交给客人，以便于有物品遗留在出租车上，方便找回。具体操作见图3-1门童开车门服务操作。

⑤护顶时必须注意有两种客人不能护顶：一种是信仰佛教的，他们认为手挡在头顶上，会挡住佛光；另一种是信仰伊斯兰教的客人。判断客人是否为上述两种情况，应根据客人的衣着、言行举止、外貌及门童的工作经验。如无法判断，则可以把手抬起而不护顶。

⑥下雨天门童应替客人提供打伞服务，并礼貌地请客人擦拭鞋底后进入大厅，客人随身携带的雨伞，应锁在伞架上或者提供伞套，以防雨滴影响大堂等公共区域清洁。酒店也可以向客人提供出租雨伞或交押金免费使用雨伞的服务，以方便客人。

1. 护顶

2. 记录车号

3. 递交客人

图3-1　门童开车门服务操作图

（3）团体客人到达时的服务程序。

团体大客车到达店前，门童应做好接车的准备工作，车子停稳后，门童应在汽车门一侧站立维持交通秩序，迎接客人下车。对一般客人要点头致意并问好，对行动不便的客人要帮助他们下车；对随身行李较多的客人，应帮助提拿。客人下车完毕后，门童要示意司机把车开走，或停在酒店附近适当的地方。有些酒店设有团体联络员，这时应由团体联络员迎接客人，门童则在一旁维持秩序。

2. 送别客人

（1）送别散客的服务程序。

当步行客人离店时，门童应与客人道别。可根据具体情况，如客人是暂时外出，可以说"一会儿见"；如客人结账离店，则说"再见，一路顺风"等。对乘车离店的散客，门童应把车引至方便客人上车而又不妨碍装行李的位置。等车停稳后，拉开车门，请客人上车，护顶，等客人坐稳再关车门，注意不要夹住客人的衣、裙等。护顶的方法与禁忌与迎接坐车散客到达时相同。客人如果有行李，门童应与行李员一起，把行李装上汽车的后备箱，请客人核实无误后关上后备箱。客人离店时留给客人的最后印象，与客人抵店时酒店留给客人的第一印象同样重要。送别客人时要怀着感激的心情，门童及有关人员应站在汽车斜前方0.8~1米的位置，向客人挥手道别，目送客人离店，表示酒店对客人光顾的感激，以及欢迎客人再次光顾的诚意。

（2）送别团队客人的服务程序。

团队客人离店时，通常行李较多，门童要协助酒店其他服务人员做好车辆调度、行李运送、组织客人离店等工作。

服务细节解析："读懂"客人心理的门童

一天，某酒店的一位负责指挥车辆停放的门童小李正在引导一辆车子，刚安排妥当，突然，一辆轿车很娴熟地停在了回车道边上，而这里酒店规定是不准停车的。当小李走到车子旁边时，驾驶员已熄火准备离座而去。这时，小李就说："先生，您的倒车技术真棒，既快又准，我在这里站了三年，可从来没有看到您这样技术好的，假如拜您为师，学上一手，我也会多一样吃饭的本事。"驾驶员脸上露出了得意的表情。这时，小李又接着说："不过，能请您帮个忙好吗？把车停到那边去行吗？这里车来车往，万一碰上一个技术差一点的驾驶员……"没等小李说完，驾驶员已发动车子，比刚才还要快地把车倒到了小李指定的位置。又有一次，小李正在指挥一辆车子停放，看到有一辆车子倒了三次停在了一辆常住客的专用车位上。当小李赶到时，驾驶员正在关车门。小李迎上前一步说："先生，您好！看来您是当领导的，做事是那么认真和为他人着想，我发现你第一次已经倒好了，只是车子稍有点斜，您就倒了第二次，但考虑到右边的一辆车不方便，您就又倒了第三次。假如在您手下干的话，一定会很快乐。不过，先生，请您帮个忙，再动一次好吗？这个车位是我们酒店一位长包房客人订的车位，因为忙我忘记放告示牌了，不好意思。"驾驶员愉快地"听从"了小李的"调遣"。

点评：

酒店服务员要想赢得客人的尊重，实现自己的服务价值。除了要有良好的服务态度外，还必须具有高超的语言服务艺术。而这里的关键是，首先要懂得客人的心理，善于察言观色，给足客人面子，让客人有一种愉悦的心情。

第二节　行李服务细节管理

一、行李部人员服务要求

1. 专业知识与技能要求

掌握酒店服务与管理基础知识；了解店内外诸多服务信息；熟知礼宾部、行李员的工作程序、岗位职责与操作规范、标准；熟悉酒店内各条路径及有关部门位置；掌握酒店内餐饮、客房、娱乐等各项服务内容、服务时间、服务场所及其他相关信息；掌握酒店所在地名胜古迹、旅游景点及购物场所的信息。

2. 性格品质要求

能吃苦耐劳，做到眼勤、嘴勤、手勤和腿勤；性格活泼开朗，思维敏捷；善于与人交往，和蔼可亲；具备良好的职业道德，诚实，责任心极强。

二、行李服务

（一）散客行李搬运服务

1. 散客抵店行李搬运服务程序

（1）主动问候，帮客人装卸行李。

行李员见有客人抵达，应主动迎出门外，热情问候客人并帮助客人从车上卸下行李。卸下行李后，行李员应注意检查行李有无破损，并请客人核对行李件数和完好状况。当客人行李件数少时，可用手提；行李多时，要使用行李车。装行李车时，注意大件行李和重的行李要放在下面，小的、轻的行李放在上面，并要注意易碎及不能倒置的行李的摆放。对客人的贵重物品及易碎品，如相机、手提包等，不必主动提拿，尽量让客人自己提。如果客人要求行李员提拿，则应特别小心，防止丢失和破损。

（2）引导宾客到前台办理入住登记手续。

行李员引导客人至前台，把行李放置在离前台2米以外的地方，系好本店行李牌，手背后直立站在行李后方直到客人办理完毕全部入店手续。对于住在豪华楼层的客人，需引导客人至豪华楼层办理入店手续，帮助客人搬开并放好登记台前的座椅，请客人入座。退后2~3米，站立等候客人办完手续。

（3）引导客人去房间。

客人办理完毕入店手续后，行李员从前台服务员手中接过客房房卡，清晰地将房间号码登记在行李牌上。如果几位客人同时入店，应在办理完毕手续后，请每位客人逐一确认行李，在行李牌上写清客人的房间号码，并礼貌地告诉客人在房间等候，然后迅速将行李送入房间。引导客人至电梯间，并在途中向客人介绍酒店设施和服务项目，使客人初步了解酒店，然后按叫电梯。电梯到达后，行李员应请客人先进电梯间，并为客人按下相应楼层示意键，然后将行李提进电梯间，靠边放置在电梯上，继续向客人介绍酒店有关情况，回答客人问询。电梯到达目的地楼层后，请客人先走出电梯，行李员随后赶上，走在客人之前引领客人进入客房。

（4）房间服务。

①引导客人到达房间，把行李放在房门外左侧，并简短地向客人介绍紧急出口及客人房间在酒店内的位置。

②开门之前向客人介绍如何使用房卡或其他钥匙开门。

③为客人打开房门，在门外迅速确认房间的完好状态，同时介绍电源开关，并把房卡插入房间电源开关内。

④请客人首先进入房间，行李员进入后把行李放在行李架上，并帮助客人把脱下的外衣及需挂的物品挂入壁柜内。

⑤客人坐下后，行李员应根据客人需要向其介绍房间内的有关设施，如电视各频道节目，电话、小酒吧等使用方法以及客人可能需要提供服务的电话号码，并认真回答客人的提问。介绍房间设施及服务项目时，要避免"空洞"和"繁杂"，同时要考虑客人旅途疲劳情况及客人可能对酒店设施的了解情况，以客人愿意了解作为介绍的基本原则。

⑥介绍完毕，行李员应礼貌询问客人是否还有其他要求，若没有，应向客人道别并祝愿客人居住愉快，然后退出客人房间。

（5）登记。

①行李员离开客人房间后，回到行李处登记该客人的房号、行李件数、入店时间等。

②由于旺季客房没有打扫或其他原因暂时无法进房间的客人，应请客人将行李存放在礼宾部，代客人保管，待客人房间安排好后，再送入房间。具体操作见图3-2散客行李搬运服务相关内容图。

等候客人　　　　　　　　　引导客人

   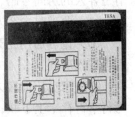

欢迎卡外侧　　　　欢迎卡内侧　　　　房卡正面　　　　房卡反面

插卡取电　　　　　　　　　　行李箱放置行李架

图3-2　散客行李搬运服务相关内容图

服务细节解析：残疾客人的奇怪反应

有一辆出租车在酒店大门处停了下来，迎接员上前开启车门，出来的是一位残疾客人。

这位客人虽然右手不便，但依然自行到车后准备提取行李。行李员一见，连忙热情地对客人说："先生，您的手不方便，还是让我来帮您吧！"不料这位客人一听此话，满脸不悦，用左手将行李员的手挡开，一把拎起行李包，怒气冲冲地走进店门。只剩行李员留在原地纳闷，这位客人怎么了？

点评：

残疾人的心理特征与健全人有很大的不同，身体上的残障使残疾人的心理比较脆弱、敏感。这位残疾客人一开始去提取行李的表现说明他是一位非常自尊，并不希望受到他人特别对待与同情的人。行李员虽然好心，但说的话中存在两个失误，一是一开口

便点出客人不愿被提及的隐痛，另外是用了客人比较敏感的"帮"字。客人因此受到伤害，用行动表示了他的不满。这次与残疾客人的人际交往也无疑是失败的，客人在进酒店大门前情绪就受到影响，可能会使客人在整个住宿期间变得更为敏感与多虑，也给酒店以后对客服务环节带来困难。正确做法是：行李员上前对客人说，"您好，我是酒店行李员，这个就交给我吧！"以此表明替客人拿行李是酒店为客人提供的一项基础性服务。

2. 散客离店行李搬运服务程序

前厅内有客人携行李离店时，应主动提供服务。当客人要求提供运送行李时，应问清楚客人的房间号码、客人姓名、行李件数、离店时间。行李多时，要备行李车。

（1）要准时去客人房间。

①无论客房门是开的还是关的，均应先按门铃或敲门并报"行李员"，经客人准许后再进入房间。

②进房后应向客人致意，帮助客人清点行李并注意检查行李的破损状况，按要求填写行李寄存卡上下联，下联交给客人，然后把行李运送至总台。

③离开房间前注意提醒客人不要遗留物品在房间。

（2）确认客人结完账，要做好以下事宜。

①随客人将行李送到门前。

②如客人乘车离店，应按要求帮客人把行李装上车。

③行李装上车后，请客人验收，随后收回行李寄存卡下联，请客人上车。

④车开后，行李员应挥手向客人致意，欢送客人离开。

（二）团队行李搬运服务

1. 团队入店行李搬运服务程序

（1）团队行李到达时，负责交接的行李员应与送行李的来人清点行李件数，检查行李的破损及上锁情况，在该团"团队行李记录表"中写上行李到店的时间、件数，按编号取出该团的订单。核对无误后，请送行李的来人签名。如行李有破损、无上锁或异常情况（提手、轮子破环，行李裂开、弄湿等），须在记录表及对方的行李交接单上注明，并请来人签字证明。

（2）清点无误后，立即给每件行李系上行李牌，如果该团行李不能及时分送，应在适当地点码放整齐，用行李网将该团所有行李罩在一起，妥善保管。要注意将入店行李与出店行李，或是几个同时到店的团队行李分开摆放。

（3）在装运行李之前，再次清点检查一次，无误后才能装上车。走行李通道送行李上楼层。装行李时应注意同一楼层的行李集中装运。同时送两个以上团队的行李时，应由多个行李员分头负责运送或分时间单独运送。

（4）行李送到楼层后，应将其放在门一侧，轻轻敲门三下，报称"行李员"。客人开门后，主动向客人问好，把行李送入房间内，等客人确认后，热情地向客人道别，迅速离开房间。如果客人不在房间，应将行李先放进房间行李架上。

（5）行李分送完毕，经员工通道迅速回到礼宾台，填写团队行李进出店登记表。

2. 团队离店行李搬运服务程序

（1）按接待单位所定的运送行李时间（或在已确定的所乘交通工具出发之前 2 小时），带上该团队订单和已核对好待登记行李件数的记录表，取行李车，上楼层运行李。

（2）上楼层后，按已核对的团队订单上的房号逐件收取行李，并做好记录，收取行李还要辨明行李上所挂的标志是否一致。若按时间到楼层后，行李仍未放出房间门口，要通知该团陪同，并协助陪同通知客人把行李拿出房门口，以免耽误时间。对置于房间内的行李不予收运。

（3）行李装车后，立即乘行李专梯将行李拉到指定位置整齐排好。找陪同（或领队）核对行李件数是否相符，有无错乱，如无差错，请陪同在团队订单上签名，行李员同时签字。

（4）行李离店前，应有人专门看管，如行李需很长时间才离店，须用绳子把它们拴起来。团队接待单位来运行李时，须认真核对要求运送的团名、人数等，无误后才交行李给来人，并请来人在团队订单上签名。

（5）行李完成交接后，将团队订单交回礼宾部并存档。

（三）住客换房时的行李搬运服务

（1）行李员接到前台换房通知后，要问清客人现住房间号码，并确认客人是否在房间。

（2）到达客人现住房间时，行李员应先敲门，通报，经过客人允许方可进入。

（3）与客人一起清点要搬运的行李及其他物品，将它们小心地装上行李车。

（4）引导客人进入新房间后，帮助客人把行李放好，然后收回客人的原房间房卡，将新房间房卡和欢迎卡交给客人，并请客人在欢迎卡上签名。

（5）礼貌询问客人有无其他服务要求。若没有，应向客人道别，然后离开房间。

服务细节解析：我的行李不见了

中午时分，住客何先生神色匆匆地找到某酒店的大堂经理说他放在房内的几件行李都不见了，现在不知如何是好。该客人是酒店的协议客人，一直住在 1518 房。

经了解，何先生曾向总台员工小李提出房内恭桶堵塞，要求换房，但当他吃完饭回来后，行李就都不见了。大堂经理立即向小李及客房部询问。事件原来是这样的：小李在接到何先生的换房请求后，即答应帮其换到 1618 房，并做好新钥匙，交给行李员去 1518 房找何先生换房，行李员敲了几次门后确认无人又把钥匙还给了小李，没有换成房。而客房部在接到总台通知 1518 房已换到 1618 房时，发现何先生的行李仍在 1518 房，本着助人为乐的目的，就把行李搬到了 1618 房，何先生浑然不知以上所发生的一切，故而引发了本案例开头的一幕。

点评：

酒店最基本的功能就是保障顾客的生命财产安全，在此基础上才能谈到卫生、温馨以及各种高档次的服务。客人花钱住在酒店，那么酒店相应地保证他的财产不缺损，没有客人同意，（特殊情况除外，如火灾）酒店员工是无权移动客人物品的。

首先，客房部员工违反了工作程序和酒店的相关管理条例，在得到总台通知换房时，没有主动征询客人意见或得到客人书面同意就搬运行李。即使帮客人搬运了行李，也没主动去找客人协调，做到对错误服务的补救；其次，总台员工缺乏责任心，工作不够细致，没在答复客人换房要求后主动征询客人换房时间，更没有在行李员换房不成的情况下与客房部人员沟通"客人不在，暂缓换房"，因为毕竟在事实上没有完成换房的所有手续，即客人未拿到新房间钥匙和交回旧钥匙。同时，总台和客房部员工都没有做好相互之间的沟通和与客人的沟通，欠缺沟通的主动性和及时性。

最后，酒店大堂经理真诚地向何先生道歉，同时送了一份精美水果，取得了谅解。通过此次教训，该酒店规定，客人不在场或未得到客人书面同意的情况下，各部门员工不得私自搬运客人行李，并要求由行李员来完成，客房部员工协助，避免类似事件的再次发生。

（四）行李寄存服务

1.礼貌询问，确定客人身份

客人要求寄存行李时，要礼貌地向客人征询所住房号、姓名等，请客人出示住房卡。原则上只为住店客人提供免费寄存服务，若团队行李需要寄存时，应了解团号、寄存日期等信息。

2.检查行李

礼貌地询问客人所寄存物品的种类，向客人说明贵重物品、易燃、易爆、易碎、易腐烂的物品或化学腐蚀剂、剧毒品、枪支弹药等违禁物品不能寄存。检查每件行李是否上锁，未上锁行李原则上不能寄存。检查每件行李的破损情况。

3.登记

请客人填写一式两份的行李寄存卡，或由客人口述，行李员代为填写（内容包括客人的姓名、房号、行李种类、件数、有无破损程度等），请客人过目后签字。行李寄存卡的形式通常是由两份相同的表格组成，下面的一份交给客人，作为取行李的凭证，上面的一份系在所寄存的行李上，同时做好行李暂存记录。

4.告知客人注意事项

向客人说明长期寄存不领取行李，酒店处理的时间规定。同时还要说明由于特殊原因所造成的损失，酒店不予赔偿的免责条款。这些内容在行李寄存卡上应属于背书内容。

5.收存行李

将行李放入行李房中，分格整齐摆放。客人行李较多时，应用绳带穿在一起绑好。同一客人的行李要集中摆放。行李房要上锁，钥匙由行李领班或礼宾主管亲自保管。

6.客人提取行李

客人提取行李时，先请客人出示行李寄存凭证，然后与系在行李上的寄存卡核对，确保两部分完全吻合。

当面点清行李件数，然后把行李交给持寄存凭证的客人。要当客人面清点核对行李，客人确认无差错后再将行李交给客人，同时收回行李牌。

请客人签名、存档。礼貌地请客人在行李暂存记录上签名，把行李牌上下两联钉在一起，盖上"已取"章，存档。

7. 帮忙运送行李

帮助客人运送行李至指定地方，向客人道别。

如果需要客人等待时，应按行李寄存卡上的姓名称呼客人，请客人稍候。

tips：如客人丢失寄存卡，一定要凭借足以证实客人身份的证件放行行李，并要求客人写出行李已取的证明。如不是客人本人来领取，一定要请他出示证件，并登记上证件号码，否则不予放行。

服务细节解析：行李寄存手续的重要性

午后 12 点多，一位客人提着行李走出电梯，径直往总台旁行李房走去。正在行李房当班的服务员小徐见到他就招呼说："钱经理，您好！今天是什么风把您给吹来了？"钱先生回答说："住得挺好的，生意也顺利谈完了。现在就到您这儿寄存行李，下午出去办点事，准备赶晚上 6 点多的班机回去。""好，您就把行李放这儿吧。"小徐态度热情，一边从钱先生手里接过行李箱，一边说。

"是不是要办个手续？"钱先生问。

"不用了，咱们是老熟人了，下午您回来直接找我取东西就行了。"小徐爽快地表示。

"好吧，那就谢谢您了。"钱先生说完便匆匆离去。

下午 4 点 30 分，小徐忙忙碌碌地为客人收发行李，服务员小童前来接班，小徐把手头的工作交给小童，下班离店。

4 点 50 分光景，钱先生匆匆赶到行李房，不见小徐，便对当班的小童说："您好，我的一个行李箱午后交给小徐了，可他现在不在，请您帮我提出来。"小童说："请您把行李牌交给我。"钱先生说："小徐是我的朋友，当时他说不用办手续了，所以没拿行李牌。你看……"小童忙说："我给小徐打个电话吧，小徐已经下班了，他下班时也没向我交代这件事。"小徐的电话一直没有人接听，小童告诉客人没有办法解决，"请您无论如何想个法子帮我找到他，一会儿我就要赶 6 点多的班机回去。"钱先生迫不得已打断了小童的话。小童一直反复拨打电话，但却始终无人接听……

点评：

服务员在工作中应该严格按照酒店的各项制度，不能因为是熟客就擅自免去一些必要的手续，这样一旦出现什么问题，无凭无据，很容易给客人和酒店都带来麻烦和损失。在本案例中，小徐在下班前，没有向交接班的同事转告这件事，也是造成问题的主要原因。服务人员在工作中应该严格执行工作标准制度，交接班时将没有完成的事情告知自己的同事，请同事继续跟进，确保不出现问题。本案例最终导致客人强烈投诉，经大堂副理出面协调后，由客人陈述个人行李特征，经客人个人开箱核实箱内物品后，才放行行李，但此过程也增加了行李员工作的烦琐程度，以及拿错行李，其他客人强烈投诉的风险，更浪费了客人的宝贵时间。

第三节　金钥匙服务

钥匙是开锁的，一把钥匙开启一把锁，如果我们把"钥匙"比喻为"方法"，"锁"比喻为"困难或问题"时，一种方法只能解决一种难题。"金钥匙"是万能钥匙，能开启各种各样的"锁"，解决各种各样的难题。在中国的高端酒店，进入大堂，在礼宾台后面，可能会有年轻人，身着考究的深色西装或燕尾服，衣服上别着一对交叉的"金钥匙"标记，彬彬有礼，笑容满面为客人提供委托代办服务，帮助客人解决各种需要、难题的年轻人——他们是中国金钥匙。

金钥匙 Concierge，词义为：门房、守门人、钥匙看管人，是一种委托代办的服务概念。现在，金钥匙已成为给客人提供全方位一条龙服务的岗位，只要不违反道德和法律，任何事情，金钥匙都尽力办到，以满足客人的要求。

金钥匙组织是酒店中专门为客人提供金钥匙服务，以个人身份加入国际金钥匙组织的职员的国际专业服务民间组织。

一、金钥匙的起源及发展

国际金钥匙组织起源于法国巴黎，自 1929 年至今，是全球唯一拥有 80 年历史的网络化、个性化、专业化、国际化的品牌服务组织。目前已分布在全球多个国家和地区，拥有数千名会员。1990 年，广州白天鹅宾馆参加第一届亚洲酒店金钥匙研讨会，代表着我国首次参与金钥匙国际大家庭的活动。1995 年酒店委托代办研讨会召开，标志着我国酒店金钥匙的诞生。1997 年，国际金钥匙组织 44 届年会吸纳我国成为第 31 个成员国团体会员。目前我国有金钥匙会员 2000 多人，分布在全国 1200 多家高星级酒店，金钥匙服务已被原国家旅游局列入国家星级酒店标准。

二、金钥匙的服务宗旨

金钥匙的徽记是两把金光闪闪的金钥匙交叉在一起，一把用于开启企业综合服务的大门；另一把用于开启城市综合服务的大门。金钥匙是酒店内外综合服务的总代理，是个性化、极致化服务代表。"金钥匙是大酒店的小管家，小酒店的大管家，物业服务的贴心管家。"

"金钥匙"的口号是"在客人的惊喜中，找到富有乐趣的人生"。对中外商务旅游者而言，"金钥匙"是酒店内外综合服务的总代理，一个在旅途中可以信赖的人，一个充满友谊的忠实朋友，一个解决麻烦问题的人，一个提供个性化服务的专家。

三、金钥匙的服务项目

常规礼宾服务：行李及通信服务；问询服务；托运及快递服务；接送服务；

预订服务：订房、订餐、订车、订花、旅游咨询与安排；

其他：看护、医生预约、聘请临时秘书等。

四、金钥匙的服务案例

金钥匙服务案例解析：客人要吃当天采摘的榴莲

某日早晨8点，杭州海华大酒店一位广东客人从客房打电话给酒店的大堂经理，他迟疑地提出了一个要求："我有个习惯，每天晚饭后都要吃点新鲜水果，已经出差在外一个星期了，现在非常想吃到新鲜榴莲。"大堂经理正要爽快地回答没问题，不想客人又加了一句："一定要当天摘下来的，价钱不是问题。"大堂经理挠起了头皮。虽然杭州不流行吃榴莲，但到水果摊上找找也不难买到，但谁又能保证是当天采摘的新鲜货？要知道，榴莲盛产于东南亚啊。经理将这一特殊任务交给了酒店的"金钥匙"。

"金钥匙"立即行动，电话迅速联系上了广州白天鹅宾馆、流花宾馆等酒店的同行，请求全力寻找当天采摘的榴莲。上午8：30，白天鹅宾馆联系上了平时给酒店提供水果的行贩，他有渠道得到海南当天一早采摘的新鲜货；9：40，行贩取到了新鲜的榴莲，从郊县出发紧急送货；10：10，榴莲到了白天鹅宾馆；10：25，迅速包装完毕的榴莲离开宾馆去白云机场；11：50，白天鹅"金钥匙"争取到了机场工作人员的支持，为榴莲办好了登机手续。18：00，榴莲在萧山国际机场降落；等在机场的海华员工，一接到货立即坐酒店专车往回赶；19：30，这只大有来头的新鲜榴莲被送进了广东客人的房间。广东客人眼前一亮，捧着榴莲，鼻子一闻，再用手指一掐，连连道谢。为了这只榴莲，广东、浙江、海南三地共有五六个人在忙碌奔波，并出动了大小三辆车。再加上各种必需的成本，这只在海南郊县8元钱买下的榴莲，送进海华大酒店时身价已经上涨至238元。但广东客人爽快地在酒店服务单上签上了自己的名字。

点评：

"一骑红尘妃子笑，无人知是荔枝来。"许多人都知道，唐明皇为了杨贵妃能吃到新鲜的荔枝，不惜累死快马数匹，日夜兼程将荔枝从广东运往西安。但送荔枝与此案例中的送榴莲有着本质的区别：杨贵妃享受的是帝王的特权，而广东客人享受的是强大的酒店金钥匙网络的超值服务。

金钥匙服务案例解析：客人询问哪里可以找到屠宰场

一位日本客人来找旧金山 Grand Hyatt 酒店的酒店金钥匙 Diana-son，问她在哪里可以找到屠宰场。Diana 觉得问题不只是找屠宰场那么简单，便进一步追问详情。Diana 起初以为这位客人想要的是牛胆囊，经过澄清，原来客人是想要一磅牛胆石。恰巧 Diana 认识一间牛排餐馆与一个牧场有业务来往，而这个牧场就有一个屠宰场。经过几番电话来往，最终客人得到了他所期望的牛胆石。

点评：

酒店业的工作性质就是变幻无常，颇具压力，且常遭到客人责怪。此案例中，客人这样的奇怪难题也许一般的员工会予以回绝，这个问题即使是对于最富有经验的酒店金钥匙来讲也是一个难题。但对于金钥匙而言，越是奇怪、越是刁钻的问题，就能获得越

大的挑战和乐趣。最终，这个难题得到了圆满解决。

金钥匙服务案例解析：一个奇特的残疾客人

贝娣是酒店的金钥匙。一天，一位坐在轮椅上的客人随一个建筑师会议团入住。团员们要去参观一个名为 Frank Lloyd Wright 学校的一栋建筑，因汽车没有轮椅通道，这位客人无法上车随团参观，贝娣注意到这位客人很孤独。于是，她向客人提供了一张附近博物馆的门票。他的反应很奇特，他大声地向她叫嚷，说这与她无关，她没有必要可怜他或管他的闲事。尽管贝娣很诧异，但她仍保持她的职业风度，很冷静地走上前，说："如果我有什么冲撞您的地方我表示歉意，我仅仅想跟您表示友善，而且我认为，您残疾的时间并不长。"这位客人问贝娣为什么这样说。作为一位时刻处于状态中的酒店金钥匙，她做了解释：前天，这位客人买邮票时，她注意到他的手很光滑，不像那些长期使用轮椅的人的手那样起茧。她还注意到他的鞋有磨损。这一切对于一个细心观察一切的人来说，做出这样的推断是很容易的。客人被她感动了，向她说出了实情。原来他并没有残疾，只是他的兄弟最近不得不坐在轮椅上，于是他想亲身体验一下这种生活的滋味，以便加深与兄弟的感情。他发现这让人筋疲力尽、困扰不堪，以致使他变得暴躁不已。第二天，在全团的注视下，他转动着轮椅来到贝娣的柜台前，告诉她："我无法形容你对我的帮助有多大。"说完后，离开轮椅，站起来大步走出去，留下他的同伴们沉浸于酒店金钥匙的神奇魅力之中。

点评：

酒店金钥匙的职业要求，决定了酒店金钥匙性格具有显著的共性，外向开朗，热心助人，敏于观察，工作耐心，彬彬有礼。他们乐于行动，以自己的言行举止去感染他人，以自己的奉献精神去打动人心，以特有的职业敏感和聪明感悟客人的需求。在此案例中，金钥匙正是抱有对工作的热情，对服务的执着，对客人的十二分的关注，赢得了客人的赞赏。

金钥匙服务案例解析：用直升机接比尔·盖茨

世界风云人物、高科技的化身、世界首富比尔·盖茨先生应邀从香港到广州白天鹅宾馆演讲，拟取道番禺南沙经沙窖岛，坐白天鹅宾馆的交通船直抵广州白天鹅宾馆的后花园码头，以免在市内受堵车之累。香港微软公司对接待工作相当重视，为节约盖茨先生的宝贵时间，保证准时到达演讲会场，他们提出要租用直升机专门开辟从南沙到沙窖岛的特别航线的想法。白天鹅宾馆销售部将这一个颇具挑战的任务交给了金钥匙。金钥匙立即分头展开行动，有的与南方航空的直升机公司联系，有的在宾馆的支持下，到省政府办公厅拿到了介绍信，有的在公关部的协调下到广州军区司令部作战部办理有关飞行图的审核手续，当金钥匙拿到这些批文后，便到南航落实具体的方案。白天鹅的金钥匙们和南航的有关人员一起到南沙和沙窖岛踩点，上午在南沙港口选择停机位置，清除地面的沙子、沙井盖，并落实当地派出所负责安全保卫；下午又马不停蹄地到达沙窖岛，找到一块适合的空地作为停机坪的位置，用红布标志好，又用红地毯铺至离码头400米的路口，以便让盖茨下飞机后立即乘专车到码头乘船直奔白天鹅宾馆。所有的方案落实后，金钥匙通知香港微软公司人员前来检查确认，终于获得认可。但是出于职业直觉，白天鹅的金钥匙认为做方案还应有应急准备，因为天有不测风云。这天，白天鹅的金钥匙分成三队人马分别在南沙、沙窖岛和白天鹅宾馆的码头待命。终于，盖茨抵达南沙，但由于天气情况欠佳，在南沙待命的直升机不能起飞，原计划取消，第二套应急方案自然启动：盖茨一行乘坐三辆奔驰，有警车开道，用了45分钟到达沙窖岛后，立即登上快艇向白天鹅宾馆驶去，15分钟后，盖茨出现在白天鹅宾馆会议中心的讲台上。

点评：

顺利地完成接待盖茨的任务，意味着白天鹅宾馆的金钥匙们经受住了一次考验。虽然，由于天气原因，花费大量时间精力准备的第一套方案未被采用，但是这并不表示金钥匙们的心血白费了。对于金钥匙而言，准备过程本身是一种历练，也是一种收获。

金钥匙服务案例解析：2000只孔雀和4000只鸵鸟

某年的春季交易会期间，千百商贾云集广州白天鹅宾馆，2023房的泰国客人给酒店金钥匙打了一个电话，说想买2000只孔雀和4000只鸵鸟。在大多数酒店职员看来，这似乎是一个童话故事，因为在广州几乎没有机会见到这么多来自远方的动物，这正是考验中国酒店金钥匙的想象力的时候。因为在他们的字典中，"不可能"是不可以轻易出现的。没有见过，没有听说过不等于没有。在接到这一特殊的委托代办任务后，大家都觉得这事只能向动物园打听，但动物园的回答是只有几只孔雀和鸵鸟。正在一筹莫展之际，金钥匙小孙忽然想到几年前曾看到过一篇报道，内容是有一位姓方的广州市十大杰出青年创办了一个野生动物养殖场，不知有否希望？于是，经过耐心查找，在同事的共同努力下，终于找到了这家养殖场的地址与联系电话。幸运的是，这家养殖场真有大量的孔雀和鸵鸟。这样，就在客人提出要求后的25分钟，小孙已帮客人联系到了购买这批动物的途径。第二天上午，小孙为客人安排了车与翻译，把客人送到了养殖厂洽谈有关购买的事宜。这位泰国客人非常满意，因为酒店金钥匙的能力与办事效率超出了他的想象。

点评：

酒店金钥匙的工作既主动又被动。他们平时主动去建立关系和积累资源，积极提高自身素质，但在工作中还是常常要处于被动的地位，因为他们的工作是根据客人的要求完成任务。因此，金钥匙的想象力要跟得上客人的思维，只有富于创意的结果才能给客人带来惊喜。

五、金钥匙的素质要求

"金钥匙"以先进的服务理念，真诚的服务思想，通过其广泛的社会联系和高超的服务技巧，为宾客解决各种各样的问题，创造酒店服务的奇迹。因此，"金钥匙"必须具备很高的素质。

（1）忠诚。国际金钥匙协会组织对"金钥匙"的最基本要求就是忠诚，包括对宾客忠诚、对酒店忠诚、对社会和法律忠诚。

（2）具有敬业、乐业精神。本着"用心极致的服务精神""快乐工作的人生追求"和满意加惊喜的服务目标，遵循"宾客至上、服务第一"的宗旨为宾客服务。

（3）具有热心的品质及丰富的专业知识，比如掌握所在酒店的详细资料，包括酒店历史、服务设施、服务价格。热心与人交往，亲切热情、想方设法帮助宾客；熟悉酒店所在城市的主要旅游景点，包括地点、特色、服务时间、业务范围和联系人等，可担当起"活地图"的角色。

（4）能够建立广泛的社会关系与协作网络。"金钥匙"应具备极强的人际交往能力和协作能力，喜于广交朋友，上至政府官员，下至平民百姓，以酒店的优势为依托，建立一个广泛的社会关系网，这是完成酒店各种委托代办事项的重要条件。

（5）身体强健，精力充沛，彬彬有礼，善解人意，处理问题机智灵敏，具备较强的应变能力和协调能力。

（6）通晓多种语言。"金钥匙"服务只设在高档次酒店的礼宾部，而高档酒店的宾客往往来自世界各地，且对服务的要求有针对性、个性化。因而，通晓多国语言是其工作的必备条件。设想一位"金钥匙"刚送走一法国宾客，现在正在大堂一侧与德国宾客交谈，手里还握着一封待处理的葡萄牙文写的信件，两位英国宾客5分钟后要求来找他解决委托代办的事宜……

（7）能帮宾客处理各种事情。比如，帮助宾客修理手表、眼镜、小电器、行李箱、鞋等物品，帮助外籍宾客解决办理签证延期事宜；帮助宾客邮寄信件、包裹、快件等；帮助宾客查找航班托运行李的去向；帮助宾客购买各种交通票据等。

（8）有极强的耐性和韧性。任何事情，哪怕只存一线希望，都应努力去付诸行动，真正做到"想宾客所想、急宾客所急"，为宾客多想一点，为宾客多做一点，让宾客再满意一点，让服务超越宾客的期望。

【本章小结】

礼宾服务作为客人最早接触的酒店服务部门，直接决定客人对酒店的第一印象，影响客人对酒店服务质量的评价，因此做好礼宾服务尤为重要。本章具体介绍了迎送宾客岗位和服务内容；行李服务岗位和散客、团队客人、换房客人行李搬运服务程序以及寄存行李的服务等内容；金钥匙的概念、起源、发展、服务宗旨和素质要求等。通过本章的学习，可以熟悉掌握酒店接送服务、行李搬运服务、行李寄存等工作，同时强化对上述工作的服务管理技能。

【复习思考题】

1. 简述金钥匙的概念。
2. 试述门童为客人服务的工作程序。
3. 简述行李员为散客提供行李搬运服务的工作程序。
4. 试述行李员为团队客人提供行李搬运服务的工作程序。

5. 试述行李员为换房客人提供行李搬运服务的工作程序。

6. 简述行李寄存的工作程序。

7. 试述金钥匙的素质要求。

8. 试述金钥匙的服务理念。

本章案例思考：寄存的行李出了问题怎么办？

"我的衣服上怎么会有蚂蚁，你们要赔偿我的损失……"

某公司长包房的刘小姐正与酒店礼宾部主管小马在交涉。原来前几天刘小姐因公司事务离开南京，行李寄存在礼宾处，没想到今天重新打开行李箱，却发现衣服上有许多的小蚂蚁，这可急坏了年轻的刘小姐。

小马立即向大堂副理汇报，他们一同到刘小姐房间实地查看。行李箱内除了衣服外还有一些琐碎物品，其中包括一袋开封的奶油饼干。经过调查这几天寄存行李的其他客人，尚没有类似投诉，最后断定是刘小姐行李箱内那袋开封的奶油饼干由于放置时间较长，招来蚂蚁。于是大堂副理向刘小姐解释，酒店行李牌规定："住客自愿寄存行李，期间酒店将妥善保管寄存的行李，其他一切损失均由住客负责。"况且前几日礼宾部当班员工曾当面声明易碎品、贵重物品、食品等不予寄存，刘小姐也在行李牌上签字确认，所以酒店不该承担责任。刘小姐否认了酒店曾当面声明食品等不予寄存，而且蚂蚁是酒店内的，并不是行李箱本身就有的，酒店起码要免费清洗所有衣物。大堂副理请示了值班总经理，并与刘小姐协商，最后同意以五折的价格帮其清洗所有衣物。

点评：

酒店提供寄存行李服务，是对服务的完善，也是高星级酒店不可缺少的一部分，一方面方便了顾客，另一方面也提升了酒店的服务档次。该酒店对住客及住店的特殊客人（包括长包房）提供免费寄存行李服务，更是星级酒店超值服务的体现。

顾客寄存的行李中夹带少量食品，最终招来蚂蚁，主要责任在于顾客违规，隐瞒了真相。《中国旅游酒店行业规范》第六章第二十四条规定客人在前厅行李处寄存物品时，如对寄存物品没有提出需要采取特殊措施的，因为物品自身原因造成毁损或损耗的，酒店不承担赔偿责任。执勤行李员在刘小姐寄存行李时，按照酒店操作规范主动询问行李箱内有没有贵重物品、易碎品、食物等，也应当是符合《中国旅游酒店行业规范》要求的，但刘小姐否认，此不作为事件处理的主要依据。

酒店考虑到客人的损失及长期合作，最后协调为，以五折的价格，帮客人清洗衣物不失为明智之举，值得提倡。通过这次经验，酒店不仅加强了规范行李寄存程序，即在行李牌上加上了"贵重物品、易碎品、食物等不予寄存，否则后果自负"，更注重了行李房的卫生清洁，做到了无蜘蛛网、蚂蚁及零食，并对行李房进行夜间消毒，同时对寄存超过一天的行李采用胶带密封处理。

第 四 章

前厅接待及收银服务
细节管理

学习目标

【知识目标】

1. 掌握预订散客入住登记服务程序。
2. 掌握无预订散客入住登记服务程序。
3. 了解团队客人入住登记服务程序。
4. 掌握换房的工作程序。
5. 掌握贵重物品保管的工作程序。
6. 掌握排房的艺术。
7. 掌握前厅收银结账、兑换外币的服务程序。

【技能目标】

1. 根据不同类型的客人，选择相应的接待程序办理入住登记手续。
2. 根据客人的不同要求，选择适当的换房工作程序。
3. 根据客人的个性化需求，进行恰当的排房工作。
4. 根据客人不同要求，完成相应的结账收银工作。

引例：团队服务的"阴差阳错"

福州市人大会议代表入住酒店的第一天，该市某四星级酒店总台显得特别忙碌。为此，总台临时增加了两名帮手，分别协助接待和收银。这时，前台来了两位客人，接待员小苏主动问好，分别为他们安排了各自的房间，协助小苏工作的小叶在旁为他们制作了房间 IC 钥匙卡。

午夜 11：00 左右，住在 1101 房间的客人吴先生向总台打来电话投诉称，刚才有一位陌生人突然打开他房间的门，还好房门已上了保险闩，门才没有被打开，但他受到极大的惊吓，要求酒店给一个说法。

几乎与此同时，住1110房的刘先生怒气冲冲地向总台走来，朝着总台服务员大声责问："我房间的门为什么打不开，到1101房却打开了房门，莫名其妙地被1101房客人责骂。"

值班经理小唐接手此事后，了解到事情的原委：原来安排1101房和1110房客人的入住，都是总台接待员小苏写的房卡和输入电脑资料，而协助小苏工作的小叶误以为两位客人是一起的，两人该是合住一室，于是在制作两张房门钥匙卡时用的是同一房间即1101房的信号。说来也巧，本住1110房的客人刘先生白天并未进房，而是出外办事后半夜才回酒店，偏偏没有注意看清卡上的房号，把1110号记成了1101号而去开1101号的房门，谁知开进去后却遇到了麻烦。这真是阴差阳错！

最后值班经理小唐分别向两位客人解释了事情发生的原因，也取得了两位客人的谅解，但却给他们留下总台人员工作马虎的印象。

点评：

这种团队客人分别住在不同的房间，却被总台服务员误以为两人合住一间而制作同样房间钥匙IC卡的事情，在现实生活中，屡见不鲜，应引起我们酒店总台员工的注意，尤其是当两位总台人员分别为客人办理入住登记和制作房间钥匙卡时，要特别注意做好衔接工作，杜绝这类差错的发生。

对于服务人员来说，每天相同的工作难免出现厌烦疲倦的感觉，尤其在经营高峰时期，当同时多位客人出现的时候。对于客人来说，一次小小的失误意味着酒店服务质量的绝对错误。服务人员应该尽量调整心态，以热情饱满的工作状态迎接每天的工作。此案例中，两名工作人员在配合上可能出现的偏差，管理人员应该尽量协调好各部门的工作人员，把问题提前想到，从制度上避免类似问题的发生。

第一节　前台接待服务细节管理

前厅接待收银工作是前厅服务与管理的中枢神经。在很多酒店内，为了方便客人，节约用工成本，会把接待和收银工作岗位合二为一，当然，也有酒店对两个工作岗位各自独立。

前厅接待的服务职能主要是接待散客和团体客人入住登记的服务程序、接待客人换房的服务程序、接待贵重物品保管的服务程序等。

一、散客入住登记的服务程序

（一）接待预订散客入住登记的服务程序

1.准备工作

（1）接待员做好交接班工作。

（2）了解并掌握当天抵店客人的预订资料。

（3）提前半天或一天为预订客人预分房。

（4）在客人抵店前将相关内容输入计算机内，打印出登记表，形成预先登记。

2．入住登记

表4-1　住客登记表（国内客人）

住客登记表 REGISTRATION FORM		
房号 ROOM NO.	入住时间 ARRIVAL DATE	结算方式 ON CHECKING OUT MY ACCOUNT WILL SETTLED BY:
租率 RATE	类别 TYPE	CASH（　）　CREDIT CARD（　） COMPANY（　）AGENTS（　）
先生 太太 小姐 MR./MRS./MISS		PLEASE NOTE 请注意 退房时间是中午12点整 CHECK OUT TIME IS 12：00 NOON
护照或证件号码 PASSPORT OR CERTIFICATE NO.		访客必须在接待处登记 VISITORS HAVE TO BE REGISTERED AT RECEPTION COUNTER
签证种类 VISA TYPE	出生日期 DATE OF BIRTH	接待处附设免费保险箱 SAFE DEPOSIT BOXES ARE AVAILABLE AT RECEPTION AT NO CHARGE
国籍/籍贯 NATIONALITY	人数 NO. OF PERSONS	住客签名 GUEST SIGNATURE_____
职业/工作单位 OCCUPATION	离开日期 DATE OF DEPT.	附注 REMARKS_____
住址 ADDRESS		
值班员工签名 CLERK SIGNATURE		

（1）接待员主动热情地向客人问好，问清客人是否有订房。

（2）问清订房人的名字，请客人稍候。

（3）通过电脑或当天的订房资料查找客人的订房信息。

（4）查找到订房资料后，复述并核对客人的订房要求。

（5）核实有效证件。

（6）为客人填写入住登记表，请客人在入住登记表上签名。国内客人入住登记表参考表4-1，外国客人入住登记表参考表4-2。

表 4-2 住客登记表（国外客人）

入住登记表 REGISTRATION FOEM OFRESIDEENCE 请用正楷填写（PLEADE USE BLOCK LETTE		
外文姓 FAMILY NAME	外文名 GIVEN NAME	
中文姓 CHINESE NAME	性别 SEX	
出生年月日 DATE OF BIRTH	国籍 NATIONALITY	
护照或证件种类 PASSPORT OR CERTIFICATE	号码 NO .	
签证种类 VISA TYPE	有效期 VALID UNTIL	
住址 ADDRESS		
抵达日期 DATE OF ARR.	离开日期 DATE OF DEPT.	
接待单位 HOST ORGANIZATION	停留事由 OBJECT OF STAY	
房号 ROOM NO.	房价 ROOM RATE	
付款方式 TRAVEL AGENT （ ）CREDIT CARD （ ） FORM OF PAYMENT CASH （ ）OTHERS （ ）		
备注 REMARKS	接待员 RECEPTIONIST	
贵重物品请存放在保险箱内。 PLEASE DEPOSIT VALUABLES AND CASH IN THE HOTEL SAFE	宾客签名 GUEST SIGNATURE	

（7）接待员可以从入住登记表内"付款方式"一栏中了解客人选择的结账方法，从而决定客人住店期间的信用情况。

①如客人使用现金结账，接待员在办理入住登记手续时，同客人讲好酒店的相关规定，即根据客人入住的期限和房价，将收取高于总房款的现金作为押金，同时给客人开押金收据，押金收据如表 4-3 所示。如客人入住时间较长，可按照部分入住时间收取，但应在房卡的时效上予以体现，到押金截止时间客人再到前台交押金。

②如客人使用信用卡结账，接待员应在办理入住登记手续时，同客人讲好酒店的相关规定，在 POS 机上要冻结高于客人消费金额的款项作为担保，也称预授权。在客人结账时予以取消。如果客人消费时间较长，可以不以全部消费时间为依据，但应在房卡的时效上予以体现，到预授权款项截止时间客人再到前台续做预授权。

③如果客人在登记表上填写以转账的方式结账，则必须得到有关负责人批准。在办理入住手续时，应向客人说明转账款项的范围。

（8）制定房卡（欢迎卡）并请客人签名，向客人声明酒店的有关责任事项。

（9）将房卡交给行李员，请其带客人入房。

（10）向客人致谢，祝愿他（她）居住愉快。

（11）制作并记录有关表格资料。

（12）如果预订客人持有订房凭证，接待员应先将订房凭证的副本留下，作为向代理机构结算的凭证。

（二）接待无预订散客入住登记的服务程序

（1）主动向客人问好，问清客人是否有订房。

（2）询问客人的住宿要求。

（3）热情地向客人介绍酒店现有可租的房间种类及其价格。

（4）请客人填写入住登记表。

（5）确认客人接受的房价、房间种类、付款方式及离店日期。

（6）请客人出示有效证件，检查客人登记表的内容是否齐全和清楚。

（7）接待员可以从入住登记表内"付款方式"一栏中了解客人选择的结账方法，从而决定客人住店期间的信用情况。

①如客人使用现金结账，接待员在办理入住登记手续时，同客人讲好酒店的相关规定，即根据客人入住的期限和房价，将收取高于总房款的现金作为押金，同时给客人开押金收据（表4-3）。如客人入住时间较长，可按照部分入住时间收取，但应在房卡的时效上予以体现，到押金截止时间客人再到前台交押金。

表4-3　押金收据

押金收据 DEPOSIT RECEIPT	NO._____
	日期DATE:_____ 房号ROOM NO._____
兹收到 RECEIVED FROM_____ （　币）共 THE SUM OF（　）____ 缴付押金 BEING PAYMENT OF DEPOSIT____ 现金/支票号码（银行） CASH/CHECK NO.（BANK）____	
离店时请交还此收据 PLEASE PRESENT THIS RECEIPT WHEN CHECK OUT	收款人 CASHIER

②如客人使用信用卡结账，接待员应在办理入住登记手续时，同客人讲好酒店的相关规定，在POS机上要冻结高于客人消费金额的款项作为担保，也称预授权，在客人结

58

账时予以取消。如果客人消费时间较长，可以不以全部消费时间为依据，但在房卡的时效上予以体现，到预授权款项截止时间客人再到前台续做预授权。

③如果客人在登记表上填写以转账的方式结账，则必须得到有关负责人批准。在办理入住手续时，应向客人说明转账款项的范围。

（8）制定房卡（欢迎卡）并请客人签名。

（9）向客人声明酒店的有关责任事项。

（10）将房卡交给行李员，请其带客入房。

（11）向客人表示感谢并祝愿他（她）居住愉快。

（12）整理客人有关的住宿资料并输入电脑。

（13）制作并记录相关的表格资料。

二、团队客人入住登记的服务流程

团队客人是酒店重要的客源。团队客人人数多，用房多，事先一般都进行了预订。因此，团队的接待应做好充分的准备工作。

（一）接待旅游团队客人入住登记的服务程序

1. 旅游团队客人抵店前的准备工作

（1）掌握"团队接待单"的用房、用餐及其他要求。在客人抵店前对客房状况进行核准，进行预分房并确认。

（2）提前做好团队房卡信封。信封正面应正确地打印上客人的姓名、称呼、房号，信封内应装有房卡、欢迎信、用餐券、宣传品等。然后将信封按客人姓名字母前后顺序排列好。

（3）将"团队用房分配表""团队客人登记表"提前交给团队陪同，便于团队陪同在客人到酒店的途中，将排房情况告诉领队和客人，并分发登记表。团队客人登记表如表4-4所示。

表4-4 团队客人登记表

团队客人登记表 REGISTRATION FORM OF TEMPORARY RESIDENCE FOR GROUP						
团队名称： NAME OF GROUP	日期 年 月 日 至 年 月 日 DATE YEAR MON. DAY TILL YEAR MON. DAY					
房号 RM NO.	姓名 NAME IN FULL	性别 SEX	出生年月日 DATE OF BIRTH	职业 OCCUPATION	国籍 NAT.	护照号码 PASSPORT NO.

（4）将团队用餐通知单送达餐饮部。

（5）酒店的机场代表前往机场迎接，并与陪同联系、了解团队的基本情况。当团队离开机场抵店时，用电话将客人离开机场的时间、车号、行李件数、住宿变更情况及其他特殊情况及时通知前台，做好各种准备。

2. 旅游团队入住接待程序

（1）大堂副理、团队联络员出面迎接，并安排引领团队到指定的接待区域。

（2）简单介绍酒店的布局和服务项目。

（3）接待员主动与陪同核实团队的有关事项。如团号、人数、客房数、报账单位等情况。

（4）请陪同在入住登记表上签字。

（5）依据名单将房卡信封发给客人。

（6）安排行李员将行李送至客人房间。

（7）团队联络员与陪同确认团队有关时间安排。如用餐时间、叫醒服务时间、离店时间及其他特殊安排。

（8）接待员制作相关表格资料，并输入电脑送达其他部门。

（9）制作团队主账单，交收银台存档。

（二）接待会议团队入住登记的服务程序

1. 会议团队抵店前的准备工作

（1）会议团队到达前一天，接待员应根据会议团队用房表及会议团队分房表妥善分好客房。若无名单则应准备好足够的房间及相应的房卡，待到达后由会务组人员来分房。

（2）会议报到当天应在大厅一角设立报到处。提前印好会议的有关事项和日程安排。每人准备一份或贴在大厅内。

（3）接待员把准备好的房卡和入住登记表交会务组。

2. 会议团队入住的接待程序和操作标准

（1）当会议团队代表抵店时，接待员协助会务组分发房卡。

（2）请会议代表填写入住登记表并收回。

（3）接待员在每张登记表中登记每位客人的最终房号。

（4）打印一份会议团队分房表交总机房、问询处。

（5）与会的外宾通常按散客的形式入住登记。

（6）对该会议的问询或电话，一律转接到会务组。若无分房表则在分房后，尽量与会务组联系，了解客人房号。

（7）将团队客人的相关资料信息输入电脑。

（8）将团队客人准确的房号名单转交行李处，以便行李发送。

三、调换客房的服务流程

调换客房在前台接待中经常出现，一般调换房间有两种可能：一种是住客主动提出调换房间；另一种是酒店要求调换房间。

（一）调换客房的原因

1. 客人要求换房原因

（1）住客正租用的客房过大或过小。

（2）客人希望入住价格更便宜或更贵的客房。

（3）住店期间，客人的人数发生变化。

（4）客房设备有故障，一时无法修复。

（5）对楼层不满意。

（6）住客对入住的房间位置不满意或朝向不满意。

（7）住客对入住的房号不满意。

（8）因外部噪声而要求换房。

2. 酒店要求客人换房的原因

（1）客房设备突然发生故障，一时无法修复。

（2）已为预订客人保留好的房间，但因原住客延期离店。

（3）为了使团队客人集中排房，要求散客换房。

（4）发生重复排房，给后来者换房。

（5）出现意外凶杀、失窃、死亡等事件，给其他客人换房。

换房往往会给酒店和客人带来麻烦。所以，一定要慎重、灵活处理。在换房时，不论是何种原因所致，搬运客人行李时，必须经客人授权。否则，一定要坚持两人以上在场（大堂副理等）。

（二）调换客房的服务接待程序

1. 客人要求换房的服务接待程序

（1）弄清换房的原因。如果客人换房有充分的理由，酒店又有空房可以解决，则立即办理换房，在电脑住房系统中修改住房信息。若理由不充分，酒店又无空房可以调整，则尽量解释，可答应客人次日优先换房。

（2）介绍准备调换的客房情况。

（3）与客人确定换房的具体时间。

（4）接待员将客人换房信息电话通知客房部。

（5）VIP住店期间通常酒店不会要求客人换房，如果出现了特殊情况或VIP要求换房，则应尽量满足客人要求并通知总经理及保安部。

（6）通知行李员帮客人换房。由行李员带客人到新的客房，帮助客人提拿行李。

（7）若因换房导致房费的变化，应立即通知收银处。

2. 酒店要求客人换房的服务程序

（1）向住客解释原因，并与其商议。

（2）采用优惠政策。可以将比原来房间价格更高的客房让给客人，但价格不变，或给予客人一定折扣让客人满意。

（3）征得客人同意后，办理换房手续。

（4）若客人坚持不配合，则应考虑让即将到店的订房客人暂时改变房型或楼层，并给予一定优惠或提供附加服务，不得强行要求客人换房。若在换房时，客房非常紧张，遇到不得不在客人外出期间给客人换房的情况，应事先与客人联系，经客人许可后请客人把行李整理好，然后通知行李员、大堂副理、保安员共同在场，由行李员把行李搬到给客人换好的客房，并确认所有的东西都已搬到换好的房间。

四、贵重物品寄存的服务流程

客人入住酒店，身上可能带有合同、单据、现金、首饰等小型贵重物品，为安全和保险起见，客人往往愿意对贵重物品进行专门保管。贵重物品保管和行李寄存在服务内容和服务程序上是有区别的。主要区别在于，贵重物品保管的物品一般为体积小，金额或者价值贵重；其次贵重物品保管需要客人和服务人员共同操作完成保管及提取工作。

（一）贵重物品保管形式

1. 客房内保险柜内

客房保险柜属于多数高星级酒店客房房间内必备物品，一般放置在大衣柜下层角落，在客人入住前即OK房状态下，呈现开启状态，由客人入住放置物品后，自行设置密码及存放物品。通常而言，放置在客房保险柜内的物品丢失，酒店没有赔偿责任，原因在于，无法区分由客人原因导致或者内盗行为，除非有证据表明，确因酒店原因造成客人房间保险柜内贵重物品丢失。

2. 前厅部贵重物品保管处

多数酒店前厅接待处（部分酒店也设置在礼宾部）会设有专门区域，放置大型贵重物品保险柜，并指定专人负责提供相应服务。

（二）贵重物品保管的服务程序

（1）服务员主动问好，向客人介绍保管方法和注意事项。

（2）问清客人姓名、房号、请客人填写贵重物品保管寄存单。

（3）审查单据，物品件数与签字，将一把钥匙交给客人，双方共同开启保险箱，请客人自己存放物品，双方同时上锁。

（4）客人取物品，请客人出示保管单并签字，审核无误后，共同开启保险箱。

（5）客人终止存放，将物品全部取走，收回第二联保管单，核对客人钥匙，并请客人在终止栏内注明日期、姓名。

（6）若客人钥匙丢失，请保安部、工程部人员共同在场，强行撬开保险箱。客人承担相应的赔偿责任，并做好相关记录备查。

服务细节解析：贵重物品保管真的可靠吗

在某一家酒店的总台，听到总台服务员与客人一段关于寄存现金的对话，实录如下：

"您有贵重物品和现金要寄吗？"办完入住手续，服务员认真地询问面前的这位客人。

"好吧，现金这么多放在身上不方便也不安全。"客人一边回答一边从手提包里掏出一沓现金，然后塞进服务员递给他的信封里。

服务员迅速填好有关表单，然后请客人在一张单据上签上客人自己的名字，而后再撕下其中一联交给客人，并说："先生，请您保管好这一张凭证，来领取时要出示这一张的。"

客人似乎有点不放心地问："到时就凭这一张单据就可以领东西吗？"服务员微笑着回答："那也不完全是，还要出示房卡和您本人的身份证。"客人接着又问："假如我的房卡、身份证连同这张单据都被扒手窃走，他凭这些来领东西，你也会给他吗？"服务员一时怔住了，然后说："怎么会全部都丢了呢？一般不会的吧。""那有可能！假如那样的话，他凭这些来领，你会给他吗？"客人还是不安地追问道。

服务员被问急了，突然冒出一句话："我会认得您呀。"不过，这位客人似乎有的是时间，又继续追问道："你会认得我，你要是明天不上班，其他服务员认得我吗？或者说，我托别人带上全部证件来帮我领取，你会给他吗？"

服务员哑然。客人似乎更加不放心了，干脆把已装进信封的钱又全部放回了手包里，然后说："小姐，我不寄存了。"服务员望着这位"多心"的客人背影直发呆。

点评：

客人多心吗？客人并不多心。这位客人问得没错。房卡、身份证和寄存凭据全部被小偷扒走的可能性不是没有。假如这些东西全部丢失，有人凭这些证件来冒领，服务员能不能让他领走呢？服务员不能肯定回答，客人当然不放心了。

那么有没有最后一道防线？有没有什么不能被扒手同时掏走的？有。这就是要求客人在寄存件上写上密码，不论什么人来领取（是客人本人还是客人委托别人），只要有寄存凭证同时能报出密码，即可放心让人家领走。

严格地说，办理寄存手续时应当是要客人填写包括"随客联""随件联"和"寄存根联"的三联式单据的。这三联中既有相同文字部分，如房号、客人姓名、寄存件数、寄存时间、经办人等，也有不同的文字备填栏，如随件联上多了一栏其他两联所没有的"密码"栏，并有客人本人的"签名"栏；存根联上则多了"领取人签名"和"领取时间"两栏。

其中，随件联的密码是等客人（或委托人）来领取时，即使证件齐全的情况下也要报出的凭据。密码的作用很大，其一，预防客人证件全部丢失情况下，起到别人冒领报不出密码而拒付的作用；其二，即使是客人本人来领，但房卡、身份证丢失，只要有寄存凭证和报出密码即可领走；再就是当这位客人委托别人来领取时，尽管没有房卡、身份证，只要有寄存凭证和委托书（有寄存者签字）以及能报出密码，也可以让人家领走。

存根联为什么还要填上"领取人"和"领取时间"呢？那是预防这样一种情况发生：客人丢失全部证件，经过报出密码和多方认证（如经办人认得寄存人）允许其领走寄存件，但是客人后来又找回全部证件，或者忘了已领走寄存件又到总台领取，或是个别居心不良者意欲讹骗索赔，这时领取人签名和领取时间就起到"备忘"的作用了。

第二节　客房的分配

前厅部接待人员一项重要的工作就是合理地安排客人入住的房间。在排房阶段，关键是要了解客人的需要并尽量满足。如有些客人可能要求自己的客房靠近电梯也可能要求远离电梯；有些客人希望看到海景或游泳池或城市景色；有些客人希望得到特大号双人床；有些客人希望有健身房或会客室；有些客人还会对房内设施和布置提出特殊要求。携带孩子出游的客人可能会提出添加儿童床的要求。有些客人还会提出一些其他的特殊要求如房间内可无线上网等。为客人安排好客房，确定房价后，必须向客人报价，以获得客人的确认。

一、排房的顺序

排房的好坏直接影响到酒店和客人双方的利益，因此确定合理，科学的排房顺序相当关键。

第一种也是一般的排房顺序为：贵宾；有特殊要求的客人；团队客人。

第二种排房顺序是：政府团队客人；豪华级团队客人；一般型团队客人；订房客人。

第三种排房顺序为：团体客人；重要客人和常客；已付订金等保证类预定客人；普通预定客人并有准确航班号或抵达时间；无预定的散客。

采用哪种排房顺序取决于酒店市场环境、酒店经营定位以及酒店客房数量的多少等多种因素。

二、排房的艺术

为了提高酒店的开房率和客人的满意度，客房分配应讲究一定的艺术。在排房时应考虑的因素有：

（1）尽量使团队客人（或会议客人）住在同一楼层或相近楼层。

（2）对于残疾，老年，带小孩的客人，尽量安排在离服务台和电梯较近的房间。

（3）对于常客和有特殊要求的客人予以照顾，如吸烟客人与不吸烟客人。

（4）不要把敌对国家的客人安排在同一楼层相近的房间。

（5）内宾和外宾尽量分别安排在不同的楼层。因为内宾和外宾在生活习惯、语言、作息安排可能有一定差异，安排在不同的楼层，以方便管理，提高客人的满意度。

（6）要注意房号的忌讳。如西方客人忌"13"，港台客人忌"14"。有时候考虑到这些忌讳，酒店在楼层设计上，将13、14楼空置或者改为"12A""12B"。

服务细节解析：婚宴赠送洞房竟是标准间

段经理领导的某酒店的销售部是一个工作努力的集体。每当有客人在酒店举办婚宴，他们都想方设法打听到新郎新娘的工作单位、家庭住址以及联系电话，目的是建立客户档案，当然最终的意图还在于待这对新人婚后近一年之时再找上他们——征询他们是否愿意在本酒店举办小宝宝的"满月酒"。

一天，根据客户资料，销售部的小夏认为可以向曾在本酒店举办过婚宴的一对大学教师夫妇去一个电话。当年的新郎姓徐，小夏先是自我介绍一番，然后问："不知徐先生是否添了小孩？"徐先生大惑大解："什么意思？"小夏接着说："是这样，我们对曾经在本酒店举办过婚宴的夫妇都会了解一下是否添了小孩，假如有了小宝宝又愿意在本酒店办满月酒的，将给予特别优惠。""哦，原来你们又是搞推销的。算了吧！当时在你们那里办婚宴差点没把我气昏。那天晚上酒宴散席后，我的亲戚朋友陪我们夫妇俩上酒店安排的免费'洞房'，进门一看，简直不敢相信，给我们的居然是没有任何布置的两张单人床房间。这不明摆着要我们一结婚就分居吗？后来我们干脆也不在那里过夜了。至于要不要在你们那里办满月酒，我想就不麻烦你了，对不起啦！"电话"啪"的一声中断了。

小夏将此事向段经理汇报时，在场的所有人无不对酒店的失误引出的结果感到惊愕和难受。段经理立即着手了解此事。原来当时餐饮部的宴会预订处一时忙得糊涂，没有及时将徐先生的免费洞房通知单开给客房部的前台去安排，以致婚宴结束，新婚夫妇问起是否有免费"洞房"时，才慌忙叫人在前台领取房间钥匙交给新婚夫妇。更糟的是前台排房员和餐饮部派去的人压根儿就没有意识到这是作为洞房开出去的，只是随意地安排才制造出如此笑话。

点评：

本案例应验了这么一句话：细节决定成败。

尽管段经理领导的销售部工作还比较细致，在客人办婚宴之时就留心其联系电话，以备将来进一步促销之需。然而由于前台部门忽视细节，一错再错，导致闹出标准间作洞房的笑话，贻误了销售部的后续工作。要说销售部这次促销的失败，应是当年前台工作粗枝大叶留下隐患的结果，当时从接受婚宴预订就开始疏忽，没有立即按程序开出安排洞房通知单；举办徐先生婚宴那天也没有人事先检查落实洞房安排情况；临时补救更是忙中大意出错。程序疏忽，检查缺失，补救粗心，节节松懈，不出问题才怪哩。

所有服务的问题从根本上说都是管理的问题，都应当在管理上找原因。也可以这么说，优质服务源自管理的严谨性和细致性。管理的细微化，不仅体现在产品、服务设计的细节上，而且体现在出品、服务操作的细节上，还要注意在程序、规范、制度的制定与执行的细节方面。本案例产生的问题显然与该酒店的前台部门管理松懈、不注意细节有极大关系。在整个接待婚宴的过程中，不见有管理人员事先检查各种准备情况，更没有授权大型宴会预订会员以营业代表身份全程跟踪落实。

今日的"上帝"不同于往常，他们更加成熟也更加"挑剔"，他们开始关注细节；现在的竞争也与以往不同，竞争的手段更加多样复杂，竞争的着眼点和着力点都已注意到了细节。现在就看谁在细节方面下的功夫更多一些，做得更好一些，谁就将是胜者。

第三节　收银服务细节管理

一、前厅收银服务程序

（一）散客结账服务程序

（1）客人离店要求结账时，收银员应主动迎接客人，表示问候，问清客人姓名、房号、找出账卡，并重复客人的姓名，以防出错。同时收回房卡。

（2）电话通知客房服务中心派客房服务员检查客房状况，是否有客人遗留物品，mini-bar是否有最新消费情况，客房物品是否齐全及有无损坏等。

（3）委婉地询问客人是否有最新消费，如长途电话费、早餐费等，并在电脑上查阅以免漏账。

（4）打印出客人消费账单，并将账单呈请客人检查、确认并在账单上签字。

（5）根据客人的不同付款方式进行结账。客人付款方式通常有：现金、旅行支票、信用卡、旅行社凭证等。

（6）向客人表示感谢，祝客人旅途愉快。

（7）将客人的登记表盖上时间戳送交接待处，以便更改客房状况。

服务细节解析：您能帮我一起核对账单吗？

某日，一位在北京某酒店长住的客人到该店前台收银支付一段时间在店内用餐的费用。

当他一看到打印好的账单上面的总金额时，马上火冒三丈地讲："你们真是乱收费，我不可能有这样的高消费！"

收银员面带微笑回答客人说："对不起，您能让我再核对一下原始单据吗？"

客人当然不表示异议。

收银员开始检查账单，一面对客人说："真是对不起，您能帮我一起核对吗？"

客人点头认可，于是和收银员一起对账单进行核对。在此期间，那位收银员顺势对几笔大的账目金额（如招待宴请访客以及饮用名酒……）做了口头介绍，以唤起客人的回忆。

等账目全部核对完毕，收银员有礼貌地说："谢谢，您帮助我核对了账单，耽误了您的时间，费神了！"

客人听罢连声说："小姐，麻烦你了，真不好意思！"

点评：

前台收银对客人来说是个非常"敏感"的地方，也最容易引起客人发火。在通常情况下，长住客人在酒店内用餐后都喜欢用"签单"的方式结账，简单易行而且方便。

但是由于客人在用餐时往往会忽视所点菜肴和酒水的价格，所以等客人事后到前台付账时，当看到账单上汇总的消费总金额，往往会大吃一惊，觉得自己并没有吃喝了那么多，于是就责怪餐厅所报的账目（包括价格）有差错，结果便把火气发泄到无辜的前台收银员身上。

上述案例中的收银员用美好的语言使客人熄了火。一开始她就揣摩到客人的心理，避免用简单生硬的语言（像"签单上面肯定有你的签字，账单肯定不会错……"之类的话），使客人不至于下不了台而恼羞成怒。一般酒店有规定：账单应该由有异议的客人自己进行检查，而那位收银员懂得"顾客就是上帝"这句话的真谛，因此在处理矛盾时，先向客人道歉，然后仔细帮客人再核对一遍账目，期间对语言技巧的合理运用也是很重要的，尊重是语言礼貌的核心部分。说话时要尊重客人，即使客人发了火，也不要忘记尊重客人也就是尊重自己这个道理。

（二）团队结账服务程序

（1）在团队结账前约半小时做好相关准备工作，将团队的账目复查一遍，确认宾客是否按照相关要求入账，所有附件是否齐全等。

（2）领队或陪同人前来结账时，将账单递交对方，请其检查并签字确认。

（3）将账单送交财务部进行收款。

（4）不能将不同团队房价告知其他客人。

服务细节解析：A、B公司合同价不同

某五星级酒店与A公司签订了给予其公司人员入住本酒店优惠价格标准为600元/间·天。同时，也与B公司签订了此类合同，标准房650元/间·天。由于客户不同，销售部对价格政策是绝对保密的。但事情凑巧，A和B两家公司同一天在该店召开会议，A、B两家公司的负责人又是同学，于是相同的标房，不同的房价在两位老同学的闲聊中透露出去。第二天，B公司的负责人理直气壮地找到前厅收银员让她解释原因。

点评：

如果你是前厅收银员，你将如何处理此事？

1.收银员实话实说，酒店以效益为主，谁都希望自己的产品销售出一个好的价格，酒店也是如此。讨价还价是很正常的事情，签订合同是双方自愿的，不含有欺骗的成分，从而劝说B公司接受这个实事。

此做法虽说没有错，但对酒店的工作确是无益的。这样做无疑得罪了一个长期客户，B公司也许从此不会再入住本酒店，同时也会做反面的宣传影响很多潜在的客户，故此方法不应提倡。

2.收银员接受B公司的要求，按A公司的价格给予更改，并向客户道歉，婉转地说明自己的销售难处，以取得客户的谅解，或者推说A公司是店方领导的朋友，所以给予了一个特殊价。如果客户有要求，也可以介绍给本部门的经理，让经理去定夺。

这样做客户可能会比较容易接受，不会再责怪前厅收银员。前厅收银员给自己一个台阶下，但却给酒店造成了损失，给领导制造了麻烦，最主要的是不利于酒店的形象。让客户认为该酒店没有一个严密的操作规范和管理体制，对员工的素质要求也不高，遇到问题不会独挡一面，只会"踢皮球"，所以此做法是对的，但是，是不可取的。

3.告知价格确有差异，但这并不是欺骗，也不是故意给高价，给 A 公司这样的低价是有前提的。因为 A 公司每年的入住间数和消费水平达到一定的量，而对 B 公司却没有任何附带条件。如果 B 公司能有 A 公司同样的入住量和消费水平，酒店同样可以给予 B 公司和 A 公司一样的价格。这是酒店的销售政策，并不能因为个人感情的好坏而给予不同的价格。

这样做最能取得客户的谅解，也是最值得提倡的方法。既能给客户一个好的交代，让客户明白这是酒店的规定，又能给酒店带来更多的客户，创造更高的利润。

二、外币兑换服务程序

（1）每天早上按时收听并录音中国银行公布的外汇牌价，及时调整和向客人公布当天外币兑换牌价表。

（2）客人前来兑换外币，热情问好，了解客人的需求，同时请客人出示护照或有效证件。

（3）清点、唱收客人需兑换的外币及金额。

（4）使用货币识别机，鉴别钞票的真伪，并检查其是否属现行可兑换的外币之列。

（5）认真填写兑换水单。根据当日现钞牌价，将外币名称、金额、兑换率、应兑金额及姓名、房号等准确填写在水单相应栏目中。

（6）兑换时按当日牌价实行收款员核算和复核员审核两级控制制度，以确保兑换数额清楚准确。

（7）请客人在水单上签字。

（8）将水单及现金交给客人，并礼貌地向客人道别。

三、收银特殊情况的服务程序

1.逾时离店

遇有此情况，应婉言提醒客人，如客人超时离店，加收房费，一般超时 3 小时内加收一天房租的 1/3，超时 6 小时内加收一天房租的 1/2，超时 6 小时则加收一天的房租。

2.退款

客人退房结账时才提出要折扣优惠，而且也符合酒店优惠条例；或结账时，收银员才发现该客房的某些费用是因为输入有错误。遇此情况，收银员按下列方式操作：

（1）前台收银员填写一份"退款通知书"。

（2）前厅部经理签名认可并注明原因。

（3）在计算机中将差额做退款处理。

3.住店客人的欠款过多

遇此情况，为防止客人逃账或引起其他不必要的麻烦，酒店通常催促客人付款。

（1）可用电话通知客人，注意语言艺术。

（2）用书面的"催款信"将客人房号、姓名、金额、日期填妥后，放入信封，交客房服务员送至客人房间内，一般客人见此通知后会主动前来付款。如客人拒绝付款，应及时交大堂副理处理。

服务细节解析：电话是谁打的

本案例是有关收银员在处理1602客人刘先生结账时，客人拒付一笔国内长途费用的纠纷。事情经过是这样的：客人刘先生昨晚到店，今早结账离店，发现账单有一笔打往北京的电话费，客人怒气冲冲地申辩没有打过这个电话，并指责酒店把别人的电话费记到了自己头上。

收银吴经理听完客人申辩后顺着他的话头说："刘先生，你的假设不无道理。"客人听到自己的意见被肯定，心里一高兴，火气也就消失了一半，说道："就是嘛，我昨天才住店，一个电话也没拨，怎么会有电话记录呢？肯定是你们搞错了！""不过，刘先生，造成这种情况的原因有多种多样，您所说的只是其中的一种。然而，按我们先进的电脑程序，这种可能性极小。我想，是否有人在您不知道的情况下打了这个电话？所以，在没有搞清楚确切原因的情况下，最好彼此都不要下结论。我建议让我们一起来调查一下原始资料。如果确实证明这个电话不是从您房间打出的，这笔费用就由酒店承担，好么？""好的，好的。"刘先生听他说得有理，连声表示赞同。

很快，收款员查阅了客人住店期间全部消费的详细资料。入住登记单上显示：刘先生昨晚7：20住店。总机电脑记录：打电话时间为8：47。由此可以判断，在客人进入房间以后，肯定有一个电话从他房间里打出去。客人表明："我本人根本没摸过电话。"那么，"这期间有没有您的朋友到房间来过？"吴经理启发刘先生，"哦，对了，我有一位要好的朋友带了他的孩子到我房间来看我，我曾到楼下商品部购买香烟和糖果。"客人介绍了那位朋友的姓名，原来正好是酒店的熟人，他是本地一位信誉较好的常客，偷打这个电话的可能性极小。怎么办呢？不管怎样，这是唯一可能的线索，至少不能完全排除那位朋友打这个电话的可能性，或者可能是他的孩子打的。于是，吴经理向刘先生建议道："您是否可以问问您的朋友是否打过这个电话？"

刘先生立即给朋友挂了电话，对方表示没有打过电话，但他还是很负责地问了身边那个上五年级的儿子，儿子承认打过电话。原来就在刘先生下楼购物时，那位朋友上了一次卫生间，他的儿子出于好奇，给他北京的一个亲戚挂了一个长途，而其父亲却还蒙在鼓里。至此真相大白，刘先生忙向吴经理和收款员道歉并立即付清了电话费。吴经理友好地与刘先生握手道别。

点评：

案例中吴经理的处理方式充分体现了酒店"把对让给客人"的服务宗旨，值得学习。同时，客人在结账时，表明酒店服务周期已接近尾声，收银员的一言一行将决定客人对酒店的最后印象。而结账又是较容易引发客人投诉的环节，所以收银员在客人对账单提出异议时，应耐心向客人解释，与客人共同对账单，以免抹杀了其他酒店员工在对客人服务中付出的辛劳。如果让客人带着不平的情绪离开酒店，无疑酒店将失去这位客人。

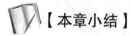【本章小结】

前厅接待及收银服务是前厅服务的重要环节，接待人员的表现直接影响酒店的收益和声誉。本章首先详细介绍了前厅散客、团队客人入住登记的服务程序，调换客房以及贵重物品寄存的服务程序，介绍了前厅接待进行客房分配时的艺术，最后详细介绍了前厅收银各项工作的服务程序。通过本章的学习，掌握前厅核心业务环节，办理客人入住登记和收银工作的具体工作程序。

【复习思考题】

1. 简述散客入住登记的程序。
2. 简述团队入住登记的程序。
3. 简述换房的工作程序。
4. 简述贵重物品保管的工作程序。
5. 简述排房的艺术。
6. 试述前厅收银结账的服务程序。
7. 试述前厅收银兑换外币的服务程序。

本章案例思考：13：30 退房的内涵

一天，客房部送来一份《宾客意见调查表》，在宾客意见栏中，客人写道：总经理，你好，告诉你一个故事。客人问总服务台："可以明天 13：30 退房吗？"服务员甲，回答说："可以，好吧。"服务员乙补充说："能 13：30 退房，但 12：00 后，你必须多付半天的房费！"

点评：

这一案例发生在服务员平淡的工作之中，整个语句也在平淡之中，给人无可挑剔的地方，细细一琢磨，总不是滋味。酒店执行中午 12 点退房是一种国际惯例，全世界的酒店行业都在按照 12 点退房的标准来具体操作。此规定最初源于欧洲，由于欧洲的人力资源成本相当昂贵，而酒店一般使用的清洁工都是外聘的，这些外聘的清洁工要在规定的时间内来清扫房间，如果在规定的时间之外单独请人来清扫房间，成本是相当高的。这一规定是欧洲国家按照自己的实际情况来安排的，后来被北美洲、大洋洲、亚洲等一些地方所采用，并逐渐推广到了全世界。现阶段沿用这一规定，并不是因为人力资源成本的问题，而是出于宾馆或者酒店管理方便和经济收益的需要。一天中以中午 12 点为标准界点，把客人的住宿时间明确限定在上午或下午两个时间段内，一则这样核算房费比较简单方便，再则可以保证客房在闲置情况下的经济收益。如果中午 12 点之前原来入住的客人退房离开，清洁人员可以及时进行房间整理，保证随后到来的客人入住。如果原来的客人在 12 点之后 18 点之前退房离开，加收半天的房费之后，还可以保证夜晚到来的客人入住。如果原来住的客人 18 点之后退房离开，加收一天的房费，即便夜晚没有新的客人来入住，也能保证客房的经济收益不受损失。据了解，2013 年 9

月，中国旅游酒店业协会已经在最新公布的《中国旅游酒店行业规范》中，删去了"12点退房，超过12点加收半天房费，超过18点加收1天房费"的规定。取而代之的是第三章第十条："酒店应在前厅显著位置明示客房价格和住宿时间结算方法，或者确认已将上述信息用适当方式告知客人。"

此案例的问题在于服务员甲和乙的回答大相径庭。服务员甲回答"可以，好吧"，即意味着酒店承诺允许客人13：30退房，且不加收半天房费。而服务员乙回答"能13：30退房，但12：00后，你必须多付半天的房费"，服务员乙回答的是按照惯例和酒店的规定，告诉客人过了中午12：00，必须按规定多付半天房租。所以，两个人回答的答案是不一致的，那客人该怎么办呢？

问题的关键是服务员在没有弄清楚客人的真实要求（客人的要求是希望不加收房费）的情况下，允许他13：30退房，而我们的服务员甲和乙却给出了两个截然不同的答案。要做出正确的回答，应该首先弄清楚客人的真实意图，客人是否是熟客或协议客户，再根据酒店当天的住房情况，决定是否允许客人14：00前退房且不加收半天房费。一般的做法，允许客人14：00退房，不加收半天房费。不管怎么说，都要尽力满足客人要求，但答案应该是肯定的。

第 五 章

前厅综合服务细节管理

学习目标

【知识目标】

1. 了解电话总机服务相关内容。
2. 掌握电话总机叫醒服务程序。
3. 了解商务中心服务相关内容。
4. 了解问询服务相关内容。
5. 掌握 VIP 概念。
6. 了解 VIP 等级划分和接待内容。

【技能目标】

1. 根据客人不同要求，做好电话总机服务管理工作。
2. 根据客人不同要求，做好商务中心服务管理工作。
3. 根据 VIP 客人等级，制定接待流程。

引例：叫醒电话没有叫醒客人

1208 房客人李先生的业务繁忙，午夜 12：30 他致电总机，要求凌晨 5：30 叫醒。当班接线员做了记录，将客人房号及叫醒时间输入电脑。5：30，李先生房内的电话准时响了，李先生在熟睡中被惊醒，接起电话，电话里是音乐声。他放下电话，睡意仍浓，心想再睡 5 分钟。结果一睡误了李先生的大事，他贻误了航班，也错过了一次非常重要的商务会议。李先生提出投诉，理由是酒店的叫醒服务没有叫醒他。

点评：

叫醒服务事关重大，接线员在受理这项服务时，必须慎之又慎。在这个案例中，因为客人是午夜才提出叫醒要求，叫醒时间又是在凌晨，接线员就应该考虑客人的睡眠时间不足，叫醒难度大。只采取自动叫醒的方法，不能保证客人被叫醒的清醒程度。如果叫醒服务不到位，客人很可能因此贻误航班或一个重要的商业会议，给客人带来不便及损失。所以，一些酒店运用自动、人工双重叫醒的方法，先用自动叫醒，再由接线员亲自致电客房，用姓名称呼客人，向客人致以亲切的问候，并告知当天的天气、温湿度、适宜穿衣指数和交通等情况。经过与客人亲切而简短的交谈，可以使客人充分清醒，又为客人的出行着装提供了参考。

第一节　电话总机服务细节管理

前厅部除了预订、礼宾、接待收银等工作内容，还承担了客人在住店期间包括电话总机、商务中心、问询、VIP 接待等相对琐细的工作，本章对它们进行详细的介绍。

一、总机房的工作设备与功能

1. 电话交换机

电话交换机是总机房最主要的工作设备，它的种类、型号、价格繁多。目前，较为先进的有 PABX 交换机、EBX 交换机、PMBX 交换机、PBX 交换机等。其中，EBX 交换机的功能有：

（1）自动振铃，并显示其日期、时间。

（2）自动显示通话线路、号码及所处状态（busy, answer, ring）。

（3）自动定时回叫、等候电话。

（4）同时接通多路分机。

（5）阻止分机间直接通话（blooklines）。

（6）封闭、开启某分机线路。

（7）自动显示分机当时所处状态（外线、内线）。

（8）请勿打扰功能（阻止外线电话进入某分机）等。

2. 话务台

话务台是话务员工作的台面，为避免话务员工作时相互间声音的影响，通常将它们用隔板隔开。有些酒店在每张话务台前设有玻璃镜，以使话务员能始终注意到自己的言行举止，集中精神，从而确保对客房服务的质量。

3. 长途电话自动收费机

长途电话自动收费机可以自动计算出客人使用长途电话的时间及费用，并记录保存。

4. 自动打印机

自动打印机可以自动打印客人的电话账单等。

5. 传呼器发射台

传呼器发射台是提供店内外传呼服务的必备设备，通过发射台可以传输信号。

6. 计算机

计算机储存各种信息与资料，方便话务员查询和总机房管理。

7. 电话

电话是通过电信号双向传输话音的终端设备。

二、总机话务员服务要求

1. 话务员的素质要求

（1）声音甜美，口齿清楚，语速适中。

（2）普通话标准，听写迅速，反应敏捷。

（3）工作认真，记忆力好，能够熟练记忆 500 个以上相关电话号码。

（4）有熟练的计算机操作和打字技术，每分钟能够录入汉字 80 个以上。

（5）有较强的外语听说能力，能用三种以上外语提供话务服务。

（6）精通业务，热爱本职工作，责任心强。

（7）有较强的语言表达和信息沟通能力。

（8）有良好的修养与职业道德意识，能够自觉遵守酒店的各项规章制度，自觉维护酒店的声誉和形象，严守话务工作秘密。

2. 话务员电话应答的基本要求

（1）话务员应答来电，必须在总机铃响三声之内进行。

（2）每一位话务员的声音都代表着本酒店的形象，话务员必须礼貌、友善、愉快地应答每一位来自酒店内外部的电话。

（3）仔细聆听客人的要求，尽可能给予满意回答；对不能解决的，尽量讲明原因，并向客人表示歉意；对一些无理或过分的要求，可委婉回答，"对不起，本酒店没有这项服务"；对于骚扰电话，应立即挂机，并及时向领班或前厅主管汇报。

（4）如果话务员的本色音偏高或偏低，语速偏快或偏慢，则应通过培训调整为音调适中、语速适中。

（5）话务员值班时，要随时准备将清晰、亲切、自然、甜美的声音通过传话器传送给客人，使客人有舒适感。

（6）如果客人需要非总机业务方面的咨询服务时，则应对客人说："请稍等，我帮您转 ×× 部门。"话务员接转电话过程中，必须给客人以恰当的说明。

（7）话务员应能够辨别主要管理人员的声音，接到他们的来话时，要给予适当的尊称。

（8）话务员要熟记常用电话和应急用电话号码。

三、电话总机的服务程序

（一）电话总机服务的准备工作

（1）开启并检查电脑、专线电话、打印机、电话交换机等机房设备，保障 24 小时提供国际和国内客人的电话服务。

（2）做好交接班的信息沟通工作，认真查看上一班话务员留下的交班本和机房白板，记下相关信息。核对电脑中储存的信息，以防遗漏，随时准备为客人提供优质高效的服务。

（3）做好总机房设备保养和卫生清洁工作，精神饱满地准备应接工作。

（4）接听电话时要仔细聆听，并准备好笔、记录本等相关用具，准确记录。

（二）电话总机的具体服务程序

1. 电话总机转接服务程序

（1）准备工作。话务员保持良好的工作状态，随时准备应答各类电话。

（2）应接电话。电话铃响三声内必须提机应接。

（3）应答电话。礼貌地向客人问候，外线电话应答："您好，××酒店（××hotel, may I help you？）。"内线电话应答："您好，总机（Operator，may I help you？）。"话务员要根据酒店的涉外情况，决定使用何种语言报位或中英文双语报位的顺序。

（4）聆听要求。仔细聆听客人的要求，迅速将电话转接过去。如果对方讲话不清楚可请对方重复一遍，但态度要谦和。

（5）转接电话。转接电话前必须使用规范礼貌的电话服务用语"请稍等"。

（6）对于所有要求接进房间的电话，要问清住客的房号、姓名，核对无误后方可接进。

（7）如要求转接的电话占线或无人接听，应向客人表示歉意，请客人稍后打来或征求客人意见看是否要做留言。如需给住客留言，电话一律转到总台问询处；如需给酒店管理人员留言，一律接受下来，并重复确认，可通过寻呼方式或其他有效方式尽快将留言传达给相关的管理者。

（8）线路繁忙时，使用音乐保留键，并礼貌地请客人稍等，然后迅速、准确地处理手中的电话。

（9）当帮助客人多处转接或等候转接时，应每隔20秒（5声）向客人通报一次情况。

2. 电话总机叫醒服务程序

（1）受理叫醒服务。接到叫醒服务要求电话后，在客人提出叫醒要求时，应在工作本上详细记录客人的房号、叫醒时间，并复述上述内容，请客人确认。

（2）输入叫醒记录。将客人的房号、叫醒时间等已收到的叫醒信息输入电脑，并检查记录是否正确。由电话系统自动生成叫醒。

（3）检查叫醒设备并开机。按照最早的叫醒时间打开叫醒打印机，并检查叫醒系统的工作情况是否正常，如发现问题，应及时通知工程部前来检修。

（4）开始叫醒。当叫醒时间到时，系统会自动通过电话对有关的房间进行叫醒工作。若客人回答了电话则证明叫醒成功，系统会自动做记录，并打印结果。

（5）叫醒失败的紧急服务。当电话叫醒无人应答或电话占线时，过5分钟后，自动叫醒系统会再进行一次叫醒。如果电话仍然无人应答或电话无法打入房间，10分钟后自

动叫醒系统会自动打印出叫醒失败记录。话务员将叫醒失败记录通知客房中心，请客房服务员进行敲门叫醒。客房中心将反馈信息告知总机，话务员将叫醒失败的房号、时间及原因写在交班本上。

（6）取消或更改叫醒。如果有客人要求取消或更改叫醒服务，话务员必须在叫醒记录登记表和叫醒系统上做更改，并在交班本上注明。

3. 电话总机免打扰服务程序

（1）受理服务。将要求"免电话打扰（DND）"服务的客人姓名、房间号码、具体服务时间记录下来。

（2）封锁电话。将该房间的电话号码按客人要求通过话务台进行封锁。

（3）记录信息。把客人姓名、房号、截止时间及特别要求写在总机房的白板及交班本上，以便通知其他的话务员。

（4）通知总台。将此信息通知总台接待处，并记录被通知者的姓名。

（5）开启电话。时间到时，征得房间客人同意，开启房间电话。同时在总机房的白板及交班本上标明取消封锁时间，并告之总台接待处。

（6）在免电话打扰期间，如果来电者要求与该房间的客人讲话，话务员应礼貌、准确地通知来电者客人未入住或其他能起到免打扰作用的信息，并建议其留言或待取消"免电话打扰"之后再来电话。

服务细节解析：无辜的总机

某日清晨，王先生在前台气愤地质问接待员小姐，"为什么在早晨5点钟有骚扰电话？"王先生嗓音很大，情绪激动，周围正在办理手续的客人好奇地看着他。接待员小姐觉得事不关己，对王先生说，"也许你没有与总机打招呼，如果与总机说一声，就不会转电话进来了。"对此答复，王先生显然非常不满意，继续在柜台前发泄不满情绪，并有其他客人参与评说。一时间，前台前众说纷纭，整个秩序被打乱了。

点评：

客人在公共场合提出投诉，首先应根据客人情绪判断是否需要隔离处理。此案例中王先生明显因为好梦被扰，非常恼火，因此应马上向客人致歉，与客人单独交谈。而接待员小姐非但没有向客人表示歉意，还将责任马上推还给客人，无疑将会导致客人更大的不满。而且这位接待员小姐显然对酒店情况不是很了解，在清晨5点钟如果有外线要求接转房间，总机人员在一般情况下是不会转入的，除非确有紧急情况。在酒店外转内这一屏障下，外线骚扰是不易得逞的。这种情况很有可能是内线电话，即骚扰者住在酒店的某个房间。所以，如果客人按照接待员小姐的解释向总机提出免打扰要求，还是不能从根本上杜绝骚扰电话。像这一情况应与客人单独交流，向他解释真实情况。

4. 电话总机保密入住服务程序

（1）受理服务。确认客人的姓名、房号、保密截止时间及是否有特殊要求。

（2）记录信息。把客人的姓名、房号、保密截止时间及特殊要求写在交班本及白板上，并通知所有接线员要特别注意。

（3）通知总台。将此信息通知总台接待处，并记录被通知者的姓名。

（4）转接电话。如果来电者要转接电话到此房间，接线员先询问"住客贵姓"，然后告知来电者无此客人。

（5）取消保密。如果"保密"是有截止时间的则在时间到时，先询问客人是否取消"保密"或继续。当客人取消保密时，通知接待处在电脑中取消保密入住字样，并在交班本上注明此房间取消保密入住。

5. 电话总机留言服务程序

（1）受理服务。检查接受留言的客人的姓名、房号及在店情况是否吻合，如不符，应立即与总台联系。

（2）记录留言内容。认真听取客人的留言，记录并复述。

（3）记录留言者信息。记录留言人的姓名及通信号码。

（4）将信息输入电脑。在电脑中打开接受留言客人的主单，将留言输入电脑，客人的房间电话留言灯自动打开。

（5）通知总台。通知总台进行留言打印。

（6）通知客人，取消留言灯。当客人回来时，用姓名称呼客人，将留言的内容告诉客人，并将留言灯在电脑中取消。

6. 电话总机回答客人问询服务程序

（1）应接电话。接线员必须以热情、友善的态度接听每一个电话。

（2）聆听电话内容。仔细聆听客人所讲的内容。必要时，请客人重复不清楚的地方。

（3）复述内容。复述客人的问询内容，以便客人确认。

（4）答复客人问题。若能立即回答客人的问题，及时给客人满意的答复；若客人所问询的问题不能及时回答，委婉地向客人解释，并告知客人待查询后会立刻给予答复。

第二节　商务中心服务细节管理

为满足客人的需要，现代酒店特别是商务型酒店通常设有商务中心，为客人提供复印、传真、文件处理、翻译等服务。商务中心一般设在酒店大堂附近的公共区域内。

一、复印服务程序

（1）按照顾客要求选择纸张规格、复印张数、着色深浅、缩放比例等选项。

（2）复印完毕，将原件交给客人，按照客人要求对文件进行装订。

（3）如果客人要求复印的材料辨识度低或者由于其他原因无法复印，应及时向客人通报情况，说明不能复印的理由。

（4）按照酒店规定收取费用或者记入房账。

二、传真服务程序

1. 接收传真服务程序

（1）接收传真来件，阅读收件人信息。

（2）同前厅接待核对收件人信息。

（3）填写"商务中心传真收件信息单"。

（4）请行李员将传真送至客人房间。

（5）将传真收费账单交给前厅收银。

2. 发送传真服务程序

（1）接受客人提出的发送传真要求。

（2）请客人在"商务中心传真发件信息单"上写清姓名、日期、房间号码、传真号码并签名。

（3）认真核对传真发件信息单上内容，按照传真操作程序进行传真发送。

（4）按照收费标准和发送时间开具收费单，向客人收取费用。如现金支付，直接收取；如客人要求挂账，需出示房卡，确认无误后请客人在收费单上签名确认。

（5）将收费单转账至前厅收银处。

三、打印服务程序

（1）询问客人服务要求。

（2）介绍打印服务的收费标准。

（3）浏览客人原稿文件，检查文件字迹是否清楚及其他需确认事项。

（4）询问客人对打印文件的格式、排版、文字和时间方面的要求。

（5）复述客人上述要求。

（6）告知客人大概完成时间，请客人自行决定等候方式。

（7）稿件打印完毕，请客人进行校对和检查。

（8）修改初稿后，按照客人要求进行正式打印。

（9）按照收费标准，开具收费单，请客人签字确认，向客人收取费用。如现金支付，直接收取；如客人要求挂账，需出示房卡，确认无误后请客人在收费单上签名确认。

（10）将收费单转账至前厅收银处。

服务细节解析：商务中心的收费

将近中午12点，收银台前一片忙乱。突然一位正在查验账单的客人扯着大嗓门向收银小姐提出疑问："为什么只收发了几份传真，却有那么高的收费。"收银小姐正忙着处理另一位客人的账单，不耐烦地说："酒店里收发传真就是这样收费，嫌贵不要用好了。"这句话对脾气暴躁的客人来说无疑是火上浇油，一时间客人不依不饶，在前台大声喧哗，非要收银小姐道歉，并要求免去客人认为是不合理的收费。

点评：

客人在结账时表示客人住宿已接近尾声，收银小姐的一言一行将决定客人对酒店的最后印象。结账又是较容易引发客人投诉的环节，所以，收银小姐在客人对账单提出异议时，应耐心向客人解释并和客人共同核对账单。由于此案例中收银小姐对于商务中心收费的解释，不仅对客人造成了情感上的伤害，更是抹杀了在整个客人住宿期间其他酒店员工在对客人服务中付出的辛劳。如果让客人带着不满的情绪离开酒店，无疑酒店将失去这位客人。同时，由于"客人言传经历"所带来的负面效应，酒店也将失去更多潜在的客人。正常情况下，这时候应该对客人解释，收费都是符合物价部门管理规定的，可以帮助客人再核对一下账单。

第三节　问询服务细节管理

一、针对访问住店客人问询的服务

酒店经常遇到访问住店客人需要问询的情况，此时，应在不涉及客人隐私的范围内予以回答。有关客人的问询主要有：客人的房号、客人是否在酒店、有无他人来访问住客，住客在外出前是否给来访者留言，具体服务程序如下：

为了避免出错和产生纠纷，如果有人访问住店客人，问询员先要问清来访者的姓名，然后打电话到被访者的房间，经该客人允许，方可以让客人去找住店客人；如果客人不愿意问询者来访或者不愿意问询者知道自己住店，这时切不可让访客去找住店客人，也不能告诉访客要找客人的房号及电话号码，以保证客人的隐私权。

因为可能有同名同姓的客人，所以接受问询时，要问清客人的全名，如果访客只知道住店客人的部分信息，也要尽力帮助查找。

二、针对住店客人电话问询的服务

问询员接到问询住店客人情况的电话时，应注意以下几点：

（1）由于电话沟通是间接沟通，容易出现传递错误，问询员必须问清客人姓和名的每一个字，要分清容易混淆的姓和名。

（2）如果是英文姓名问询，就应该更加仔细，并认真地区别易读错的字母。

（3）要特别注意普通话拼音与广东话拼音的区别，以及华侨、外籍华人使用英文名字或汉语拼音的姓氏情况。

（4）如果查到了客人的房号，应征求客人意见，是否愿意接听电话，住客同意，才可把电话转告客人。

（5）电话问询时，如果住客的房中无人听电话，可建议问询者留言，或稍后再打电话，不可将客人的入住信息或客房号码告诉问询者。

（6）团体客人的问询电话，要问清客人国籍、旅行团名称、何时到店，具体问询程序与散客一样。

（7）客人在问询电话中询问酒店房价时，问询员应在电话中做好推销工作，力争客

人的入住。

三、针对尚未抵店或已离店客人问询的服务

接到有关客人的问询时，有时会发生从前台查不到客人姓名的情况，这时问询员不能草率地回答对方查无此人，而应询问对方该客人是否肯定住店，如果肯定，则应该按下列顺序查找：

（1）查当天抵店客人的订房表，或当日预抵客人的名单。

（2）查当天结账客人的名单。

（3）从酒店保存的客史档案卡查找，看此客是否曾住店，或已离店。

（4）从以后的订房表（由订房处保存）中查找，看该客人是否将会入住。

如果查明客人尚未到达，则请对方在客人预订到达的日期再来询问，如果查明客人已退房，则向对方说明情况。除已退房客人有委托外，一般不把住店客人离店后的去向和地址告诉来访者。特别是名人的行踪和单身年轻女客人的地址更应保密，以防他们被人跟踪、纠缠。当然，公安机关执行公务的情况例外。

四、针对要求保密客人问询的服务

有时住店客人由于某种原因，会要求酒店对其房号、抵离店情况进行保密，这时，问询员应做到以下几点：

（1）确认客人的保密程序，例如是只接长途电话，只有某位客人可以来访，还是来访者一律不见，来电话一律不接听等。

（2）在值班日志上做好记录，记下客人姓名、房号及保密程度。

（3）当有人来访问要求保密的客人时，一般以客人没有入住或暂时没有入住为理由予以拒绝。

（4）通知电话总机做好客人的保密工作。例如来电话问询要求保密的客人时，电话总机室的接线员，应告诉来电话者该客人未住店。

（5）当客人要求取消保密或改变保密程序时，应立即通知电话总机室，并在值班日志上做好记录。

第四节 VIP接待服务细节管理

VIP（Very Important Person），有较高身份或者由于各种原因对酒店有较大影响力的客人。在接待VIP客人的过程中，应根据客人的不同等级遵循一定的规格，周密安排。

一、VIP的等级

1. A等级

A等级VIP客人是最高等级的贵宾，主要包括国内外有杰出影响的政治家，如党和国家的领导人，外国总统、总理、议长等。

2.B 等级

（1）我国及其他国家的副部级以上领导；

（2）国家文旅部门正局级以上领导

（3）我国省、市、自治区的负责领导。

3.C 等级

（1）各地市主要党政领导；

（2）各地市企业界、金融界、新闻界人士及社会名流；

（3）国家副局领导、国家文旅部门正处级领导、省文旅部门副厅局级领导。

（4）各星级酒店、旅游行业总经理、副总经理等旅游业人士；

（5）对酒店经营与发展有较重要影响的人士。

以上为常规划分标准，各酒店应根据自己的实际情况制定 VIP 等级标准。

二、VIP 接待服务程序

（1）接待部门获悉 VIP 抵店信息后，由前厅部管理人员填写《VIP 接待通知单》（见表 5–1），按照各等级接待要求下发至各接待部门。

表 5–1　VIP 接待通知单

××酒店VIP接待通知单　　　　　　　　　　No._____

VIP姓名 Name of Guest_____	公司 Company_____	职务 Title_____
达到时间 ARR. Date_____	交通 VIA_____	离店时间 DEP. Date_____	交通 VIA_____
房间类型及数量 Type of Accommodation _____		备注 Remarks _____
各部门工作要求 客房部		
餐饮部		
销售部		
保安部		
工程部		
其他		
通知人： Requested by _____	部门经理： Approved by_____	日期： Date_____

（2）《VIP 接待通知单》应详细记录客人的姓名、职务、单位、随行人员抵离店时间、接待单位、接待标准、结账方式及特殊喜好与要求，并对各部门工作进行明确布置。

（3）对于特别重要的 A 等级 VIP 接待服务，由总经理组织临时接待服务小组，详细

拟订接待服务方案，并逐项落实。

（4）VIP抵达酒店前一天确定房间号码，请客房部、工程部对房间进行设备设施、房间布置等方面的检查和准备工作。

（5）VIP抵达酒店前两个小时，大堂副理（或贴身管家）对房间进行检查和布置。

（6）A等级VIP抵店前半小时，总经理根据需要，对VIP接待服务的各项准备工作进行检查。

（7）VIP抵达前，将住房卡和房间钥匙，并装入贵宾信封（房卡上加盖VIP印章），酒店大堂根据需要放置欢迎牌。

（8）VIP抵达前，应事先预留车位，加强酒店周围警卫和巡视。

（9）应事先预留专用电梯。

（10）迎接要求。

A等级：抵店时，总经理率全体部门经理到大堂迎接。

B等级：抵店时，总经理和大堂副理到大堂迎接。

C等级：抵店时，总经理或副总经理及大堂副理到大堂迎接。

（11）VIP客人由前厅部礼宾主管（金钥匙）或贴身管家提供带房服务。

（12）进入房间后，请VIP在《入住登记表》上签字或者请其他随行人员转交给VIP签字即可。

（13）VIP资料应精确地输入电脑，并制作客史档案，VIP住店期间注意房号保密。

（14）房间内布置要求，把应备的鲜花、水果、名酒、饮料、工艺品等物品，在规定时间内准备完毕，严格按规格摆放整齐，并放置酒店总经理的名片和欢迎（卡）词，具体如下：

①果篮。果篮要在茶几上摆放，配备2副刀叉、2块口布、2个洗手盅。A等级果篮80元，水果6种；B等级果篮60元，水果4种；C等级果篮40元，水果4种。

②酒水。酒水摆放在Mini-bar内。红酒配红酒篮，2只红酒杯，适量干果；白葡萄酒配冰桶，1块白口布（折叠成长条状），2只白酒杯。同时，酒水要配备开瓶器，配备高档筒装散茶3种（龙井、乌龙、茉莉）。

③鲜花。鲜花摆放位置根据房型和房间摆设情况确定。A等级鲜花：100元；B等级鲜花：60元；C等级鲜花：30元。

④阅读用品。摆放2份以上国家及当地报纸，外国客人摆放英文报纸；根据客人的喜好配备书籍、杂志或酒店宣传资料。

⑤工艺品或纪念品。根据需要配备有特色的工艺品或纪念品、当地特产。

⑥其他物品。B等级以上VIP提供绣有客人名字的浴袍，提供客人特别偏好品牌的用品，如：浴液、洗发、护肤用品等。

（15）贴身管家全程提供一对一专门接待服务，为客人建立与酒店的联络通道。

（16）总机服务。总机话务员应熟记VIP的房号和姓名。接VIP电话时，应称呼其姓氏及职务。

（17）VIP住店期间，应指定专人提供客房服务。客房服务员应熟记其姓氏，称其姓氏及职务。根据客人的起居情况，A、B等级VIP采用随进随出制服务，指客人离开房间即进行打扫，C等级VIP采用三进制服务，即早、中、晚三次打扫。具体要求：水果、酒水随时补充；毛巾、布草随用随换；每次清扫完毕后，须由领班在10分钟内进行检查，客房部经理应坚持每天亲自检查贵宾房。根据贵宾喜好及时调整客房清洁时间，夜床服务时间、室温的高低、枕头的高低和软硬、酒水茶叶的品种等，和保安部一起做好贵宾住店期间的保安工作。对贵宾客衣要指定有经验、责任心的员工来收发，专人洗涤，专人熨烫，仔细包装，主管检查。

（18）VIP离店时，礼宾主管（或贴身管家）应根据离店时间，离港交通工具、时间与VIP随行人员沟通相应准备情况，在客房门口等候，总经理及部分管理人员在大堂送别。

【本章小结】

前厅部除了预订、礼宾、接待收银等工作内容，还承担了客人住店期间的综合服务工作，这些服务往往不能直接产生经济收入或者经济收入只占酒店收入很少比例，但是其服务效率、质量也会影响客人对酒店服务质量的评判。本章详细阐述了电话总机的服务，商务中心服务、问询服务和VIP接待服务的基本内容。通过本章的学习，可以掌握和了解酒店前厅具体服务项目的知识内容和服务管理理论。

【复习思考题】

1. 试述总机话务员的素质要求和应答要求。
2. 简述总机转接电话的服务程序。
3. 简述总机叫醒电话的服务程序。
4. 试述商务中心主要工作的服务程序。
5. 试述问询的主要服务程序。
6. 简述VIP客人概念。
7. 试述VIP客人的服务程序。

本章案例思考：客人没有及时收到传真谁之过

某酒店商务中心员工收到一份住店客人的传真，员工打电话通知客人，客人要求员工将传真送到房间，但当行李员将传真送至房间时，却发现客人房间门口挂着"请勿打扰"的牌子。按酒店规定，为防止客人因无法及时签单，而造成"跑单"事件，于是员工将客人传真暂留在商务中心。在此期间，行李员又到客人房间两次，均挂着牌子，于是行李员没有将传真塞入客人门内，仍留在商务中心。到了中午，客人退房，认为由于商务中心员工的失误才使他无法及时收到传真，遂向经理投诉。

处理方法：由经理带领当值商务中心员工向客人说明情况，并向客人说明酒店的一些规章制度，对耽误客人无法及时收到传真表示道歉，以得到客人的谅解。同时员工认真做好总结，以避免今后类似的事情发生。

点评：

此案例中，商务中心员工应通过电话向客人确认是否方便此时查收传真，若客人方便，应及时送抵客房；若不方便，应查询客人何时方便，员工按照客人的要求进行处理。从此案例中可以看出，酒店在培训员工时，应注重对服务技巧的培训，提高员工灵活处理各种特殊情况的能力，做到既遵守酒店的规章制度，又不影响向客人提供优质服务。

宾客关系管理

学习目标

【知识目标】

1. 掌握大堂副理的概念。
2. 了解大堂副理的岗位职责。
3. 掌握投诉产生的原因及处理原则。
4. 掌握投诉处理的程序。
5. 掌握建立客史档案的意义和内容。

【技能目标】

1. 结合酒店实际，灵活运用处理投诉的程序。
2. 结合酒店实际，提出客史档案管理的具体方案。

引例：叫车引来的投诉

早上6：00，一位住在酒店商务楼的女士，一大早起来要外出办事，就让商务楼的服务员帮忙叫一辆出租车。那天有雾，还刮着风，下着冷雨，路上的出租车很少。服务员打电话到东门守卫室让保安到滨海路上帮客人拦车。但客人等了十多分钟保安也没有叫到出租车，客人很生气。服务员就又打电话催了几次，保安员都说没有出租车。客人一气之下穿着单薄的衣服，冒着刺骨的海风，自己跑到路上去叫车。很快客人叫到了一辆出租车，紧接着客人坐在出租车里打电话要找那位保安，问他为什么叫不到车，她却能叫到。"一个五星级酒店连这点客人需求都满足不了，还叫什么五星级酒店！"一起客人投诉事件就这样发生了。

点评：

投诉发生后，酒店高度重视，组织了多种形式的案例分析会，探讨究竟是哪里出了问题。究其原因，关键在于员工的思维方式，通常大家容易产生以下三个思维误区：把事情交接给别人了自己就没有责任了；别人交待的事情自己尽力去办了，虽然没有办成，但自己不应负责；大家一起办事办不成，责任也不应在我一个人身上。从中可以看出，当问题发生时，我们首先想到的不是如何补救和解决，而是应该追究谁的责任。在这种思维方式影响和束缚下，面对问题也就无法竭尽全力替客人想、帮客人想、想客人想，实实在在地解决客人问题。那么应该如何解决这种错误思维定式呢？

我们说："顾客一句话，剩下的事我来办。"酒店服务理念强调"感情往往比语言本身更重要"，因此，我们要寻找隐藏在语言下面的感情，那才是最真实有效的信息，感情是服务的灵魂。当时由于天气和时间的原因，也许确实一时间无法帮客人叫到出租车，但应该让客人感到你在尽力去做。对于确实无法满足的需求，需要说明时，最好由员工的上级向客人解释，而不要由员工本人向客人解释。要让客人确实感觉到在酒店受到了重视，在服务中，更要融入我们的情感，哪怕是不值得一提的小事，只要能让客人感动，那我们的服务就是有效的。否则，我们的服务遭到了客人的抱怨甚至投诉，就是做得再多也是无效的服务。

造成这种结果的关键在于感受、诚意、态度和人际关系技巧的不同，因此解决以上错误思维方式的一个途径就是强化大家的责任意识。只有这样，才能把客人的事当作自己的事来办，也才能够得到客人的认同，即使满足不了客人的需求，也会得到客人的谅解。

第一节　大堂副理

酒店工作的目标是使每一位客人满意，无论是多么豪华、多高档次的酒店，无论酒店管理者、服务员在服务质量方面下了多大的功夫，总会有某些客人，在某个时间，对某人、事或物表示不满，因此，处理好宾客关系是至关重要的。为此酒店会专门设置处理宾客关系的岗位——大堂副理，可以统筹酒店所有力量为宾客提供优质服务，处理客人投诉。

一、大堂副理

大堂副理代表酒店总经理接待每一位在酒店遇到困难而需要帮助的客人，并在自己的职权范围内予以解决，包括回答客人问讯，解决客人的疑难、处理客人投诉。大堂副理通常为主管级，对其管理模式有3种，组织机构设置在前厅部、总经理办公室或者人力资源部，具体设置情况可以根据酒店管理经营及行政管理需要。

二、大堂副理的岗位职责

（1）代表总经理在大堂处理宾客对酒店内各部门的一切投诉。

（2）代表总经理做好日常的 VIP 接待工作，完成总经理临时委托的各项工作。

（3）回答宾客的一切询问，并向宾客提供一切必要的协助和服务。

（4）维护大堂秩序，确保宾客的人身和财产安全以及酒店员工和酒店财产的安全。

（5）负责检查大堂区域的清洁卫生，各项设施设备的完好情况，维护酒店的高雅格调。

（6）负责协调、处理宾客的疾病和死亡事故。

（7）督导、检查在大堂工作人员的工作情况及遵守纪律情况（前台、财务、保安、管家、绿化、餐饮等人员），管理在大堂区域出现的酒店员工。

（8）夜班承担酒店值班经理的部分工作，如遇特殊、紧急情况需及时向上级汇报。

（9）对酒店管理内部出现的问题，应向酒店最高管理层提出解决意见。

（10）协助各部维系酒店与 VIP 客人、熟客、商务客人的良好关系。

（11）收集宾客意见并定期探访各类重要客人，听取意见，并整理呈报总经理及各管理部门。

（12）在前厅部经理缺勤的情况下，行使前厅部经理的职权。

（13）参与前厅部的内部管理。

（14）完成前厅部经理临时指派的各项工作。

第二节　投诉处理程序

前厅部服务员和管理人员经常遇到令人头疼的问题就是客人投诉。如何接待投诉客人，如何处理客人投诉，是每一个酒店前厅服务员和管理人员所关心的问题。

服务员和管理人员应当明白，掌握接待投诉客人的要领和处理客人投诉的方法和技巧，正确处理客人投诉，不仅会使自己的工作变得轻松、愉快，而且对于提高酒店服务质量和管理水平，赢得回头客，具有重要意义。

一、投诉的产生

就酒店服务部门而言，投诉的产生通常有以下几个方面的原因：

1. 设施、设备出现故障

例如，空调不制冷、电梯夹伤客人、卫生间马桶漏水等。酒店的设施、设备是为客人提供服务的基础，设施、设备出故障，服务态度再好，也无法弥补。我国酒店与国际酒店相比存在的突出问题之一就是设施、设备保养不善，这不仅造成酒店经营成本的上升，而且严重影响了酒店对客人的服务质量，常常引起客人投诉。

2. 客人对于无形的服务不满

例如，服务员在服务态度、服务效率等方面达不到酒店或客人的要求与期望。

3. 酒店管理不善

例如，客人在房间受到骚扰、客人的隐私不被尊重、财物丢失等。

4. 客人对酒店的有关政策规定不了解或有误解

有时候，酒店方面并没什么过错，客人之所以投诉是因为他们对酒店有关政策规定不了解或误解造成的。在这种情况下，就要对客人耐心解释，并热情帮助客人解决问题。

上述问题，可以归结为两种类型：一是有形因素；二是无形因素。对于这两种因素，客人投诉的倾向性和投诉的方式是不同的。顾客对于无形因素，一般不太愿意当面向管理部门提意见投诉。其原因是：一方面，正是由于这种因素的"无形性"本身造成的，客人担心"说不清"；另一方面，无形的因素通常都是服务方面的问题，而服务又涉及具体的"人"，客人外出，一般不愿意轻易伤和气，不愿意"惹事"，这是主要原因。

服务细节解析：转怒为喜的客人

正值秋日旅游旺季，有两位外籍专家出现在上海某酒店的前台。当前台服务员小刘（一位新手）查阅了订房登记簿之后，简单地向客人说："客房已订了708号房间，你们只住一天就走吧。"客人们听了，很不高兴地说："接待我们的工作人员答应为我们联系预订客房时，曾问过我们住几天，我们说打算住三天，怎么会变成一天了呢？"小刘机械呆板地用没有丝毫变通的语气说："我们没有错，你有意见可以向厂方人员提。"客人此时更加火了，"我们要解决住宿问题，我们根本没有兴趣也没有必要去追究预订客房的差错问题。"正当形成僵局之际，前厅大堂副理闻声而来，首先他先让客人慢慢地把意见说完，然后以抱歉的口吻说："您们所提的意见是对的，眼下追究接待单位的责任看来不是主要的。这几天正当旅游旺季，双人间客房连日客满，我想为你们安排一处套房，请你们明后天继续在我们宾馆做客，房金虽然要高一些，但设备条件还是不错的，我们可以给你们九折优惠。"客人们觉得大堂副理的表现还是诚恳、符合实际的，于是应允照办了。

过了没几天，住在该宾馆的另一位外籍散客要去南京办事几天，然后仍旧要回上海出境归国。在离店时要求保留房间。前台服务员小吴说："客人要求保留房间，过去没有先例可循，这几天住房紧张，您就是自付几天房金而不来住，我们也无法满足您的要求！"客人碰壁以后很不高兴地准备离店，此时大堂副理闻声前来对客人说："我理解您的心情，我们也希望您重返我酒店做客。我看您把房间退掉，过几天您回上海后先打个电话给我，我一定优先照顾您入住我们酒店，如果届时确实酒店客满，我会为您安排其他酒店入住。"

数日后客人回上海，得知大堂副理替他安排了一间楼层和朝向比原先还要好的客房。当他进入客房时，看见特意为他摆放的鲜花，不由得翘起了拇指。

点评：

第一，酒店以满足顾客需求，顾客满意作为自己服务的准则和宗旨，这不仅仅是酒店服务质量管理的最终目标，也应该成为所有员工服务的基本要求。案例中显然服务人员的态度和服务意识没有体现出上述原则，导致客人不满。

第二，当客人在心理上产生不快和恼怒时，店方主管人员能够及时出现，稳定客人情绪，倾听客人意见，以高姿态的致歉语气，婉转地加以解释，用协商的方式求得问题的解决。

第三，要理解投诉客人希望得到补偿的心理，不但在身心方面得到慰藉，而且在物质利益方面也有所获取。当客人感到满意又符合情理时，酒店的服务算得上出色成功了。

二、妥善处理客人投诉的意义

投诉是沟通酒店管理者与顾客之间的桥梁。对客人的投诉应该正确认识。投诉是坏事，也是好事，它可能会使被投诉的对象（有关部门或人员）感到不愉快，甚至受罚；同时接待投诉客人也不是一件令人愉快的事，对很多人来讲是一种挑战。但投诉又是一个信号，告诉我们酒店服务和管理中存在的问题。形象地说，投诉的顾客就像一位医生，在免费为酒店提供诊断，以使酒店管理者能够对症下药，改进服务和设施，吸引更多的客人来到酒店。因此，管理层对于客人的投诉必须给予足够的重视。现代酒店业的先驱人物、喜来登酒店的创始人和经营者亨德森先生有一句著名的格言是："在酒店经营方面，客人比经理更高明。"凡给喜来登总部来的信，他都要求给予及时的答复。无论是表扬信还是投诉信，都要转给有关经理阅读。对投诉信的处理尤其认真。他认为顾客的抱怨有不少是建设性的，是酒店制定政策和改进业务的依据。他喜欢运用《顾客意见征询表》来倾听客人的意见。一旦喜来登总部收到的投诉信件少了，他就指示用《顾客意见征询表》去主动征询客人的意见。

具体而言，对酒店来说，客人投诉的意义表现在以下几个方面：

1. 可以帮助酒店管理者发现酒店服务与管理中存在的问题与不足

酒店的问题是客观存在的，但管理者不一定能发现。原因之一是，"当局者迷，旁观者清"。管理者在一个酒店工作可能几年，甚至几十年，长期在一个环境中工作，对酒店的问题可能会视而不见，麻木不仁。而客人则不同，他们付了钱，期望得到与他们所付的金额价值相称的服务，他们也可能住过很多酒店，对入住酒店存在的问题，在他们眼里可能一目了然。原因之二是，尽管酒店要求员工"管理者在和不在一个样"，但事实上，很多员工并没有做到这一点，管理者在与不在截然两样。因此，管理者很难发现问题。而客人则不同，他们是酒店产品的直接消费者，对酒店服务中存在的问题有切身的体会和感受，因此，他们最容易发现问题，找到不足。

2. 为酒店方面提供了一个改善宾客关系的机会，使其能够将"不满意"的客人转变为"满意"的客人，从而有利于酒店的市场营销

研究表明，"使一位客人满意，就可招徕8位顾客上门；如因产品质量不好，惹恼了一位顾客，则会导致25位客人从此不再登门"。因此，酒店要力求使每一位客人满意。客人有投诉，说明客人不满意，如果这位客人不投诉或投诉没有得到妥善解决，客人将不再入住该酒店，同时也将意味着失去25位潜在客人，无疑，这对酒店是个巨大的损失。通过客人的投诉，酒店了解到客人的"不满意"，从而为酒店提供了一次极好的机

会，将"不满意"的客人转变为"满意"的客人，消除客人对酒店的不良印象，减少了负面宣传。

3. 有利于酒店改善服务质量，提高管理水平

酒店可通过客人的投诉不断地发现问题，解决问题，进而改善服务质量，提高管理水平。

三、处理客人投诉的目标和原则

1. 处理客人投诉的目标

处理客人投诉的目标是：使"不满意"的客人转变为"满意"的客人，使"大事化小，小事化了"。

2. 处理客人投诉的原则

一般来说，客人来投诉，说明酒店的服务和管理有问题，因此，要替客人着想，树立"客人总是对的"的信念，做换位思考：如果我是这位客人，在酒店遇到这种情况，我会是什么感觉？更何况，在酒店业，乃至整个服务业，我们提倡在很多情况下，"即使客人错了，也要把'对'让给客人"。只有这样，才能减少与客人的对抗情绪。这是处理好客人投诉的第一步。

"顾客永远是正确的"这一口号，最早是1876年由现代酒店业的先驱斯塔特勒先生提出的。当时他年仅13岁，在一个小城镇上的小酒店当服务员。一天，一位客人气冲冲地从餐厅来到总台，与总台人员就餐厅服务员的服务态度问题争论不休。总台工作人员以为他喝醉了，神志不太清醒，于是说："我对那人（指餐厅服务员）的了解超过对你的了解。要说谁是谁非，我想他是正确的。"客人听完这话，二话不说，回到房间，打起行李，办理手续，离开酒店。亲眼目睹这一切的斯塔特勒在他随身携带的笔记本上写了一句话。当酒店经理走过来，问他写了什么时，他把笔记本举起，请他过目。上面写着的正是"顾客永远是对的"这几个字。经理不太同意斯塔特勒的意见，斯塔特勒回答说："我的意思是，服务人员在任何情况下都不应该跟客人争吵。"他后来又补充说："不管怎么样，酒店失去了一名顾客总是事实。"

在130多年后的今天，斯塔特勒先生当年提出的口号不仅在美国的酒店业，而且在其他所有服务行业，不仅在美国，而且在世界各国，都已经成为服务性行业工作人员身体力行的行动准则，也是接待投诉的首要原则。

（1）客人永远是对的。客人是酒店的衣食父母，必要时把"对"让给客人。

（2）真心实意地帮助客人解决问题。酒店服务员及管理人员要明白，处理客人投诉时的任何拖沓或"没了下文"都会招致客人更强烈的不满。

（3）不与客人争辩。即使是客人错了，也不能与客人争辩，不能与客人正面交锋，只能耐心地解释，取得客人的理解和谅解。

（4）"双利益"原则。处理客人投诉既要保护酒店的利益，也不能损害客人的利益。如果片面地追求酒店的利益，其结果必然损害客人的利益，最终结果将是损害酒店的长远利益。

四、处理客人投诉的服务程序和方法

接待投诉客人，无论对服务人员还是管理人员，都是一个挑战。要正确、轻松地处理客人投诉，同时又使客人满意，就必须掌握处理客人投诉的程序、方法和艺术。

1. 做好接待投诉客人的心理准备

为了正确、轻松地处理客人投诉，必须做好接待投诉客人的心理准备。

首先，树立"客人总是对的"的信念。

其次，要掌握投诉客人的三种心态。一是求发泄，客人在酒店遇到令人气愤的事，义愤填膺，不吐不快，于是前来投诉；二是求尊重，无论是软件服务，还是硬件设施，出现问题，在某种意义上都是对客人不尊重的表现，客人前来投诉就是为了挽回面子，求得尊重，有时，酒店方面可能没有过错，客人为了显示自己的身份或与众不同或在同事面前"表现表现"，也会投诉；三是为了求补偿，有些客人无论酒店有无过错，或问题是大是小，都可能前来投诉，其真正的目的并不在于事实本身，不在于求发泄或求尊重，而在于求补偿。尽管他可能一再强调"并不是钱的问题"。因此，在接待投诉客人时，要正确理解客人、尊重客人，给客人发泄的机会，不要与客人进行无谓的争辩。如果客人投诉的真正目的在于求补偿，则看自己有无权力这样做，如果没有这样的授权，就要请上一级管理人员出面接待投诉客人。

服务细节分析：情绪激动的企业家

一天，某酒店前面的一条大街上，税务部门正在进行税法宣传。对此，住在1608房间的当地一家民营企业的总经理却火冒三丈。原来半个月前，税务部门在检查时发现该企业有偷税漏税的情况，做出了补交税款的处罚决定。一个星期前，张老板刚补交了50多万元的税款。今天，他住在酒店，税务部门似乎还对他喊着依法纳税。于是气不打一处来，要求酒店大堂经理去把宣传人员赶走，否则他就拒付一切费用，情绪非常激动。酒店大堂经理感到有点无奈。此时，正好酒店一位副经理路经此地，看见这一情况，于是主动上前打招呼："张老板，是您啊，最近生意怎么样？"张老板记不起来此人是谁，在哪儿见过。于是就问："你怎么认识我？"副经理说："您是当地知名的企业家，谁不认识您，我还知道您的一个小秘密呢！""什么秘密？""某地历险记。"原来该总经理在创业阶段曾在某地做生意时差点被一骗子公司骗去百万元货款，而且生命也受到了威胁。最后凭着自己的胆略和智慧，终于化险为夷。对这段光荣的历史，张老板常引以为豪，一有机会就要宣讲。今天一听此言，立马来了精神。"你也知道了？""知道一点儿，但不知道细节。"于是两人来到大堂吧，张老板又一次神采飞扬地讲述了他的那段英雄经历。当然要求赶走宣传人员的事也早忘了。

点评：

人在失去约束的时候，往往容易情绪化。俗话说："秀才碰到兵，有理说不清。"面对情绪激动的客人，一般情况下，就他提出无理甚至无知的要求，同他讲道理往往是无济于事的。唯一有效的办法就是要想办法调节他的情绪，如转移他的视线、话题，当然最好能找到他的兴奋点。此案例中，酒店的副总经理就是利用客人的兴奋点，巧妙地激发客人的情绪。

2. 认真倾听客人投诉，并注意做好记录

对客人的投诉要认真听取，勿随意打断客人的讲述或做胡乱解释，此外，要注意做好记录，包括客人投诉的内容、客人的姓名、房号及投诉时间等，以示对客人投诉的重视，同时也是酒店处理客人投诉的原始依据。记录的过程无形中会降低客人的语速，起到平缓客人激动情绪的作用。

3. 对客人的不幸遭遇表示同情、理解和道歉

在听完客人的投诉后，要对客人的遭遇表示抱歉（即使客人反映的不完全是事实，或酒店并没有过错，但至少客人感觉不舒服、不愉快）。这样，会使客人感觉受到尊重，自己来投诉并非无理取闹，同时也会使客人感到你和他站在一起，而不是站在他的对立面与他讲话，从而可以减少对抗情绪。有了这个环节接下来的处理客人可能会容易接受。

4. 对客人反映的问题立即着手处理

客人投诉最终是为了解决问题，因此，对于客人的投诉应立即着手处理，必要时，请上级管理人员亲自出面解决。

在接待和处理客人投诉时，要注意以下几点：

（1）切不可在客人面前推卸责任。在接待和处理客人投诉时，一些员工自觉或不自觉地推卸责任，殊不知，这样给客人的印象更糟，使客人更加气愤，结果，旧的投诉未解决，又引发了客人新的更为激烈的投诉，出现"投诉的'连环套'"。

（2）尽量给客人肯定的答复。一些酒店管理人员认为，为了避免在处理客人投诉时，使自己陷入被动，一定要给自己留有余地，不能把话说死。比如，不说"十分钟可解决"，而说"我尽快帮您办"或"我尽最大努力帮您办好"。殊不知，客人，尤其是日本及欧美客人，最反感的就是不把话说死，什么事情都没有个明确的时间概念。因此，处理客人投诉时，要尽可能明确告诉客人问题在多长时间内可以得到解决，尽量少用"尽快""一会儿""等等再说"等时间概念模糊的字眼。如果确实有困难，也要向客人解释清楚，求得客人的谅解。

5. 对投诉的处理过程予以跟踪

接待投诉客人的人，并不一定是实际解决问题的人，因此客人的投诉是否最终得到了解决，仍然是个问号。事实上，很多客人的投诉并未得到解决，因此，必须对投诉的处理过程进行跟踪，对处理结果予以关注。

6. 与客人进行再次沟通，询问客人对投诉的处理结果是否满意，同时感谢客人

有时候，客人反映的问题虽然解决了，但并没有解决好，或是这个问题解决了，却又引发了另一个问题。比如，客人投诉空调不灵，结果，工程部把空调修好了，空调噪音却特别大。因此，必须再次与客人沟通，询问客人对投诉的处理结果是否满意。比如，可打电话告诉客人："我们已通知维修部，对您的空调进行了维修，不知您是否满意？"这种"额外的"关照并非多余，它会使客人感到酒店对其投诉非常重视，从而使客人对酒店留下良好的印象。与此同时，应再次感谢客人，感谢客人把问题反映给酒店，使酒店能够发现问题，并有机会改正错误。

这样，投诉才算得到真正圆满的解决。

第三节　客史档案管理

客史档案是在酒店接待工作中形成的，具有查阅信息价值并按一定制度归档存放的一种专业档案。它是将酒店日常工作中收集到的有关客人的消费资料，以制度化、规范化内容记载下来。建立客史档案是酒店了解客人，掌握客人需求特点，从而为客人提供有针对性服务的重要途径。建立客史档案对提高酒店服务质量，改善酒店经营水平具有重要意义。

一、建立客史档案的意义

1. 有利于为客人提供"个性化"服务

服务的标准化、规范化，是保障酒店服务质量的基础，而"个性化"服务则是服务质量的灵魂。要提高服务质量，必须为客人提供更加富有人情味儿的、突破标准与规范的"个性化"服务，这是服务质量的最高境界，是酒店服务的发展趋势。

2. 有利于搞好市场营销，争取回头客

"客史档案"建立，不仅能使酒店根据客人需求，为客人提供有针对性的、更加细致入微的服务，而且有助于酒店平时做好促销工作。比如，通过客史档案，了解客人的出生年月日、通信地址，与客人保持联系，向其邮寄酒店的宣传资料、生日贺卡等。

3. 有助于提高酒店经营决策的科学性

任何一家酒店，都应有自己经营的目标市场，通过最大限度地满足目标市场的需要来赢得客人，获取利润，提高经济效益。客史档案的建立有助于酒店了解"谁是我们的客人""客人的需求是什么""如何才能满足客人的需求"，因此，建立客史档案，能够提高酒店经营决策的科学性。

二、客史档案的内容

1. 常规档案

包括客人姓名、性别、年龄、出生日期、婚姻状况以及通信地址电话号码、公司名称、头衔等，这些资料有助于了解目标市场的基本情况，了解"谁是我们的客人"。

2. 预订档案

包括客人的订房方式、介绍人，订房的季节、月份和日期以及订房的类型等，掌握这些资料有助于酒店选择销售渠道，做好促销工作。

3. 消费档案

包括价格情况、客人租用的房间、支付的房价、餐费以及在商品娱乐等其他项目上的消费；客人的信用、账号；喜好何种房间和酒店的哪些设施等，这些信息有助于了解客人的消费水平、支付能力以及消费倾向、信用情况等。

4. 习俗、爱好档案

这是客史档案中最重要的内容，包括客人旅行的目的、爱好、生活习惯；宗教信仰和禁忌；住店期间要求的额外服务。了解这些资料有助于为客人提供有针对性的"个性化"服务。

5. 反馈意见档案

包括客人在住店期间的意见、建议；表扬和赞誉；投诉及处理结果等。

三、客史档案的建立与使用

（一）客史档案的建立

客史档案的建立必须得到酒店管理人员的支持，并将其纳入有关部门和人员的岗位职责中，使之经常化、制度化、规范化。客史档案的资料主要来自于客人的"订房单""住宿登记表""账单""投诉及处理结果记录""宾客意见书"及其他酒店工作人员平时观察和收集的资料。

1. 住宿登记表

最常见也是最简单的做法是用表格形式，在总台宾客住宿登记表的背面记录客人住店次数、房号、同来店人数、支付方式等。

2. 客史档案卡

档案卡中除记录以上信息外，还可记录 VIP、不欢迎的客人、喜欢酒吧消费的客人等，档案卡可用颜色进行分类，员工可据此对客人进行选择，判断客人重要性，而不需要逐一查看每张卡片。

3. 电脑储存

目前，酒店大多采用电脑来进行客史档案的管理和利用，将各种住客资料用电脑储存起来，对于需要使用的信息，随时调用，使用方便。

4. 客史档案系统排列

按照客史档案形成的规律或者使用条目，采用一定的方法，进行科学的系统排列，以保持客史档案的内在联系，以便于保管和利用。

（二）客史档案的使用

客史档案是潜力极大的资料库，所以客史档案建立之后，应在全酒店各部门的接待服务中，综合发挥它的作用。

1. 设立卡片柜

为了确保客史档案的安全，必须设置卡片柜，将客史档案卡按系统排列的顺序自上而下地排放于抽屉内，上面标明字母和笔画数。抽屉应有固定的位置，每个抽屉正面都要标明所存入的客史档案卡的字母或笔画数，以便查阅利用。

2. 编制必要的检索工具

检索工具是实现客史档案有效管理，方便使用的重要手段，是迅速准确地查找客史档案的必不可少的工具。

3. 卡片箱的使用

将离店客人的客史档案卡整理好存放在文件柜中，直到客人下次预订或再抵店。

酒店对客史档案工作要进行日常检查，以确保其高效与精确。在淡季，每年要安排1~2次系统地检查档案卡整理的工作。一般承担这项工作的人员应是前厅部或者接待部门管理人员，检查卡片，看看是否按正确的顺序排列。同时，将那些很长时间没有露面的客人的客史档案卡重新存放，或者加入另外一类管理：如消沉客户管理类别。

四、客史档案的管理

（一）强化员工建档意识

客史档案信息来源于日常的对客服务细节，它的建立需要酒店全体员工高度重视。因此，酒店在日常管理和培训中应向员工不断灌输"以客人为中心"的经营理念，宣传客史档案的重要性，培养员工建立客史档案的意识，形成全员参与，人人关注，人人参与收集客人信息的良好氛围。在日常服务中员工可以重点观察客人消费的细节情况，如客房部员工在整理客房时应留意客人使用茶杯中茶叶的类别、客人消费的饮料类型、赠送晚安食品的剩余情况、客房备品的利用情况等，从这些细节中能够捕捉到客人的许多习惯爱好信息，从而形成有用的客史档案。

（二）加强客户信息制度建设

客户信息的收集和分析应成为酒店日常工作的重要内容，应在服务程序中将客户信息的收集和分析工作予以制度化、规范化、日常化，如可规定每月高层管理者最少应接触5位顾客，一线中层管理者最少应接触15位顾客，一线面客员工每天应提供两条以上客史信息等。

（三）推进客史档案计算机管理

随着酒店经营的发展，客史档案的数量将越来越多，同时客史档案依靠人工管理是非常困难的，因此，客史档案的管理必须纳入酒店计算机管理系统中。客史档案要发挥作用，必须实现其在酒店各部门之间的快速传递，通过酒店计算机管理系统达到客史档案的资源共享是客史档案管理的基本要求。

（四）加强客史档案常规化管理

酒店营销部门、公关部门应根据客史档案所提供的资料，加强与VIP、回头客、长期协作单位之间的沟通和联系，使之成为一项日常性的工作，对客户信息保密，保证不能泄露给他人或者其他部门。

总之，酒店客史档案的管理和应用是一项系统性工程，需要酒店高度重视，形成全酒店、全员共享的完整体系，以期为管理者提供有利的决策依据。

【本章小结】

　　为了寻求和发挥酒店的竞争优势，酒店越来越重视顾客满意情况，为此，酒店强调前厅部应与客人建立良好的宾客关系。本章首先介绍了负责宾客关系管理岗位——大堂副理的相关知识以及酒店处理宾客投诉的意义和程序，还阐述了酒店客史档案管理的相关内容。通过上述内容的学习，帮助我们认识到处理好宾客关系的途径和方法，认识到客史档案管理在现代酒店管理中的重要作用。

【复习思考题】

　　1. 简述大堂副理、客史档案的概念。
　　2. 简述酒店处理客人投诉的意义。
　　3. 简述酒店处理客人投诉的程序。
　　4. 简述进行客史档案管理的意义。
　　5. 简述客史档案管理的主要内容。

本章案例思考：一份特快专递的启示

　　叶先生是某丝绸进出口公司的项目经理，因业务需要，欲把一包物品转交给下榻在A酒店的美国客商理查德先生。征得总服务台Y小姐同意后，叶先生将物品放在了总服务台，并再三嘱咐一定要尽快将物品转交给理查德先生，因为理查德先生第二天就要退房去上海。Y小姐微笑着点头答应，并立即打电话至理查德先生的房间，不巧的是，客人此时不在房间。Y小姐一直没有忘记此事，在接下来的几个小时内，她连续打电话至客人房间，但客人直至晚上十点都未回酒店。于是，Y小姐便忙于其他客人的接待工作。

　　第二天早上8点半，叶先生打电话去这家酒店，询问物品是否已转交到客人手中，得到的答复是物品还在总服务台，但客人已在7点半退房离开了，叶先生在电话那端勃然大怒，声称酒店这样的做法已影响了他的这笔生意，责问总台小姐为什么不给客人，要求酒店对此事件做出一个明确的解释，并给他满意的答复。

　　面对非常生气的叶先生，大堂副理先向叶先生表示了诚恳的歉意，接着询问是否还有补救的办法，酒店将尽一切努力挽回他的损失，并建议是否可告知理查德先生下榻上海的酒店的地址，以便他们能以特快专递的方式迅速寄出物品。若时间不允许，酒店方面或许可派专人或托人当天直接将物品送至上海理查德先生下榻的酒店。鉴于酒店的一片诚意，叶先生最后将理查德先生上海的地址和邮编以及电话号码留下来，并告知理查德先生将在上海停留两天后去香港，若以特快专递寄出，他肯定能在上海收到物品。事后，叶先生建议大堂副理：酒店应从此事中吸取教训，把服务工作做精做细，这样才能吸引更多的回头客；同时，他也感谢酒店的一片诚意，认为酒店确实把"宾客至上，服务第一"放在首位。

点评：

在酒店的接待服务过程中，我们经常会碰到与上述类似的问题。Y 小姐虽然态度很好，也曾努力地与客人联系，但却忽视了重要的一点：没有给理查德先生留言，也没有在交接班本上向其他同事就此事进行交接，导致发生此类不愉快的事件，直接影响了前台的服务质量。酒店服务于细微处见精神。我们在提倡超值服务的基础上，更注意在细枝末节上环环相扣，否则，很可能由于服务员的疏忽大意给客人和酒店双方带来不同程度的麻烦和损失。

第七章

前厅销售管理

学习目标

【知识目标】

1. 了解客房的基本状态。
2. 掌握前厅销售技巧。
3. 掌握防止客人逃账技术。
4. 了解客房价格的构成和影响客房定价的因素。
5. 掌握几种主要客房定价法的概念及计算方法。
6. 掌握酒店收益管理的概念。
7. 了解酒店收益管理的内涵及具体做法。

【技能目标】

1. 根据酒店和客人实际情况，有效运用前厅销售技巧。
2. 根据酒店和客人实际情况，有效防止客人逃账。
3. 结合酒店实际，制定合理的客房价格及体系。
4. 结合酒店实际，提出酒店实施收益管理的优化措施。

引例：巧妙推销豪华套房

某天，南京金陵酒店前厅部的客房预订员小王接到一位美国客人从上海打来的长途电话，想预订两间每天收费在120美元左右的标准双人客房，三天以后入住酒店。

小王马上查看了一下电脑订房系统，发现客人订房的时间酒店要接待一个大型国际会议的多名代表，标准间客房已经全部订满了。小王就对美国客人说了一下这个情况，然后继续用关心的口吻说："您是否可以推迟两天来？"客人表示只能这个时间到南京，于是小王继续说，"要不然请您直接打电话与南京 ×× 酒店去联系询问如何？"

美国客人说："我们对南京来说是人地生疏，你们酒店比较有名气，还是希望你给想想办法。"

小王接着用商量的口气说："感谢您对我们酒店的信任，我们非常希望能够接待像你们这些尊敬的客人，请不要着急，我建议您和朋友准时前来南京，先住两天我们酒店内的豪华套房，每套每天也不过收费 280 美元，在套房内可以眺望紫金山的优美景色，室内有红木家具和古玩摆饰，提供的服务也是上乘的，相信你们住了以后会满意的。"

小王讲到这里故意停顿一下，以便等等客人的回话，对方沉默了一些时间，似乎在犹豫不决，小王于是开口说："我料想您并不会单纯计较房金的高低，而是在考虑这种套房是否物有所值，请问您什么时候乘哪班火车来南京？我们可以派车到车站来接，到店以后我一定陪您和您的朋友一行亲眼去参观一下套房，再决定不迟。"

美国客人听小王这么讲，倒有些感到盛情难却了，最后终于答应先预订两天豪华套房后挂上了电话。

点评：

前厅客房预订员在平时的岗位促销时，一方面要通过热情的服务来体现；另一方面则有赖于主动、积极的促销，这只有掌握销售心理和语言技巧才能奏效。

上面案例中的小王在促销时确已掌握多种销售技巧，才能够促使客人在原本打算预订 120 美元的客房，最后预订了 280 美元的客房。小王的整个电话销售过程使客人感觉自己受到尊重，同时小王的建议是中肯和合乎情理的，在这种情况下，反而很难加以否定回答说个"不"字，终于实现了酒店积极主动促销的正面效果。

第一节　销售过程管理

我国酒店业现阶段面临的最大挑战就是客房数量供远远大于求，市场竞争激烈，因此服务人员掌握、运用销售技巧的能力关系到酒店经营的成败。

一、客房状态

销售客房，首先要了解客房的状态，客房状态通常有以下几种类型。

（1）Occupied，住客房（客人正在使用）；

（2）Vacant，空房（已完成卫生清扫工作，等待出租）；

（3）CO，Check Out，走客房（客人结账，但房间还没清扫完毕）；

（4）OC，Occupied & Clean，已清洁住客房；

（5）OD，Occupied & Dirty，清洁住客房；

（6）VC，Vacant & Clean，已清空房（已清未检查）；

（7）VD，Vacant & Dirty，未清洁空房；

（8）VI，Vacant & Inspected，已检空房；

（9）BL，Blocked Room，保留房（一般是为保证类订房提供的管制）；

（10）OOO，Out of Order，待修房；

（11）OOS，Out of service，停用房；

（12）S/O，Sleep Out，外宿房（在外留宿，不回酒店睡觉）；

（13）DND，Do Not Disturb，请勿打扰房。

二、客房销售技巧

成功的销售是从客人角度出发，根据酒店经营实际，综合、灵活运用销售技巧。

1. 明确销售内容

销售工作是前厅部最重要的工作，那么前厅销售的是什么？多数人会认为是客房。这个说法不完全准确，销售的是客房及其设施的使用权和相关服务。销售内容具体包括：

（1）酒店的地理位置。

（2）酒店的设施。

（3）酒店的服务。

（4）酒店的氛围。

（5）酒店的形象。

现代酒店管理之父埃尔斯沃思·斯塔特勒先生曾有一句名言："对任何酒店来说，取得成功的三个最重要的因素：第一是位置；第二还是位置；第三仍旧是位置。"阐述地理位置对酒店经营的重要性。而客房的设备设施、备品和服务是客房产品的核心，直接决定客人的住宿体验。酒店的氛围和形象也是客人选择酒店的关键要素之一。因此，接待人员只有对上述内容了如指掌，才能对于客人提出的任何问题给予对方需要的回答，从而完成销售工作。

2. 表现职业素质

酒店前厅人员在日常接待中，应有的职业素质包括两大方面：

（1）基本素质，即酒店服务人员都应具备的礼仪规范、酒店知识、接待程序、操作技能、服务意识等。

（2）销售素质。第一，把握客人特点，服务人员在通过电话或者直接接触过程中，要迅速判断出客人的身份，如商务客人，他们外出代表企业形象，费用由公司负担，在定房方面可能更多在意酒店的形象、名气、要求房间明亮整洁、服务便捷；与商务客人对应的是散客，受个人预算影响，订房中会更在乎价格。把握好客人的特点，销售工作就能够事半功倍。第二，注意语言艺术，要求使用正面积极的语言推销客房，比如，酒店旺季，客人来办理入住，只有一间朝向不好的房间了，一种表达方式是你跟客人说："哦，就剩一间朝向不好的单人间了，要不要？"还有一种表达方式："真是太幸运了，我们还有一间山景大床房间，要不要马上给您预订？"前者可能导致客人沮丧甚至离开，后者一定会让客人高兴之余立即入住。这就是语言艺术的魅力。

3. 运用消费心理

消费心理是指消费者在寻找、选择、购买、使用与自身有关的产品和服务的消费活动中所产生的心理活动。恰当地运用消费心理有助于提升销售成功率。

（1）报价方式。

根据消费心理学，客人常常会接受首先推荐的产品，因此在购买初期，从高到低的报价模式为接待人员的工作习惯，当然，这并不意味着每一名客人我们都从最高房价开始报价，这就需要接待员预判客人可以接受的价格范围。不同的房间类型，有不同的报价方式。

具体的报价方式三种：冲击式报价，顾名思义，价格具有冲击力，具有绝对的吸引力，适用于低价房间；鱼尾式报价是与之相反的报价方式：先阐述房间设施、服务，最后报价格，它适用于中档房间；夹心式报价是把房价放在提供服务、设施、房间特点的中间进行报价，起到削弱价格力量的作用，适合高档客房。明确了不同报价方式的应用，也要说明，恰当的才是最好的，还要根据市场情况、客人情况灵活运用。

（2）多提建议。

在购买中期，客人往往由于多方面原因犹豫不决，这是销售能否取得成功的关键时期。要根据客人犹豫的原因，如时间、价格、房间类型等，提出切实可行的建议，如改期，改房间类型等，可带领客人参观房间，通过视觉冲击达到建议的目的。

（3）递进推销。

递进推销常见于购买中后期，如在客房已经预订完毕或者已预订价格较低廉的房间，进行的二次推销。在肯德基、麦当劳柜台订餐完毕时，收银员会跟你说，现在我们处于优惠活动中，您点的这份套餐再加3元，可以赠送您价值更高的食品，也就是说在原价格基础上，稍微提高一点价格，可以得到更多的好处和优惠。但是要注意这种递进推销要把握好尺度。当客人拒绝这种优惠时，重复2遍、3遍，只会让客人厌烦。所以，递进推销应该有二原则：不重复、不继续。

4.避免销售误区

前面提到的销售技巧都是告知大家要做什么，怎么做，在这一项中，主要告诉大家不做什么。

（1）注意销售的对象是客房，而非价格。在销售中，一个常犯的错误就是只谈价格，或者总是围绕价格，他们认为这是顾客最感兴趣的方面，其实销售的本质目的是把合适的商品销售给需要的对象。价格只是客人感兴趣的一个方面，而最感兴趣的方面还是产品本身，那么我们在销售客房中最应该做的是对客房的恰当描述，举一个例子，"标准间500元，您是否需要"和"这间房间面朝大海，风景优美，价格500元，您是否满意"，只增加了八个字，显然，后者更易为人们接受。

（2）杜绝片面推销高价房间，短期效益。客房销售的最终目标是实现酒店长期经济效益最大化，客房价格、入住率和客人的满意程度等都会影响上述目标的实现。不顾客人需要，试图把最高价格的房间推销给客人的做法，即便成功了，也是短期行为，只能引起客人的反感和不满，必将为长期经营带来隐患，因此，是不提倡的。

三、防止客人逃账技术

掌握销售技巧，从而销售成功，是否意味着销售活动的完成？这是万里长征走完了第一步，销售活动完成应该是以销售收入的实现为基准的，企业管理者最头疼的也是这

一部分。

1. 收取预定金

收取预订金不仅可以防止客人因临时取消预订而给酒店造成损失，同时，如果客人按期入住酒店，预订金可以当作预付款使用，从而有效地防止客人逃账。

2. 收取预付款

按照国际惯例，预付款按照计划入住房款总额的 150% 收取，现金、刷卡、支票、微信、支付宝等付款方式这里不再一一介绍。酒店对散客执行的是先收款，后入住。这两种支付方式一般而言，逃账发生概率不大，即便发生了，数额也很小。

3. 合理的信用政策

酒店住店客人的构成，除了散客，还有旅行社、会议组织、协议公司客人，他们对于酒店经济效益贡献各自的市场份额。协议公司客人先住店后付款，需要为他们制定各自合理的信用政策。信用政策包括：信用标准、信用期限、现金折扣、收账政策。在酒店行业中，具体体现为，多长时间、签单最高限额多少，后两项体现较少，因为本身协议工作价格已经有大幅度优惠。

4. 加强催收款力度

催收款是防止逃账的一项重要手段，尤其对那些即将倒闭或者准备赖账的公司、客户，加强催收力度，在一定程度上会避免酒店的经济损失。如果酒店顾客有以下几种迹象：付款速度放慢，或者以种种理由要求延期付款；改变或推翻协议，要求改变汇率或折扣，如不同意则拒绝付款；与其联系时，拒接电话或以种种理由拒绝会面；转换付款银行或开空头支票；频繁变更公司地址；一反常态，突然大笔消费。这些都应想到客人有逃账倾向，可以加大催收款力度。催收款时，要注意方式方法，以免得罪客人。

5. 注意可疑宾客动向

当宾客有潜在逃账倾向时，企业要采取恰当的措施，避免倾向变成现实。具体的方案，如尽可能采用多种方式进行催款：如面谈、电话等和注意可疑宾客的动向。利用酒店现有的保安监控系统，了解宾客的行踪。

第二节　房价管理

在酒店营销因素组合中，价格是一个重要因素，是酒店主要的竞争手段之一。房价是否合理，对产品和服务以及其在市场中的竞争地位，对酒店的销售形象以及营业收入和利润都会产生很大影响。

一、客房价格的构成

客房商品的价格是由客房商品的成本和利润构成的。客房商品的成本项目包括建筑投资以及由此产生的利息、客房设备、修缮费、物品用品、土地资源使用费、客房工作人员的工资福利、经营管理费、保险费以及营业税等；利润包括所得税和客房利润。

二、影响客房定价的因素

（1）酒店的档次及市场定位；

（2）酒店的地理位置；

（3）市场竞争对手的价格；

（4）酒店市场淡旺季，节假日、周末等时间因素；

（5）酒店的品牌影响力；

（6）酒店的费用及成本因素；

（7）供求关系；

（8）政府或者行业组织的约束等。

三、客房定价的方法

1. 随行就市法

随行就市是把同档次竞争对手的客房价格作为本酒店客房定价的主要依据，从而制定出本酒店客房价格的一种定价方法。

2. 千分之一法

千分之一法是根据客房造价来确定房间出租价格的一种方法，即将每间客房的出租价格确定为客房平均造价的千分之一。例如，某酒店拥有客房 800 间，总造价为 8000 万美元，若每间客房布局统一，则平均每间客房的造价为 10 万美元，按照千分之一法，房价应为 10 万美元 /1000=100 美元。按照酒店业的一般规律，平均每间客房造价在 10 万美元的酒店，应为四星级以上星级的豪华酒店，对于这种级别的酒店，房费定在 100 美元 / 间夜也是比较合理的。千分之一法是人们在长期的酒店建设和经营管理的实践中总结出来的一般规律，可以用来指导酒店（尤其是新建酒店）客房的定价，判断酒店现行客房价格的合理程度。千分之一法的使用也有一些制约因素：第一，要求该酒店客房类型、面积等情况基本相同；第二，酒店相关设施规模和投资比例适当，在我国内资酒店中，餐饮的建筑面积比重较大，造成餐饮的投入和收入都相应加大很多，在这种情况下，以酒店整体投资金额为计算依据的千分之一法，进而计算酒店客房价格，显然不太合理；第三，没有考虑供求关系及市场竞争状况。

3. 客房面积定价法

客房面积定价法是通过确定客房预算总收入来计算单位面积的客房应取得的收入，进而确定每间客房应取得的收入来进行定价的方法。

计划期内客房预算总收入为 y，计划期天数为 n，客房总面积为 M，某间客房的面积为 m，预计计划期客房出租率为 r，则

该客房出租价格 $R = \dfrac{y}{M \times n \times r} \times m$

例：某酒店 2019 年 4 月份客房预算总收入为 500 万元，客房总面积为 6000 平方米，某间客房的面积为 20 平方米，预计客房出租率为 75%，则：该客房出租价格应为？

$$R = \frac{500}{6000 \times 30 \times 75\%} \times 20 = 741 \text{ 元}$$

客房面积定价法的使用主要受客房预算收入影响，如果客房预算收入严重偏离经营实际情况，客房定价也会相应受到影响，不能够全面正确预判客房价格。

4.收益管理定价法

酒店业传统的定价方法有随行就市法、千分之一法、客房面积定价法等，这些定价方法的依据是利润、成本和竞争对手的价格等。收益管理定价法是一种新的更有效的方法，它可以依据不同的客人、未来时期客人对酒店的预订情况以及酒店客房的储备情况，在不同的季节、不同的时间以及一天中不同的时段，随时调整和改变客房价格，以期实现酒店收益的最大化。除了上述定价法以外，还有赫伯特定价法、盈亏平衡定价法、需求差异定价法、成本加成定价法、目标收益定价法等。其中赫伯特定价法，以目标收益率为定价的出发点，在已确定计划期各项成本费用及酒店利润指标的前提下，通过计算客房部应承担的营业收入指标，进而确定房价的一种客房定价法。其他方法因为使用较少，我们这里也不一一进行介绍。

第三节　收益管理

收益管理是一种谋求收入最大化的新经营管理技术。它诞生于20世纪80年代，最早由航空公司开发，用于航空飞机票价制定。这种划分标准的重要作用在于：通过价格剥离将那些愿意并且能够消费得起的客户和为了使价格低一点而愿意改变自己消费方式的客户区分开，最大限度地开发市场潜在需求，提高效益。

一、收益管理的概念及内涵

1.收益管理的概念

收益管理（Revenue Management 或 Yield Management），又称产出管理、价格弹性管理；亦称"效益管理"或"实时定价"，它主要通过建立实时预测模型和对以市场细分为基础的需求行为分析，确定最佳的销售或服务价格。其核心是价格细分亦称价格歧视，就是根据客户不同的需求特征和价格弹性向客户执行不同的价格标准。这种价格细分采用了一种客户划分标准，这些标准是一些合理的原则和限制性条件。

世界许多著名酒店集团，特别是欧美的一些大型连锁酒店集团管理层都对收益管理高度重视，不仅仅是因为收益管理能够为酒店增加利润，更重要的是体现了酒店的管理水平。为此，很多大型酒店管理集团建立了专门的收益管理部门，并配置了能进行大量数据分析和实时优化处理的计算机系统。美国最大酒店集团 Marriott 就是收益管理最成功的使用者，也是最大的受益者。随着酒店业的飞速发展，越来越多的国际酒店采用收益管理获取同一时间段客房价格和入住率的双高，从而取得高利润，这成为未来酒店经营管理的重要发展趋势，也受到国内酒店高层管理人员的看重。

2. 收益管理的内涵

收益管理把科学的预测技术和优化技术与现代计算机技术完美地结合在一起，将市场细分、定价等营销理论深入应用到了非常细致的水平，形成了一套系统的管理理念和方法，使客房定价成为精确化程度很高的营销。收益管理的基本特征就是"精确的营销"和"以收益为中心"。其思想主要包括以下 7 个核心观念：

（1）在平衡供给和需求时主要考虑的是价格，而不是成本。

（2）对市场进行精确的细分，并采用多种价格以满足每个细分市场的价格敏感性。

（3）用以市场为基础定价代替以成本为基础定价。

（4）为最有价值的旅客保留房间。

（5）根据所掌握的客源情况做出决策。

（6）开发产品价值链。

（7）持续地重新评估机会，科学地进行决策。

二、收益管理在酒店管理中的具体应用

在很长的时间内，酒店业都将客房出租率的高低看作酒店客房经营好坏的主要标志，衡量酒店经营成功与否的另一个指标是已出租客房的平均房价（the Average Daily Rate，ADR）往往被忽略，而实际上，酒店客房的收入是由两者共同组成的，并呈现出负相关的趋势。收益管理是根据酒店历史的销售资料，通过科学的预测，将平均房价和平均入住率指标联系在一起，找到客房出租率与平均房价双高的最佳结合点，从而实现客房销售收入的最大化。

收益管理意味着在任何特定的时间段内，按照客房需求量来调整客房价格。也就是说，如果客房马上就要订满了，在这种情况下还要对房价进行打折就毫无意义了。相反，如果有天晚上客房肯定住不满，那么，将房间以折扣价出租，总比空着要好。根据收益管理理论，多数酒店宁愿接受一个房价稍低，但连住数日的预订，而不愿接受一个房价稍高，但只住一晚的预订，因为他们认为这样做，会使房间空置的风险小些。

在实践中，酒店客满与低出租率之间有很多种情况，这时都需要做出定价决策。每天或每季度要做的超额预订决策也可以被纳入收益管理系统之中。越来越多的酒店开始采用计算机程序进行收益管理，它们通过酒店客房需求的历史资料，预测未来需求情况，并根据需求量在不同时期的变化情况，不断调整客房价格水平，甚至可能出现，在同一天时间，预订未来某一天客房，价格会有区别的情况。另外，越来越多的中央预订系统收益管理的内容纳入其计算机程序之中，酒店在供不应求时，如何销售能使客房的收益最高；酒店在供大于求时，如何销售客房的收益最大化？这是收益管理法的精髓。"收益管理法"在日常工作中的实施，预订部的管理人员根据不同时期客房需求量，确定不同的房价。

1. 在客房需求量高时，可以采取以下措施

（1）限制低价客房数量，停售协议公司、会议等低价客房；

（2）只接受超过最短住宿期的顾客的预订；

（3）收回销售、前厅接待、预订人员的折扣权限；

（4）不接受旅行社团队或者只接受愿意支付高价的团体的预订。

2. 在客房需求量低时，则可采取以下措施

（1）招徕会议、旅行社等低价团体顾客；

（2）向散客提供特殊促销价；

（3）向当地市场推出少量低价包价活动。

由此可见，收益管理的关键是对客房需求情况进行准确的预测，并根据预测情况，确定具有竞争力的，能够保证酒店最大收益的客房价格。

服务细节解析：收益管理的重要性

A 酒店是一家客房逾千间，综合设施齐全的集商务、会议及康乐等设施于一体的大型豪华酒店。酒店客人档次较高，平均停留时间也在 4 天左右。酒店的出租率一直比较稳定，通常都在 75% 以上。然而，酒店管理阶层也发现，尽管客房利用率不低，但酒店的销售额并不高。在收入中，住店客人的消费并不高，大多为外部客人消费。为此，酒店总经理进行了较为全面的调查，他来到前台观察员工办理入住登记手续，发现当客人提出打折时，员工总是轻松允诺。此外，前台员工也很少主动向客人介绍，员工回答："一怕耽误办理登记手续时间，违反酒店在 3 分钟之内办完登记的规定；二是怕过多推荐，引起客人反感；三是推荐与不推荐并没什么两样，何必去冒那么多风险。"

点评：

未实行收益管理的酒店，虽然有较高的客房出租率，但依然收不到良好的效益。在上述案例中，前厅员工缺乏对前厅销售的正确认识，也缺乏积极有效地进行前厅销售的动力。酒店应认真分析经营现状，找出实际收入与潜在收入之间的差距。在实际举措中，应建立完善的前厅销售激励机制，激励员工积极向客人推荐酒店产品，运用销售技巧，取得最佳客房价与最佳客房出租率的平衡。

 【本章小结】

销售客房是前厅部的首要任务，为了提高客房销售的准确性。前厅接待员工必须掌握最准确的房态资料，能够熟练运用客房销售的多项技巧，高效推销客房及酒店其他产品服务；客房价格的制定直接关系到酒店的出租率和酒店的经营效益，前厅管理人员要科学制定房价策略，对房价进行调整和控制；及时对客房经管进行统计分析；重视收益管理在酒店中的实施。通过本章的学习，全方位地提升酒店销售管理能力，以便实现酒店经营利润最大化。

 【复习思考题】

1. 简述千分之一法、客房面积定价法、酒店收益管理的概念。

2. 简述客房的基本状况通常有哪几种。

3. 论述前厅销售技巧。

4. 简述防止客人逃账技术。

5. 简述如何进行酒店收益管理。

本章案例思考：客人即将溜走怎么办？

1206 房的陈先生又到了消费签单限额了，陈先生是与酒店有业务合约的客人，来店后无须交付预存款，只在他消费额达到酒店规定的限额时书面通知他。

但前台发了书面通知后，陈先生没来清账，甚至连电话也没来一个，因为是老客户，且以前一直是配合的，所以前台也只是例行公事地发了一封催款信，礼貌地提醒了一下。可是催款信发出去后，犹如石沉大海，还是没回音，消费额还在上升。

前台便直接打电话与他联系，陈先生当然也很客气："我这么多业务在你市里，还不放心吗？我还要在这里继续住几年呢，明天一定来结。"可第二天依然如故。前台再次打电话，委婉地说明酒店规章，然而这次陈先生却支支吾吾，闪烁其词。

思考：

如果你是前台服务员，你要怎么办？如果你是前厅部经理，你要怎么办？

酒店当即决定，对他的业务单位做侧面了解，了解结果：王先生在本市业务欠佳，拟结束业务，并订好机票，即将飞离本市。

酒店的做法及后续发展：

1. 保安部等对他重点照顾，通过监控设备，了解其进出酒店及日常作息时间安排；

2. 多方联系，打听航班具体时间；

3. 委婉地道别，告知对方已经了解其情况。前厅经理送了小礼物至房间，并附卡片："亲爱的陈先生，感谢您对酒店多年来的信任和厚爱，知悉您即将结束在本市的业务，我们非常遗憾，希望您在新的城市大展宏图，财源广进。如有任何需要，如送机、搬运物品，请与我们联系。您的忠诚的朋友。"

陈先生是聪明人，知道自己的情况已被人详知。第二天，自己到前台结清了所有的账目，前台对陈先生也非常礼貌，诚恳地询问客人对酒店的服务有什么意见和建议，并热情地希望他以后再来本市能够入住酒店。

点评：

面对逃账的客人，酒店要软硬兼施，有方法、有技巧地要回账款，同时又不得罪客人。在本案例中，发展到最后，还算比较圆满地解决了这一问题，陈先生的账目追了回来，双方也没有形成对立的尴尬局面。这有赖于酒店处理得当，信息掌握准确，管理人员灵活应变，既给客人留了面子，也不断提醒客人结账要求，才避免了一起可能发生的逃账事件。

如果，在上面的案例中，最后陈先生仍旧没有结账，并且已经离开酒店，作为酒店管理人员，需要如何处理：

1. 封房处理，如果客人对于客房的物品比较重视或者客房内有贵重物品，客人会主动来前台结账以换取打开房门，拿出客人物品。

2. 如果客人不在意房间内物品，继续离店避开结账，并且造成事实上的逃账，酒店只能选择在追溯期内起诉，由法律来解决上述经济问题。

事情发展到这个阶段，应该说，对酒店而言，造成了实际损失，就意味着管理上的

失败，必须进行管理工作上的改进，改进主要的目的是避免今后类似问题的发生，将事后控制变成事前控制和事中控制。具体做法可以是：

1. 修改原有的信用政策，对于小型业务或者私人企业，签单限额下降到适当额度。
2. 配备专门的催款人员。
3. 追加担保条款，引入酒店销售人员签单担保制度。

客房部概述

学习目标

【知识目标】

1. 掌握客房部的地位作用与主要任务。
2. 掌握客房部组织机构。
3. 了解客房部各岗位工作职责。
4. 了解客房部与其他部门的业务关系。
5. 掌握客房类型及其主要功能区域设计。

【技能目标】

1. 根据酒店实际,设计客房部的主要工作任务。
2. 根据酒店实际,设计适合市场需求的客房部组织机构图。

引例:哪支牙刷是我的

一个春暖花开的季节,某单位组织召开有关交通经济发展的学术研讨会,会议安排在南方某省会城市一家比较知名的五星级酒店。

会议期间,来自北京某大学的郑老师和李老师入住 1502 房间。两位老师走进房间,发现房内各种设施非常豪华,颜色搭配也很合理,氛围显得十分温馨。

郑老师和李老师吃过晚饭后,回到房间就第二天要研讨的议题交流了一番,然后又谈到了当前酒店管理和服务的现状。两人一致认为,这家酒店硬件不错,服务也很到位。

也许是长途飞行感觉太累的缘故,郑老师和李老师先后用客房里配备的牙具漱口后,冲了澡,不到 22:30 就上床休息了。由于感觉枕头和被子都很舒适,这一晚,他

们俩都睡得很踏实。

第二天一早，早晨有散步习惯的郑老师先起来。但当他到洗手间进行洗漱时，发现两个一模一样的杯子并排在一起，里面放的也是两支一模一样的牙刷。郑老师自言自语道：哪支牙刷是我的？因自己无法分辨到底哪支牙刷是自己用过的，于是他就问李老师："哪支牙刷是您的？"李老师拿起来一看，傻眼了，因晚上刷牙后没有注意分开，随手放在了一起，他也记不清是左边那支，还是右边那支，只好说："我也不知道哪支牙刷是我的！"

因无法刷牙，两人心想：看来五星级酒店也有需要改进的地方！

点评：

现在，客人走进任何一家酒店的客房，大到浴巾、毛巾、方巾，小至牙刷、拖鞋、剃须刀等的配备，都有严格的标准和规范，式样和颜色都是一致的，这似乎是酒店行业一条不可违背的"金科玉律"。

这种规范对于很多国外的酒店来说，是无可挑剔的，因为它们通常是一个房间只安排一位客人。但国内不一样，酒店卖得最多的是标准间。

这样，规范背后所隐含的"一致性"和客人所要求的"个性化"的矛盾就很突出，"哪支牙刷是我的"就是一种很好的体现。生活中没有人愿意使用别人用过的牙具、毛巾等物品，即使对方是你的父母、兄弟、夫妻或朋友，更何况是在出差开会过程中偶住一室的朋友。

对于酒店来说，服务从"规范化"到"个性化"不应仅仅是一种观念的变化，应是一种行为的变化。"个性化"就意味着打破规范，注重细节，设身处地地从客人角度考虑问题。所幸的是，现在已经有酒店注意到了这方面存在的问题，把客房配备的毛巾、浴巾、方巾、牙刷、拖鞋、剃须刀等均用不同的颜色加以区分，一人一色。如此，相信客人也将不会再面临"哪支牙刷是我的"这样的问题了。

第一节　客房部的地位与工作任务

客房部主要负责酒店客房产品的生产，是酒店产品中最重要项目的生产部门，也是酒店的主要创利部门。

一、客房部的地位与作用

首先，客房部是酒店为客人提供服务的主要部门。酒店是以建筑物为凭借，通过为顾客提供住宿和饮食等服务而取得经营收入的旅游企业，其中客房部所提供的住宿服务是酒店的一个重要组成部分。由于客人在酒店的大部分时间是在客房度过的，因此，客房服务质量的高低（设施完善，房间清洁，服务热情、周到、快捷）在很大程度上反映了酒店的服务质量。客人在酒店期间，体验到的服务主要来源于此，因此客人对酒店的投诉与表扬，也主要集中在这一部门。

其次，客房部还是酒店取得营业收入的主要部门。酒店通过为客人提供住宿、饮食、邮电、娱乐（游泳池、健身房、保龄球、网球、桑拿、舞厅等）以及交通、洗衣、购物等服务而取得经济收入。按照国际酒店业统计数据，客房收入通常占酒店营业收入的 66%，反映了客房部在整个酒店经营中的重要地位。同时，客房收入中成本相较其他部门不高，客房利润率成为酒店各经营项目中最高的部分，因此酒店客房经营的好坏直接影响酒店整体利润水平。

二、客房部的主要任务

简单地说，客房部的主要任务是"生产"干净、整洁的客房，为客人提供热情周到的服务。具体而言，有以下几点。

1. 保持房间干净、整洁、舒适

客房是客人休息的地方，也是客人在酒店停留时间最长的场所，因此，必须经常保持干净整洁的状态。这就要求客房服务员每天检查、清扫和整理客房，为客人创造良好的住宿环境。

由于客房员工具有清洁卫生的专业知识和技能，因此，客房部除了保持客房的清洁以外，通常还要负责酒店公共场所的清洁工作。

2. 提供热情、周到而有礼貌的服务

除了保持客房及酒店公共区域的清洁卫生以外，客房部还要为客人提供洗衣、缝纫、房餐、接待来访客人、为客人端茶送水等热情周到的服务。在提供这些服务时，服务员必须有礼貌、真心诚意。

3. 确保客房设施设备时刻处于良好的工作状态

为此，必须做好客房设施设备的日常保养工作，一旦设施设备出现故障，应立即通知酒店工程部维修，尽快恢复其使用价值，以便提高客房出租率，同时确保客人的权益。

4. 保障酒店及客人生命和财产的安全

安全需要是客人最基本的需求之一，也是客人投宿酒店的前提条件。酒店的不安全事故大都发生在客房。因此，客房员工必须具有强烈的安全意识，平常应保管好客房房卡，做好房卡的交接记录。一旦发现走廊或客房有可疑的人或事，或有异样的声音，应立即向上级报告，及时处理，消除不安全隐患。

5. 负责酒店所有布草及员工制服的保管和洗涤工作

除了负责客房床单、各类毛巾等的洗涤工作以外，客房部通常还要负责客衣以及餐厅台布、餐巾等的洗涤工作。此外，酒店所有员工制服的保管和洗涤工作也由客房部统一负责。

第二节　客房部的组织机构与岗位职责

一、客房部的组织机构

酒店的规模大小不同、性质不同、特点不同及管理者的管理理念不同，客房部的组织机构也会有所不同。客房部组织机构的设置同样要从实际出发，贯彻机构精简、分工明确的原则。

大中型酒店客房部的组织机构可参照图8-1进行设置。小型酒店可对其进行适当的压缩、合并，去掉主管这一中间管理层。

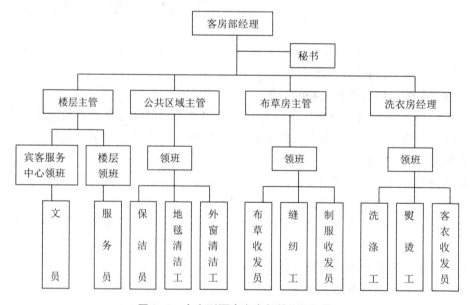

图8-1　大中型酒店客房部的组织机构

二、客房部各岗位工作职责

1. 客房部经理的岗位职责及素质要求

直接上级：房务部经理。

直接下级：客房楼层领班和房务中心文员领班。

岗位职责：

（1）检查房间的清洁及维修状况，确保客房保持在最佳的出租状态。

（2）确保楼层各个班次有足够的人员。

（3）检查员工的工作表现及工作分配。

（4）确保楼层人员在工作时间内发挥最大的作用。

（5）与本部门的各个小部门密切合作，以达到预期的工作目标。

（6）负责楼层员工的培训工作。

（7）执行并完成房务部经理制定的各项工作程序和任务。

（8）改进客房员工的工作，提高生产数量和质量。

（9）贯彻、执行客房部的规章制度。

（10）调查客人的投诉，并提出改进措施。

（11）完成各项计划卫生清洁项目。

（12）确保每日检查 VIP 房，使之保持接待 VIP 之标准，同时抽查一定数量（20 间左右）的走客房、空房及住客房。

（13）负责楼层领班的排班。

（14）节约物品，控制消耗。

（15）随时向客人提供可能的帮助。

素质要求：

（1）有一定的客房服务和管理工作经验。

（2）具有强烈的事业心，高度的责任感，认真积极的工作态度和雷厉风行的工作作风。

（3）精力充沛，身体健康。客房部工作繁杂，作为客房部经理，常常需要加班加点，必须能够胜任超时、超负荷工作的要求。

（4）有较好的业务素质和较宽的知识面。

（5）有优秀的个人品质，为人正直，能公平合理地处理各种关系和矛盾。

（6）有良好的人际关系能力和组织协调能力。能协调好本部门各区域、各班组之间的关系以及本部门与酒店其他部门之间的关系。

（7）有语言、文字能力。客房部经理要有说服人的本领，要像一位有说服力的推销商那样，能够向自己的下属员工及同事清晰地说明自己的意图，力陈非此不可。此外，还要有写作能力，能够撰写房务管理的有关文件和工作报告。

（8）有基本的电脑知识和电脑操作能力。

（9）有一定的外语水平。

（10）在仪容仪表、言谈举止等方面，有良好的个人修养。客房部经理的个人修养是员工的表率，他不仅反映客房管理人员的个人素质，也代表着酒店的形象和档次。

（11）有管理意识和创新精神。服务人员要有服务意识，同样，管理人员要有管理意识，这是做好管理工作的前提条件。除此以外，客房部经理还应避免墨守成规，有创新精神。

（12）有一定的管理能力。

2. 宾客服务中心员工的岗位职责

直接上级：宾客服务中心领班。

岗位职责：

（1）接听电话，随时回答客人的提问，满足客人的要求。

（2）管理服务员房卡和 BP 机收发。

（3）负责各组客房服务员的签到。

（4）协助为客人提供借还接线板、吹风机等服务。

（5）随时接收、登记与包装遗留物品并每月清点上报客房经理。

（6）管理各种表格。

（7）向工程部提出维修请求，及时送交报修单。

（8）记录酒水使用情况，发放每日报纸。

（9）分派鲜花，报洗地毯。

（10）做好开门情况的记录。

（11）接听电话，完成上级交给的各项任务。

（12）负责服务中心的清洁工作。

（13）接待客人并尽可能满足客人的要求。

（14）做好各种交接及一切工作记录。

3. 早班楼层服务员的岗位职责

（1）整理工作间、服务车。

（2）开楼层例会，记录所交代的事项。

（3）查客衣、统计房态。

（4）清洁客房卫生。

（5）记录棉织品使用情况。

（6）报告客房内维修项目。

（7）清洁、保养清洁工具、设备。

（8）做计划卫生。

（9）随时清除客房内地毯、墙纸的污迹。

（10）负责所管客房及客人的安全。

（11）OOO、DND 房记录。

（12）检查客房迷你酒吧酒水。

（13）清洁楼层公共区域卫生。

4. 中班楼层服务员的岗位职责

（1）主要负责楼层、客房的清洁及开床服务。

（2）根据中班程序标准，清洁楼层公共区域的卫生。

（3）做定期计划卫生。

（4）收楼层垃圾。

（5）维护楼层的清洁。

（6）准时参加晚例会，领取物品，记录有关事项。

（7）为客人提供开床服务。

（8）检查白班报修房间。

（9）VIP 房间按 VIP 标准开床。

（10）记录 DND 房间。

（11）做走客房。

（12）整理服务车，为早班做准备。

（13）维护楼层公共区域、工作间及职工电梯厅的卫生。

（14）检查楼层安全。

（15）收取楼层的餐具，通知服务中心。

（16）为客人提供其他服务。

（17）检查客房内的迷你酒吧。

（18）负责报告楼层维修项目。

5. 工服收发员及缝纫工的岗位职责

（1）向酒店员工提供干净、整齐的工服。

（2）严格按照工作程序和标准发放、更换和保管工服（更换制服须征得经理同意）。

（3）确保所有工服在洗衣房取回后，整齐地依次摆放在衣架上。

（4）确保离店的员工离职前如数交回工服，并做好记录。

（5）做好缝纫机的保养工作，保证机器正常使用。

（6）及时并高质量地修补工服、缝纫、钉扣子。

（7）保证工服房的清洁，搞好环境卫生。

（8）服从并完成上级分派的其他工作任务。

6. 布草收发员的岗位职责

（1）负责回收、发放并检查各部门使用的布巾。

（2）向布草房领班报告从各部门送回的布巾中严重损坏或玷污的情况。

（3）检查从洗衣房送回的干净布巾，把需要重新洗涤或熨烫的布巾拣出，向布草房领班报告上述情况。

（4）保持布草的整洁卫生。

（5）完成主管和领班分配的其他工作。

第三节　客房部与其他部门之间的关系

为保证客房部能够为客人提供热情、周到而有礼貌的服务，客房部必须加强同其他部门的联系、沟通和协调。

一、与前厅部关系

客房部与前厅部发生的交往和接触，尤其是与前台的接触非常频繁。多数酒店要求，必须在客房部完成客房清洁和检查并放行出售后，才允许前台服务员给客人分派房间。因此，客房部应及时向前厅部通报客房清理状况，以便前厅部能及时将房间销售出去。

1. 互通最新房态信息

前台服务员每晚打印出当晚租出的客房以及第二天预期退房的客人名单。当客人结账时，前台服务员将此信息通告客房部。

115

2. 及时整理好走客房

客房部根据前厅部的客人信息安排清理房间。客房部确保优先清洁这些客房，并为新来的客人准备好干净的客房。

3. 客房差异情况的核对

客房差异情况是指前厅部和客房部有关某房号的房间状态的信息出现矛盾。客房房态不准确，会造成：第一，影响客房的出租；第二，如果前厅部将住人房当成空房出租，当客人到达房间时，会造成不好的结果。

4. 掌握前厅接待信息

客房接待业务的工作量，主要取决于前厅销售客房的多少。掌握业务工作量，就是要从前厅部获取有关住客的资料和信息，以便做好针对性的服务。根据前厅部提供的客情预报，及时掌握进店人次，并据此安排好楼层、人员，准备好必需的物品、用具等，以便及时为到店客人提供各种服务。

客房部与前厅部之间的默契配合，是酒店日常运作必不可少的。两部门的人员对对方的工作程序越熟悉，两部门间的关系越顺畅。

二、与工程部的关系

客房部运转是否正常，与工程部的关系也是重要因素之一。如何与工程部协调，搞好客房设备的维修保养，也是客房部管理人员感到棘手的问题。在客房设备、清洁工具发生故障时，客房部应及时向工程部申报，同时，客房部要配合工程部对客房的设备、清洁工具进行定期的维护和保养，并提供客情预报，以便工程部能对客房进行及时修理。

1. 建立工程维修制度

由于酒店除了工程部掌握使用的设备外，还有许多设备处于服务现场，属于客用设备。所以，很难及时检查设备的运行情况，再加上客房小型维修比较频繁，工程部维修人员有限，有时会出现维修不及时的现象，因此必须建立维修保养制度。设备维修保养制度包括以下内容：

（1）检查制度。对酒店设施设备进行定期的检查制度，既要负责到人，又要定时、定目标。如美国假日酒店集团所有的万能工（Holi-Kare），就是对客房进行计划维修和检查的工种。

（2）报修制度。制定客房部与工程部之间协调的程度与标准，写进酒店的管理制度中，并运用定式化的表格和报表，以保证协调。

（3）维修情况的报告制度。维修情况报告视维修情况不同而采用不同的报告程序。如影响客房正常营业的维修，工程部需要报告总经理批准后实施，并通报客房部。

2. 客房部设立维修小组

客房部维修小组的工作任务主要是修复灯具、水管、油漆家具设备，修复墙纸以及对沙发、地毯的修补。建立维修小组一方面使客房设施设备能得到及时的保养，同时也减轻了工程部的负担。

3. 工程维修人员对客房部员工进行培训

通过对客房部员工的培训，使员工了解客房家具设备维修保养的要求和简单的方法，同时教育员工爱护家具设备。

4. 配合工程部对客房进行维修

（1）当楼层出现维修房时，客房部应积极与维修部配合，确保维修房的及时恢复。

（2）在旅游淡季，客房部应与前厅部协调，封闭某些楼层或楼段进行保养，并及时通知维修部对客房进行彻底的检查和维修。

（3）客房部经理每年至少两次以上会同工程部维修主管对客房家具设备状况进行全面的检查。

三、与餐饮部的关系

（1）有的酒店，客房部负责所有餐厅地面、外窗清洁，餐巾、桌布洗涤，员工制服洗烫及式样设计和更换。

（2）协助房间送餐部收拾房间、饮食餐具及餐车。

（3）与餐饮部密切配合，做好 VIP 房果篮、酒水及点心的摆放工作。

四、与采购部的关系

客房部所需要的一切房间用品和清洁用品均应由采购部负责采购，但采购人员在采购物品时仅考虑货真价实，是不能满足客房用品采购的要求的，只有客房部人员对客人的具体需要最了解，因此，两个部门之间要互相传递信息，力求以较低的价格购入适合客人需要的物品。

（1）随时了解市场供求信息，便于客房部提出申购计划。

（2）明确采购物品的规格、质量、数量，经核准后，由采购部负责办理以便及时供应。

五、与保安部的关系

（1）客房部应积极协助保安部对酒店公共区域及客房楼层进行检查，做好防火、防盗等多项安全工作。

（2）向保安部提供必要的住客资料和信息。

（3）客房部协助保安部做好住客遗失物品的处理，并督促员工执行酒店及客房制定的员工纪律。

六、与人力资源部的关系

客房部要对员工的录用和培训，以及待提升人员的培训和发展，提出计划和要求，协助人力资源部做好员工的招聘和培训工作。

七、与财务部的关系

（1）客房部协助财务部做好客房有关账单的核对、固定资产的清点及员工薪金的支付工作。

（2）财务部配合客房部做好对布件等物料用品的盘点及制定房务预算工作。

八、与营销部的关系

营销部应利用各种机会和场合，宣传客房的设施和服务项目，客房部配合营销部在房间放置广告宣传品，扩大宣传和推销酒店的各种设施和服务。

第四节　客房类型与客房设备

酒店客房一般有三种类型，即单人房（Single Room）、双人房（Double Room）和套房（Suite）。此外，有些酒店还设有可以灵活使用的多功能房间（Multi-function Room）

一、客房类型

1. 单人房

单人房，单人床（Single Room，Single Bed）。

单人房，大床（Single Room，Double Bed）。

2. 双人房

双人房，大床（Double Room，Double Bed）。这种房间在一些酒店又称为"鸳鸯房"或"夫妻房"。

双人房，单人床两张（Double Room，Twin Beds）。即在双人房里设两张单人床。这种房间通常称为酒店的"标准间"（Standard Room），我国酒店的大部分客房都属于这种类型。图 8-2 为不同类型双人房间图。

标准间

大床房

图 8-2　不同类型双人房间

3. 套房

普通套房（Suite）。将同一楼层相邻 2~3 间客房串通，分别用作卧室、会客室。

豪华套房（Deluxe Suite）。与普通套房相似，只是面积比普通套房大，房内设施设备较普通客房豪华。

复式套房（Duplex）。是一种两层楼套房，由楼上、楼下两层组成。楼上一般为卧室，楼下为会客厅。

总统套房（Presidential Suite）。总统套房通常由 5 个以上房间组成。总统和夫人卧室分开，卫生间分用。卧室内分别设有帝王床（King Size），除此而外，总统套房内还设有客厅、书房、会议室、随员室、警卫室、餐厅、厨房等。一些中、高档旅游宾馆均设有这类"总统套房"，其主要用意在于提高酒店的档次和知名度，便于销售。这类房间除了用于接待"总统"等国内外党政要人以外，平时也对普通客人开放。位于阿联酋迪拜的 BurjAl-Arab 酒店（Burj 音译伯瓷，又称阿拉伯塔），被誉为世界上唯一一家"七星级"酒店，其总统套房面积达 780 平方米，房价 18000 美元 / 晚，房间在第 25 层，设有电影院，两间卧室、起居室、餐厅，出入有专用电梯，房间内家具是镀金的。

4. 多功能房

多功能房间（Multi-function Room）是一种可根据需要变换用途的房间。将相邻房间通过连接门转换为单人房、双人房、套房等，以满足客人的不同需要，提高客房利用率。

除上述几种房间类型以外，很多酒店还根据客房的朝向将房间分为向内房（Inside Room）和向外房（Outside Room）两种。前者一般位于阴面，光线不好，视野不开阔；后者则处于阳面，采光良好，视野开阔，是一种较为理想的客房。划分为向内房和向外房的意义在于可以使酒店对于这两种房间收取不同的房价，尤其是在旅游旺季，当客房供给比较紧张的情况下，可适当提高向外房的价格。

二、客房设备

酒店客房通常分为 5 个功能区域：睡眠空间、盥洗空间、起居空间、书写空间和贮存空间。每个空间由不同的设施设备组成。

1. 睡眠空间

睡眠空间是客房最基本的空间，主要有下列家具和设备：

（1）床是睡眠空间，也是客房最主要、最基本的设备。酒店使用的床通常为西式床，分为单人床、双人床、大号双人床、特大号双人床、加床和婴儿床等。床的长度通常为 2 米，宽度因床的类型的不同而有所不同，即使同一种类型的床，也可以有不同的宽度。如单人床的宽度可以从 1.1~1.5 米不等，酒店可根据自己的实际情况确定（按照我国 2010 版《旅游饭店星级的划分与评定》标准，双人床的宽度通常要达到 1.8~2.2 米）。通常，床越宽，舒适度越高，档次也就越高。另外，关于床的高度，考虑到美观、协调及便于服务员操作等因素，一般应在 40~60 厘米。

（2）床头柜。酒店使用的床头柜属于多功能床头柜，通常还配有音响设备，供客人收听有关节目及欣赏音乐。此外还带有多种控制开关，如电视机、床头灯、夜灯、走廊灯、房门外请勿打扰灯等的开关以及时钟和呼唤服务员的按钮等，从而极大地方便了客人。但面对如此繁多的控制开关，一些客人反映在夜间识别起来比较困难，常常影响客人休息，针对这一问题，一些酒店在床头柜上放置一个可移动的，带有房内各种电器设备开关的电子触摸遥感器。这样既方便了客人，又显示了客房的豪华程度。床头柜上通常还放有一部电话，以及便条纸和一支削好的铅笔，为方便客人通信联络提供方便，有的酒店还在床头柜上放上晚安卡和常用电话号码卡。

（3）床头灯。可根据需要调节灯光亮度。

2. 盥洗空间

盥洗空间指客房卫生间，主要包括：浴缸、淋浴器、淋浴帘、毛巾架、马桶、电话机、洗脸盆、镜子和电源插座（供客人在卫生间使用电动剃须刀或电吹风时使用）。

3. 起居空间

除了套房以外，标准客房的起居空间基本上都位于窗前区，供客人休息、会客、饮食时使用。主要设备有茶几、座椅、落地灯。

4. 书写空间

标准客房的书写空间大多安排在床的对面，主要包括：写字台、椅子、台灯、电视机、电冰箱、梳妆镜、电话等。

5. 存储空间

存储空间的主要设备是壁橱，通常位于客房邻近卫生间的某一侧，供客人存放衣物使用，里面配有衣架（每床不少于 2 个西服衣架、2 个裙架、2 个裤架，即双人间需配备各类衣物架总计 12 个）。此外，壁橱还可供存放客房备用的被子、毛毯、枕头等。壁橱内有照明灯，随柜门的开启而亮灯，以方便客人存取物品，同时因为日常柜门关闭而灭灯，起到节约能源作用。壁橱附近还设有行李架，通常在写字台靠近房门口的一端。

【本章小结】

客房部是酒店最重要的营业部门。本章详细介绍了客房部在酒店中的地位作用和主要任务，客房部组织机构及其设置的基本原则，客房部各岗位工作职责和素质要求，这是做好客房部管理工作的基础。客房部有其独立的职责和功能，只有各部门通力合作才能保证其运行和管理的完整性和系统性。最后介绍了客房类型及其五大功能区域家具及设备设施情况。通过本章的学习，对客房部工作建立简单的认识，为学习客房服务细节管理工作打下基础。

【复习思考题】

1. 简述客房部的地位作用和主要任务。
2. 画出客房部的组织机构图。
3. 客房部组织机构设置的原则是什么？
4. 试述客房部主要管理者的岗位职责。
5. 试述客房部与其他部门的业务关系。
6. 试述客房部管理人员的素质要求。
7. 简述客房的类型。

8. 简述客房五大功能区域。

本章案例思考：酒店客房安装摄像探头

妻子突然发出刺耳尖叫，陈先生像触电一样从床上弹起。见妻子怔怔地指着电视机顶部趴着的蜗牛状东西，陈先生当即倒抽了一口冷气："这不是摄像探头吗？"

三天前，陈先生夫妇入住本酒店。当晚，陈妻洗浴完准备就寝，忽见电视机顶部左端有一状似蜗牛的黑乎乎的物件，并与电视机柜后的一根电线相连。联想到种种关于偷录他人隐私的传说，陈妻顿时花容失色，说不定自己的夫妻生活已被他人全程偷窥。

忐忑地度过一夜。前天离开酒店房间外出时，陈把"蜗牛"的头转向电视柜里面，再用报纸巧妙遮住。晚上返回房间时，报纸已被人拿走，"蜗牛"仍趴在电视机上，像一只深不可测的眼睛瞄着床头。

思虑再三，陈先生昨天拨通了晚报电话："这家酒店竟然在客房安装摄像探头！"

听罢陈先生的疑问，酒店客房总监不由笑出声来："误会，纯粹是误会。那东西是酒店内部视频点播接收器。"为进一步消除陈先生的疑惑，还专门派酒店工程部负责人进房间演示——把电视机打开，按遥控板上的"电影"键，电视机便进入视频点播系统，客户即可根据自身爱好从菜单上点播各种收费录像。

虽是虚惊一场，陈先生还是不满："客房内怎么没有只言片语的提示？"酒店这才发现工作上的疏忽并向客人致歉，普通客房用的是小电视机，打开即显示视频点播系统，以致客人不知该项服务而产生误会。

点评：

虽说是虚惊一场，但却影响了客人的休息，造成了客人的精神紧张，这一责任在于酒店。从此案例可以看出，酒店应加强对客人隐私权的保护；同时对客房的布置陈设要精心安排，从客人角度出发，对有可能引起误解的设施设备应加以说明。

第九章

客房清洁服务细节管理

学习目标

【知识目标】

1. 掌握客房清洁的一般原则。
2. 掌握计划卫生的概念和计划卫生组织的三种方式。
3. 掌握客房清洁服务的质量控制。
4. 了解公共区域的含义与特点、公共区域清洁保养的内容。

【技能目标】

1. 比较中西式做床程序，能够为酒店改进做床方式提供参考意见。
2. 能够制定走客房、住客房、空房的整理清洁服务程序。
3. 能够为酒店设计、拟订一份客房计划卫生的清洁程序。
4. 设计客房清洁服务的质量控制程序。

引例：住客房的打扫要求

一天晚上，一位30多岁服饰考究的香港女人面带怒色地来到酒店大堂副理处投诉说："先生，我刚才回房发现，我带来放在卫生间盥洗台上的护发液不见了，肯定是服务员给扔掉了！"大堂副理马上说道："小姐，对不起，给您添麻烦了。那么您是否可以使用本酒店提供的洗发液？""不行啊，我多年来一直使用那种法国的名牌洗发液，所以外出旅行也带上它，其他洗发液我不习惯使用。"大堂副理见出现了僵局，觉得应该先到现场调查一下再说，于是他对客人说："小姐，您可以带我到房间去看看情况吗？""好吧。"客人答应道。

大堂副理跟着香港客人走进她的客房卫生间，见盥洗台右上角上整齐地摆放着客人的盥洗用品和化妆盒，只是没有护发液。大堂副理马上把当班服务员小甘叫来，问她是否见到客人的一瓶护发液。小甘承认是她处理掉的，因为她从半透明的瓶子看到瓶底只剩一点护发液，就把那瓶护发液给收拾掉了。客人表示，恰恰这最后一点护发液是她留着最后一晚用的，明天她就要乘飞机回香港了。

点评：

不同类型的客房进行清洁服务时有不同的原则，对于住店客人房内的任何物品，服务员在清洁服务时绝对不能随意扔掉，这与走客房是不同的。如果服务员在打扫过程中，对于是否需要清扫干净的物品存在疑问，合适的做法是留言，说明个人处理物品的顾虑以及客人需要打扫可以提供的帮助及电话等信息。此案例中，酒店应对服务细节进行标准化、程序化的规范，同时加强服务员清扫房间的培训。

第一节　客房日常清洁服务管理

清洁客房是客房部的一项主要工作。清洁卫生是宾客选择一家酒店的重要依据，也是体现客房服务质量的主要特征之一。清洁保养工作的好坏直接影响着酒店的形象、气氛以及经济效益。客房日常清洁是客房服务员最重要的服务技能，通常也称为"做房"。做房是评价客房服务员服务能力和服务水平最重要的指标。因此掌握客房清洁的服务程序对服务员是非常重要的。

一、客房清扫的一般原则和卫生标准

（一）客房清扫的一般原则

（1）从上到下。例如，先擦拭衣柜应从衣柜上部开始擦起。

（2）从里到外。地毯吸尘从最里面开始，再到外面。

（3）先铺后抹。房间清扫应先铺床再擦拭家具物品。

（4）环形清理。家具物品的摆放是沿房间四壁环形布置的，因此在清洁房间时，要按照顺时针或者逆时针方向进行环形清扫，以免遗漏并讲究效率。

（5）干湿分开。在擦拭家具物品时，干布和湿布要交替使用，针对不同性质的家具，使用不同的抹布。

（二）房间日常清洁卫生标准

（1）眼看到的地方无污迹。

（2）手摸到的地方无灰尘。

（3）设备用品无病毒。

（4）空气清新无异味。

（5）房间卫生达标准。

二、清扫前的准备

（1）领取服务员工作房卡，并签名。

（2）决定清扫顺序。一般情况下的清扫顺序为：挂"请即打扫"牌房间，VIP房间，住客房，走客房（退房），空房。旺季时打扫顺序为：空房、总台指示尽快打扫房间、走客房、请即打扫房、VIP房间、其他住人房。

以上客房清扫顺序还应根据客人的活动规律加以调整，客房清扫应以不打扰客人或尽量少打扰客人为原则。

（3）准备工作车。按一个班次工作量所需供应品、备用数量布置工作车，按酒店规定布置充足、整齐。

（4）准备清洁用具。检查吸尘器的功能，看储尘袋是否已倒净，准备房间抹尘及擦抹卫生间用的抹布，准备好刷洗卫生间所有的清洁剂、恭桶刷、浴缸刷。

服务细节解析：能否改变打扫顺序

住810房的两位客人来自浙江温州，他们今天上午抵达杭州，经朋友介绍下榻到这家酒店。离午饭还有2小时，他们去苏堤、白堤转了转，下午便开始工作。

第二天上午用完早饭回到房里，一位原定下午与他们商议一宗出口业务的杭州市某大公司副总经理来电，因故欲改到上午进行。由于这桩买卖关系到温州客人半个年度的经营计划，同这位副总经理洽谈是他们此次来杭的首要目标，虽然今天上午已有安排，他们还是一口答应。挂上电话后，马上与另外两家公司联系，把原定上午会面的计划推迟到下午。

"邢副总还有半个小时便要到达，房里还是乱七八糟的，请服务员快来打扫吧"，年纪较大的那位营业部经理对助手说道。

助手开门去找楼层值班服务员时发觉，一辆服务车已停在801房前，801房的门敞开，显然服务员已经开始在做客房清洁工作。

助手来到801房，十分斯文地请两位服务员立即打扫810房，最后没有忘记说一声"谢谢"。

两位服务员听到他的要求面面相觑，似乎有什么难处。

"不知我的要求会给你们带来什么困难吗？"助手还是彬彬有礼地询问。

一位年纪稍大的服务员开口了，她说："我们每天打扫房间都按规定的顺序进行。早上8点半开始打扫801房，然后是803、805等，先打扫单号，接着才是双号。打扫到810房估计在10点左右……"

"那么能不能临时改变一下顺序，先打扫810房呢？"助手十分耐心地问道。

"那不行，我们的主管说一定要按规范的既定的顺序进行。"她们面露难色，显然她们很理解客人的心情，她们也很愿意满足他的要求，但她们不敢违反酒店的规定。

点评：

酒店的一切规定都应以客人的需求为前提，离开客人的满意而按酒店意愿规定的标准是无法提供令客人满意服务的。案例中酒店关于打扫房间的设定可能是基于酒店管理的方便或者是基于员工清扫的需要，这些在正常情况下，执行起来无可厚非，但是并不是一成不变的，也不属于必须执行的底线，服务人员不管是以前碰到过类似问题被管理人员要求必须执行，还是自己想当然地认为必须执行，都会给客人留下酒店服务水平或者管理水平不高的印象。如果真的是前者，管理人员要求必须执行的，那么酒店管理人员由于个人原因或者偏好制定一些不必要执行的规定，而影响到客人的服务体验，实在是太不应该。上级管理人员也需要通过一些正常的程序，如主动拜访客人，了解客人住店期间的实际感受，进而改善服务管理工作。

三、客房清洁的服务程序

不同类型的客房清扫程序和内容是不同的，对住客房和走客房的清扫程序，可以用九个字来概括："进""撤""铺""洗""抹""补""吸""检""登"。具体内容如下：

1."进"

（1）站在门中间位置，轻轻敲门三次，每次三下，或者按门铃三次，同时报称"House keeping"，眼睛直视门镜处，便于客人观察。经客人同意后方可进入，如客人不在，也必须重复上述程序三次方可使用服务员工作房卡开门进入。

（2）缓缓地把门推开，把"正在清扫"牌挂于门把手上，房门打开，将工作车顶在门上方便取清洁和做房用品至工作结束为止。打开电灯，检查有无故障。

（3）把小垫毯放在卫生间门口的地毯上，清洁篮（或清洁小桶）放在卫生间云石台面一侧。

（4）拉开窗帘、窗纱使室内光线充足，便于打扫。

（5）打开窗户约5分钟，让房间空气流通。

2."撤"

（1）放水冲掉恭桶内的污物，接着用清洁剂喷洒"三缸"：面盆、浴缸、恭桶。然后，撤走客人用过的"四巾"：面巾、方巾、浴巾、脚巾。

（2）按次序检查衣柜、组合柜的抽屉，走客遗留物品应在第一时间交给台班，想方设法尽快交还给客人，并在卫生日报表上做好记录。

（3）用房间垃圾桶收垃圾，如果烟灰缸的烟头还没有熄灭，必须熄灭后方可倒进垃圾桶，以免引起火灾。

（4）撤掉用过的杯具、加床或餐具。

（5）清理床铺步骤：

撤下枕套：注意枕套内有无手表、钱包等遗留物品；将枕头放在扶手椅上。

撤下毛毯：折叠好放在扶手椅上。

撤下床单：床单要一张一张地撤。

撤走用过的床单、枕套：将用过的床单、枕套撤走，放进清洁车一端的布草袋里。

3."铺"

考虑到"铺"内容多且繁杂，将在第四部分进行详细介绍，并命名为"做床服务"。

4."洗"

床铺好以后，应该先打扫卫生间，以便留一定的时间，待因铺床而扬起的灰尘落下

后，再用抹布除尘。

卫生间是客人最容易挑剔的地方，服务员必须严格按操作规程进行清洗，使之达到规定的卫生标准。清洁前要打开卫生间排风机，戴上手套。

（1）用清洁剂再次喷洒"三缸"。

（2）处理纸篓垃圾。将旧剃须刀片、碎肥皂、用过的浴液瓶、发液瓶、牙膏等扔进垃圾桶一起倒掉。

（3）洗烟灰缸、香皂碟。

（4）洗刷洗手盆，注意清洗洗手盆水龙头上的污迹。

（5）洗浴缸、浴帘，用淋浴喷头放水冲洗浴缸、墙壁。

（6）用有标记的毛球洗恭桶、厕板和盖板，并要特别注意刷干净坐厕的出水口、入水口、厕内壁和底座等。

（7）用干抹布抹干烟灰缸、香皂碟、面巾纸盒、卫生间设备及物品，包括灯开关、插座、镜子、云石台、洗手盆及水龙头、面巾架、卷纸架（卫生纸架）、电话机、浴帘杆、浴缸上面墙壁、浴缸（内外部及淋浴配件）、挂衣钩、卫生间门板等都要进行。

（8）用另一抹布抹坐厕及其水箱。

（9）将抹干净的垃圾桶放回原位，将抹干净的烟灰缸摆回原处。

（10）用专用的抹地布将卫生间的地面抹净。清洁后的卫生间一定要做到整洁干净、干燥、无异味、无脏迹、皂迹和水迹。最后退出卫生间，关上卫生间门和排风机。

5."抹"

（1）门应从门外门铃开始抹起，至门框、门的内外，并注意门把手和门后的安全图的抹拭。

（2）屋内按顺（或逆）时针方向，从上到下，把房间的家具物品抹一遍，并要注意家具的底部及边角位均要抹到。

在抹尘时，要注意下列事项：

①注意区别干、湿抹布的使用。如对镜子、灯具、电视机等设备物品应用干抹布抹拭；家具软面料上的灰尘要用专门的除尘器具；墙壁上的灰尘切忌用湿抹布抹拭。

②检查房内电器设备。在抹尘的过程中应注意检查电视机、音响、电话、小冰箱、灯泡等电器设备（特别是电视机、灯泡、电话机）有无毛病，一经发现立即报修，并做好记录。

③除干擦以外，房内设施、设备如有污迹或不光滑，还要借助于抛光剂、洗涤剂等物品对家具进行抛光和洗涤等项工作。

6."补"

（1）补充卫生间内的物品，按统一要求摆放整齐。

（2）面巾纸、卷纸要折角，这样既美观又方便宾客使用。

（3）"四巾"按规定位置摆放整齐。

（4）补充房内物品，均需按酒店要求规格摆放整齐。

（5）补充杯具。

房间物品的补充要根据酒店规定的品种数量及摆放要求进行，补足、放好，注意商标面对客人。

7. "吸"

（1）先把吸尘器电线理顺，插上电源，把吸尘器拿进房间才开机。

（2）先从窗口吸起（有阳台的房间从阳台吸起）。

（3）吸地毯时要先逆纹，后顺纹方向推把。

（4）吸卫生间地板，要注意转换拖把的功能，使其适宜硬地板；地板有水的地方不能吸，防止漏电发生意外。吸尘时要注意把藏在地板缝隙里的头发吸走。

8. "检"

检就是自我检查。房间清扫完毕。客房服务员应环顾一下房间，看打扫的是否干净，物品是否齐全，摆放是否符合要求，清洁用品或工具是否留下。最后，还需检查窗帘、窗纱是否拉上，空调开关是否拨到适当位置。

9. "登"

登记房间清理完毕的时间；填写房间物品增补、更换数量；记录需维修项目。

最后，将房内的灯全部熄灭；将房门轻轻关上，取回"正在清洁"牌。

具体客房服务操作程序如图9-1所示。

1.进

2.撤

3.铺

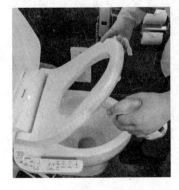
4.洗

5.抹

6.补

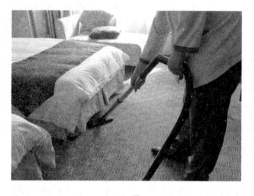
7. 吸

8. 检

图 9-1　客房做房服务操作程序图

服务细节解析：一只没有清洗的茶杯

某大学的刘教授出差去外地，住在当地一家四星级酒店，在参加完一整天的会议之后，晚上回到房间，发现床头柜上有一张留言条，仔细一看，是客房服务员留给自己的，上面写着：

您好！因不知您是否保留杯里的茶，故没有帮您清洗，如需清洗，请随时与我们联系。给您带来不便，敬请谅解。

祝您在我店入住愉快！

当值职员：×××

2019 年 3 月 27 日

看了这张留言条和放在一旁自己只喝了一口的茶，刘教授心里非常感动，心想，这里的服务员可真心细，工作认真，处处替客人着想。又一想，服务员是怎么知道这杯茶不是酒店提供的普通茶叶泡的，而是客人自己带来具有特殊功效的保健茶呢？噢，肯定是从茶杯里茶水的颜色上判断的！这么一想，他更为服务员的细心、真诚所感动。刘教授在国内外住过很多高星级酒店，几乎每一家酒店的房间里都有一张"征求客人意见表"，他从来没有填过，可这次，他忍不住提起笔来，在"征求客人意见表"上表达自己对服务员的感激和对酒店服务的赞赏之情。

点评：

工作中细心观察对客房服务员来说是很重要的，细心观察不仅有利于为客人提供好的服务，还有利于减少工作中的失误，如误把客人的物品当成垃圾丢掉等。

做房服务还有一些细节内容需要服务人员和管理人员注意，如椅子与桌面呈 45°，未入住客房保险箱门呈开启状态，垃圾桶的使用要求，手纸纸巾的叠放方式等，见图 9-2 客房做房细节内容。

1.椅子与桌子角度

2.未入住客房保险箱门开

3.客房工作车

4.房间垃圾桶

5.手纸叠放方式

6.方巾摆放方式

7.吸尘器

图 9-2　客房做房细节内容

四、做床服务

酒店客房是专供客人住宿休息的，其家具配备也是以床铺为主体的。如果说做房服务是客房服务员最重要的工作，那么做床服务就是重中之重。在酒店经常举行的服务技能赛中，客房服务员进行技能赛最多的项目就是做床。中外酒店做床方法多种多样。而判断一种做床方法好坏的标准，除了做床效果是否美观和方便客人以外，还有一个重要的标准，那就是看这种做床方法能否提高做床的速度。

因此，做床的效果和效率是体现一家酒店整体品位和档次的主要内容。目前对床铺整理有两种形式：一种是西式做床方法；另一种是中式做床方法。

（一）西式做床

1.做床的准备

目前我国酒店内床主要是软床垫，也称席梦思床垫。在做床之前，要做好物品的准备和检查。

（1）物品准备和检查。

①床单、枕套及床罩，其中心都需要有一条烫挺的纵向褶线，此线一是增加布件的

挺括感，二是便于铺床时布件的定位。

②在准备做床时，要检查布草是否干燥，有无污垢和破洞，中心褶线是否熨烫正确。

（2）铺床准备。

①撤床。将毛毯、棉被连叠3道，放在沙发或椅子上；撤下应换的床单、褥单、被罩和枕套；将熨烫平整的床单平放在床头一侧。

②拉开床体。站在距床尾20厘米处，右脚向前伸出半步，弯腰用右手抬起床尾，顺势将床体向后拉开20厘米。如床体和床头是连在一起的，只可以将床垫拉出20厘米；如开床体，服务人员可以站在床头处做床；如开床垫，则须站在床尾做床。

2.西式做床的服务程序

西式做床的具体方法因床的种类不同和习俗不同而略有区别，主要包括4道程序13个主要环节。

（1）铺床单。

这是第一道程序，包括甩单、定位、包角三个坏节。

①甩单。站在床头或床尾，用拇指和食指捏住床单第一层，余指夹住其他三层，然后两手分开，利用腕力和臂力的结合，将床单向上向外甩开。甩单时用力要得当，用力过大，会影响床单的定位；用力过小，床单甩不开也会影响定位。

②定位。在甩开的床单下降瞬间，服务员要测定中线和前、后距离，控制床单使其落在比较理想的位置，然后稍加整理，将床单定在"褶线居中，两侧均衡"的准确位置上。

③包角。床单定位后，须将四边大于床垫的部分塞入床垫下，然后将四个角包折起来。包角时先从做床位置开始，再把床头的多余床单塞入床单下，即顺时针将床左侧的角包起来。包角的方法是：把床垫掀起来，将床单内向折成45°角，外角90°包好，要求拉紧包严，床面平挺无褶皱，包好后的床垫应使折线居中，边线拉直，床面挺括，四角牢固，两侧平整无皱纹。

（2）铺毛毯。

西式床的盖被一般由一条丝绒被毛毯，加被单组成。这道程序包括铺单、盖毯、包边和包角四个环节。

①铺单。与甩单的方法相同，但被单反面朝上，折线居中，与床单折线相重叠，靠床头部分与床垫平齐。

②盖毯。被单铺平后，盖上毛毯，毛毯正面朝上，商标在床尾部，中心居中，床两侧的下垂部分相等。毛毯上头铺在离床头30厘米处。

③包边。将床单靠床头处露出的部分翻过来，把毛毯上头包好，便于客人睡觉时脸部不与毛毯直接接触。

④包角。利用床单、毛毯的下垂部分，将靠床尾的床垫两角包好，办法与床单包角相同，最后把床两侧被单、毛毯下垂部分塞到床垫底下。

（3）套枕套。

枕套的缝制都是三边缝合，一边开口，套枕套包括装心、定位和整形三个主要环节。

①装心。折叠着的枕套打开后，把枕心纵向对折，用右手卡住枕心的两个角，轻轻塞入已打开的枕套开口处，塞实枕套两角，然后顺势将枕心边将边退出右手，整理枕套开口处。注意用力均匀，不要使枕心变形、枕套歪斜。

②定位。把枕头横放在床头居中位置，正面朝上，压在毛毯的约 1/3 处，中折线与毛毯的中折线对直，枕套开口的一边朝向背离客人视线处。

③整形。把枕头拍打松软，拍打时动作要轻，同时将枕套将平、枕角拉挺。整形后的枕头应是四角饱满、枕横面稍隆成弧形，有松软挺括之感。

（4）铺床罩。

床铺加罩，一方面是为了保护床上的卧具，另一方面是为了装饰床容。其操作分为定位、罩枕、整形三个环节。

①定位。按甩单的方法将床罩甩开，定位后，服务员移到床尾架的中间位置，纵观全床，仔细调整，使床罩的折线居中，两侧下垂部分相等。

②罩枕。先用床罩靠床头的一头罩过枕面，再将床罩折垫于两层枕头底下，最后再打出中间的枕线，两条枕线平齐，最后将枕头两侧的部分折好，压平，拉紧。

③整形。床罩两侧下垂均匀、拉挺，床面平整美观。以上四道环节，可以用四句话概括：三次甩单力均匀，三线重叠定位准，两次包角紧而平，四理床面平而挺。

也有部分酒店采用被子代替毛毯，这样铺床时，可节省第二层床单，其余操作方法同上，西式做床美观、整体效果好，如图 9-3 为西式做床最终效果。

图 9-3　西式做床最终效果

（二）中式做床

中式做床，即按照我国传统的风俗习惯配备和整理床铺，是近几年在高星级酒店普遍采用的铺床方法。其优点是，便于客人入睡时进被窝，符合人性化管理的要求并具有民族特点。相对于西式做床、中式做床也能节省服务员体力和做床时间。但是也有酒店

考虑到西式做床的最终效果美观大方、挺括的特点仍采用西式做床。

1. 准备阶段

（1）物品准备和检查。

①检查中心褶线是否熨烫正确。床单和枕套及被罩中心都要有一条熨挺的纵向褶线，此线一是为了增加布件的挺括感，二是为了便于铺床时布件的定位。

②检查布件是否干燥，有无污垢和破洞，被罩四周有无开线等。

（2）铺床准备。

①撤床。将毛毯、棉被连叠三道，放在沙发或椅子上；撤下应换的床单、被罩和枕套；将熨烫平整的床单平放在床头一侧。

②拉开床体。站在距床尾20厘米处，右脚向前伸出半步，弯腰用右手抬起床尾，顺势将床体向后拉开20厘米。如床体和床头是连在一起的，只可以将床垫拉出20厘米；如开床体，服务人员可以站在床头处做床；如开床垫，则须站在床尾做床。

2. 中式做床的服务程序

中式做床全过程如图9-4所示。

（1）铺床单（方法同西式做床），包括甩单、定位、包角三个环节。

①甩单。站在床头或床尾，用拇指和食指捏住床单第一层，余指夹住其他三层，然后两手分开，利用腕力和臂力的结合，将床单向上向外甩开。甩单时用力要得当，用力过大，会影响床单的定位；用力过小，床单甩不开也会影响定位。

②定位。在甩开床单下降的瞬间，服务员要测定中线和前、后距离，控制床单使其落在比较理想的位置，然后稍加整理，将床单定在"褶线居中，两侧均衡"的准确位置上。

③包角。床单定位后，须将四边大于床垫的部分塞入床垫下，然后将四个角包折起来。包角时先从做床位置开始，再把床头的多余床单塞入床垫下，即顺时针将床左侧的角包起来。包角的方法是：把床垫掀起来，将床单内折成45°角，外角90°包好，要求拉紧包严，床面平挺无褶皱，包好后的床单应使折线居中，边线拉直，床面挺括，四角牢固，两侧平整无皱纹。

（2）套被罩。

将熨烫平整的被罩伸展开，然后用左手卡住棉被一头两角，右手固定被罩，把棉被从被罩中间开口处徐徐送入，将两角塞实定位；再反方向用同样的方法将棉被的另一头放入被罩，要注意把四角塞充实，被罩和棉被要平整，形成一体。

（3）铺盖被。

站在床尾或床侧，甩被子一次定位成功；被子中线居中，两边吊边一致；将床头处被子翻折45厘米，离床头45厘米；整理被子表面平整美观；操作过程中被子不能着地。

（4）套枕套（同西式床）。

枕套的缝制都是三边缝合，一边开口，套枕套包括装心、定位和整形三个主要环节。

①装心。折叠着的枕套打开后，把枕心纵向对折，用右手卡住枕心的两个角，轻轻塞入已打开的枕套开口处，塞实枕套两角，然后顺势将枕心边捋边退出右手，整理枕套

开口处。注意用力均匀，不要使枕心变形、枕套歪斜。

②定位。把枕头横放在床头居中位置，正面朝上，枕头下端与被套上端吻合，枕套开口的一边朝向背离客人视线处。

③整形。把枕头拍打松软，拍打时动作要轻，同时将枕套捋平、枕角拉挺。整形后的枕头应是四角饱满、枕横面稍隆成弧形，有松软挺括之感。

（5）铺装饰带。

有些高星级酒店为使铺完的床铺美观大方，最后在被子的上半部分铺上一条与房间内窗帘或者其他部位装饰物相协调的装饰带，达到和谐美观的整体效果。

1. 准备

2. 甩单1　　3. 甩单2

4. 包角左1

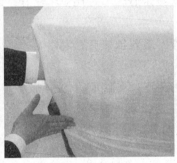

5. 包角左2

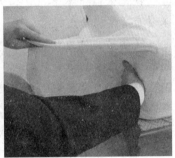

6. 包角右1

7. 包角右2

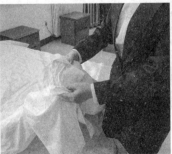

8. 套被罩

9. 铺盖被

10. 套枕罩　　　　　　　　11. 定位　　　　　　　　12. 整理

图 9-4　客房中式做床服务操作图

服务细节解析：OK 房床上的一根头发

一位中年男子一身东南亚商人打扮，在两位当地政府官员的陪同下走向某酒店大厅。

商人在总台登记时，一位陪同与总台服务员说："钱先生是市政府请来的贵宾，按贵宾规格接待。"

钱先生和两位官员走出电梯，来到套房，放下行李。

一位陪同说："钱先生一路辛苦，稍稍休息一下，6 点钟市长将来餐厅设宴为钱先生洗尘。"

钱先生："市长客气了，只要你们这儿的投资环境好，回国后，一定组织一批工商团来贵市考察，洽谈投资……"

晚宴后，钱先生来到客房，感到很疲劳，淋浴后准备就寝，掀起床被，刚想睡下，发现枕头上有一根长发。

他自言自语道："连床单也没换？太脏了。"拨通服务员电话。

"小姐，我是 911 房客人，请你来一下。"

"我是服务员。"笃笃的敲门声。

钱先生穿了外套开了门。

"先生，你有什么事吗？"

"哦，小姐，我房间卫生没打扫，床单没换。"

"先生，这不可能，床单肯定换的。"

"你看枕头上有头发，换了怎么会有？"

"先生这不会是你的吧？"

"不可能，我头发没这么长。"

"对不起，可能早上服务员铺床掉下的，我帮你拿掉。"

服务员伸手把头发拿掉了。

"这不行，必须换掉。"

服务员拿了两只枕套进来，把枕套换了。

钱先生压制着一肚怒火。

"必须全部换掉。"

"只有枕头上有头发，枕套换了。床单明天一定再换。"服务员边说边向客房外走。

钱先生怒不可遏，拨通总台值班电话。

"先生，我是 911 的钱先生，请给我准备一辆车回 S 城。"

钱先生来到前台退房。

"K 市要吸引外资，必须要有好的投资环境，必须先从你们酒店做起，先从服务员做起。"钱先生如是说。

钱先生离开了酒店。前台服务员还在那儿发呆。

第二天，那位客房服务员再也不用到酒店上班了。

点评：

在本案例中，服务员遇到的问题其实很好解决，在钱先生第一次打电话要求换掉全部的床单和枕套时，服务员就应该先向客人道歉，然后马上帮客人把床单和枕套都换掉，这样问题就解决了，不会导致钱先生最后生气离店，服务员自己还失去了工作。

2017 年 9 月 4 日，一家自称独立评测机构的"蓝莓评测"发布一篇题为《五星级酒店，你们为什么不换床单？》的评测报告迅速刷爆朋友圈。文章称，该机构工作人员分别入住北京 5 家五星级酒店，发现上述酒店在住客退房后均未彻底更换床品，而马桶、浴缸、漱口杯、浴袍等物品也未做到完全清洁。这篇测评不仅用文字阐述了测评结果，还附上时长 6 分钟的视频。北京 W 酒店、北京三里屯洲际酒店、北京希尔顿酒店、北京 JW 万豪酒店以及北京香格里拉酒店 5 家五星级酒店均上榜。

此事在网上迅速发酵，9 月 5 日至 6 日晚间，涉事的洲际、香格里拉和希尔顿酒店集团相继通过官方微博等形式予以回应。值得注意的是，三家酒店集团口径一致，均表示尚"无法核实"测评内容的"准确性"。

9 月 5 日，北京市旅游委在官微上表示关注到网络上关于北京 5 家五星级酒店不换床单不擦马桶的报道，高度重视，已经开始约谈报道中涉及的 5 家酒店，了解核实情况。此外，9 月 5 日，北京市卫生和计划生育监督所也曾透露，卫监部门已展开调查，本周内将检查北京所有五星级酒店。各大网站对此事纷纷进行评论。

人民网针对此次事件做出评论，事发后有的酒店态度暧昧，比如北京三里屯洲际酒店表示，无法核实报道准确性。这样的表态缺乏诚意，能否彻底整改让人不敢乐观。对于换床单这事，一定程度上是保洁员的良心活，既需要企业内部严格规范，更需要强化外部监管。

澎湃表示，无论初出茅庐的中国本土民间测评机构"挑战国际五星酒店集团"的做法是否自不量力，但至少官方机构因此启动对全行业的调查整顿，正令事件走向了良性循环的方向。该事件在微博上曝光后，立即引来舆论哗然，微博网友纷纷狂吐槽：有一大部分网民认为，五星级酒店不换床单简直彻底毁三观，表示不再信任，对这 5 家五星级酒店表达出强烈不满的情绪甚至失望。

此次舆情事件，不同程度上造成网民惊恐情绪，导致有网民狂购"隔脏睡袋""浴缸套""一次性内裤""便携电水壶"等酒店神器，引来其他网民称赞。这也体现出网民的百般无奈。这 5 家五星级酒店质疑测评内容的准确性后，就再也没有露面作正面回应。有媒体指出，被曝光者拒不认"错"的态度令人玩味。虽然中间也有人出来质疑曝光该事件的蓝莓评测机构，是否"别有用意""不权威"等，更有人挖出该机构与穷游网的

合作关系。但是由于5家星级酒店的集体沉默，消极应对，缺乏诚意，最终，舆情形成了"一边倒"的态势。

根据《公共场所卫生管理条例实施细则》第十四条明确规定，公共场所经营者提供给顾客使用的用品用具应当保证卫生安全，可以反复使用的用品用具应当一客一换，按照有关卫生标准和要求清洗、消毒、保洁。换言之，无论是五星级酒店还是非五星级酒店，主动换床单都属硬性规定，不能打折（蓝莓评测事件报道版权归中正舆情机构所有，本文部分摘录）。

第二节　客房计划卫生管理

客房的计划卫生是指在日常客房清洁的基础上，拟订一个周期性清洁计划，针对客房中平时不易或不必进行清洁的项目，采取定期循环的方式做彻底的清洁保养工作的客房卫生管理制度。

客房服务员每天的清洁整理工作的工作量一般都比较大。例如，一个服务员平均每天要负责14~16间客房的清扫工作，到了旅游旺季，甚至更多，所以对客房的某些部位，如通风口、排气扇、天花板、门窗玻璃、窗帘、床罩等，不可能每天清扫或彻底清洁（有些项目也没有必要每天进行，如地毯的清洗等）。为了坚持清洁卫生的质量标准，使客人不仅对客房那些易接触部位的卫生感到满意，而且要对客房的每一处卫生都放心，同时又不致造成人力浪费或时间的紧张，客房部必须通过定期对清洁卫生的死角或容易忽视的部位进行彻底的清扫整理，以保证客房内外环境的卫生质量。这就是计划卫生要解决的问题。

一、计划卫生的项目和清洁周期

针对不同的项目，客房的计划卫生应按不同的时间周期进行。

每隔3天服务员对负责清扫的客房区域进行卫生间地漏喷药（长住客房每5天进行），用玻璃清洁剂清洁阳台、房间和卫生间镜子，用鸡毛掸清洁壁画。

每隔5天服务员对负责清扫的客房区域进行卫生间排风机机罩清洁，并清洁（水洗）吸尘机真空器保护罩，清洁卫生间水箱，磨洗地面。

每隔10天服务员对负责清扫的客房区域进行走廊出风口清洁，并清洁卫生间排风主机网。

每隔半个月服务员对负责清扫的客房区域进行冰箱除霜，使用酒精球清洁电话，清洁空调出风口、百叶窗。

每隔20天服务员对负责清扫的客房区域进行房间回风过滤网清洁，用擦铜水擦铜家具、房间指示牌等铜质家具。

每隔25天服务员对负责清扫的客房区域进行制冰机清洁，阳台地板和阳台内侧喷塑面清洁，墙纸吸尘、遮光帘吸尘。

每隔1个月服务员对负责清扫的客房区域翻床垫，抹拭消防水龙带和喷水枪及胶管，清洁被套。

每隔1个季度服务员对负责清扫的客房区域进行地毯、沙发、床头板干洗，并干（湿）洗毛毯。

每隔半年服务员对负责清扫的客房区域进行窗纱、灯罩、床罩、保护垫的清洁。

每隔1年服务员对负责清扫的客房区域进行遮光布清洁，红木家具打蜡并湿洗地毯。

二、计划卫生的组织

客房的计划卫生通常有三种组织方式：

1. 要求客房清洁工每天大扫除一间客房

例如，要求客房清洁工在她所负责的14间客房中，每天彻底大扫除1间客房，14天即可对她所负责的所有客房做一次计划卫生。

2. 规定每天对客房的某一部位或区域进行彻底的大扫除

除日常的清扫整理工作外，可规定客房清洁工每天对客房某一部位进行彻底清洁。这样，经过若干天对不同部位和区域的彻底清扫，也可以完成全部房间的大扫除。

3. 季节性大扫除或年度大扫除

集中在淡季对所有客房分楼层进行全面大扫除，一个楼层通常要进行1周，必要时，可请前厅部对该楼层实行封房，并与工程部联系，请维修人员利用此段时期对设备进行定期的检查和维修保养。

在实践中，以上三种计划卫生的组织方式可配合使用。

服务细节解析：夜半传来的清扫声

凌晨1：40左右，某酒店客房部小高按照事先布置的工作任务在21层清洁过道地毯。这时，2109房客人从熟睡中被机器的嘈杂声惊醒，不满地都从房间走出来说："这么晚，还不让人睡？"小高不知所措，支支吾吾答道："这是工作安排……"说完继续清洗。客人回房后随即打电话给值班经理和客房中心表示不满。过了5分钟，小高才根据值班经理的指示停止了清洗工作。次日早晨，客人带着遗憾离开了酒店。

点评：

案例中可以看出该酒店在许多制度方面还不完善。事发当日早晨21层没有住客房，客房部就制订了21层过道地毯清洗计划，并报至PA组夜班完成。由于与前厅部之间缺乏沟通，没有对21层进行封楼处理，而导致2109房散客被安排入住；退一步说，即使住客楼层确实需要清洗地毯，也必须把客人视为楼层的第一主人，事先打好招呼，得到谅解后在白天完成清洗，同时注意避免打搅客人，并不是由客房部自行安排就可以清洗。

员工小高自身服务意识不强，未以顾客需求为中心，自动停下手中的工作去向客人道歉，去平息客人心中的不快，相反以工作安排为借口，对客人不理不睬，更加激化了与客人之间的矛盾，事后也没有主动向领班汇报。这种情况与酒店人员招聘有很大关系，每年，酒店都要招聘大批的职工，但很多员工只经过简单培训就被安排到各个岗位。由于一些人缺乏服务意识，即使掌握了服务技能，还是无法保证和提高酒店的服务

质量。同时客房中心和值班经理接到客人抱怨后处理不够妥善，应该当时向客人解释和道歉，并视当时的情况主动提出给予一定的补偿，并做好交班手续，在第二日客人离店时再次与客人沟通，取得客人的最终谅解，"把遗憾留在酒店，带走一段美好的回忆"，从而稳定客源市场。

第三节 客房清洁服务的质量控制

客房清洁服务标准的制定，使客房的清扫工作有了明确的标准和规范。但这些标准和规范是否得到遵循，还需要客房部的管理人员深入现场，加强督促检查。客房卫生质量决定客人的满意程度。因此通过强化员工卫生质量意识，明确清洁卫生操作程序标准，加强各级清洁人员及管理人员培训，严格逐级检查制度来进行客房清洁卫生质量的控制，保证客房清洁服务质量。

一、建立客房清洁服务质量标准和服务程序

（一）制定客房清洁质量标准

客房清洁质量标准含有两方面的内容：生化标准和视觉标准。

1. 生化标准

生化标准要由专业卫生防疫人员来做定期或抽样测试与检验，例如，茶水具的消毒标准、房间空气卫生质量标准等。

（1）茶水具、卫生间洗涤标准。

①水具：每平方厘米的细菌总数不得超过 5 个。

②脸盆、浴缸、拖鞋：每平方厘米的细菌总数不得超过 500 个。

③卫生间不得查出大肠杆菌群。

（2）空气质量标准。

①一氧化碳含量每立方米不得超过 10 毫克。

②二氧化碳含量每立方米不得超过 0.07%。

③细菌总数每立方米不得超过 2000 个。

④可吸入灰尘每立方米不得超过 0.15 毫克。

⑤氧气含量应不低于 21%。

（3）气候质量标准。

①夏天：室内适宜温度为 22℃~24℃；相对湿度为 50%；适宜风速为 0.1~0.15 米/秒。

②冬天：室内适宜温度为 20℃~22℃；相对湿度为 40%；适宜风速不得大于 0.25 米/秒。

③其他季节：室内适宜温度为 23℃~25℃；相对湿度为 45%；适宜风速为 0.15~0.2

米/秒。

（4）采光照明质量标准。

①客房室内照明度为 50~100 勒克斯。

②楼梯、楼道照明度不得低于 25 勒克斯。

（5）环境噪声允许值。

客房室内噪声最高不得超过 40 分贝，走廊噪声不超过 45 分贝。

采用中央空调系统的酒店对客房内的温度、湿度、采光度、噪声、通风量、气流速度等均有较严格的规定，能较全面地满足人对舒适和卫生的要求。有的饭店还为空调配有杀菌灯、空气净化器和空气负离子发生器，使客房的清洁卫生质量更符合生化标准。

2. 视觉标准

视觉标准是客房管理人员进行客房质量检查必须把握的标准。客房部必须研究客人的要求，从中总结出规律性的东西，制定出具体的客房质量标准，并依据标准进行认真的检查、监督，以确保客房整洁、舒适。不少酒店将其规定为"十无"和"六净"。

（1）"十无"即四壁无灰尘、蜘蛛网；地面无杂物纸屑、果皮；床单、被套、枕套无污迹和破损；卫生间清洁、无异味；金属把手无污渍；家具无污渍；灯具无灰尘、破损；茶具、其他用具无污痕；楼面整洁，无"六害"（老鼠、蚊子、苍蝇、蟑螂、臭虫、蚂蚁）；房间卫生无死角。

（2）"六净"即四壁净、地面净、家具净、床上净、卫生洁具净、物品净。

（二）建立客房清洁服务程序

在第一节客房日常清洁服务管理和第二节客房计划卫生管理两节中，对客房清洁服务程序进行了详细的阐述，这里不再赘述。

二、建立客房清洁服务逐级检查制度

客房检查又称查房。客房的逐级检查制度主要是对客房的清洁卫生质量检查，实行领班、主管及部门经理、总经理三级责任制，也包括服务员的自查和上级抽查。由于员工的检查方法和标准会有差异，采用逐级检查制度是确保客房清洁质量的有效方法。

（一）服务员自查

服务员每整理完一间客房，就应对客房的清洁卫生状况、物品的摆放和设备家具需要维修等情况，进行自我检查。服务员自查可以加强员工的责任心，提高客房的合格率，减少领班查房的工作量，增进工作环境的和谐。

（二）领班全面检查

领班全面检查是指领班对自己管辖的每间客房进行检查并保证合格，填写领班查房报告，拾遗补缺。在领班查房后，认为合格的就向前台上报，出租给客人，所以责任重大，需要由训练有素的员工来担当。通常，领班每天对其所负责的全部房间进行普查。有的酒店领班负责的工作区域较大，每天至少需检查 90% 以上的房间。领班查房时如发

现问题，要及时记录并加以解决。对不合格的项目应开出返工单，令服务员返工，直至达到质量标准。对于业务尚不熟练的服务员，领班查房时要给予帮助和指导，这种检查实际上也是一种岗位培训。对优秀员工领班查房时也可以引入免检制度，以示鼓励。

（三）主管抽查

主管抽查主要是对领班的一种管理办法，同时也为了便于日常工作的分配调节，为实施员工培训计划和人事调动等提供有价值的信息。主管检查的方式是抽查，其所反映的情况比较真实。楼层主管对客房清洁卫生质量进行抽查的数量一般可控制在 20% 左右。主管抽查的重点是 VIP 房、维修房、住客房和计划卫生大清洁房。

（四）客房部经理抽查

客房的逐级检查制度应一级比一级严，所以，客房部经理的查房要高标准、严要求，亦被称为"白手套"检查制度。经理的检查宜不定期、不定时进行，检查的重点是房间的整体效果、服务员工作水平，以及是否体现了自己的管理理念。这是管理层了解工作现状、控制服务质量最为有效的方法。对于客房部经理来说，通过查房可以加强与基层员工的联系，并且更多地了解客人的意见，有助于提高管理水平和服务质量。

（五）总经理抽查

酒店总经理要控制客房的卫生质量，也必须不定期、不定时，或亲自抽查，或委派大堂副理或值班经理代表自己进行抽查，以获得客房部管理水平和服务质量信息，激励客房部经理的工作。此外，酒店还可以聘请店外专家、同行、住店客人检查客房的清洁卫生质量，乃至整个酒店的服务质量，以便更好地提高酒店的卫生和服务质量。

第四节　公共区域的清洁服务

酒店公共区域是客人流动量大、活动频繁的地方。公共区域的卫生状况给客人留下的第一印象很重要。有人称大堂的卫生是店的"脸面"，也有人说公共洗手间是酒店的"气味名片"，这都充分表现了公共区域的清洁保养对酒店名声的重要作用。

一、公共区域的含义

凡是酒店内公众共同享有的活动区域都可以称为公共区域，英文为 Public Area，简称 PA，通常人们将酒店的公共区域范围划分为室外与室内。

室外公共区域是指酒店外围区域，包括酒店外墙、花园、前后大门等。室内公共区域又划成前台区域和后台区域两部分。室内公共区域的前台部分通常指专供客人活动的场所，如大堂、休息室、康乐中心、电梯、公共洗手间、餐厅（不包括厨房）、会议室及宴会厅等。室内公共区域后台部分通常指为酒店员工设计的生活区域，如员工休息室、员工更衣室、员工餐厅、员工娱乐室、员工公寓等。

二、公共区域清洁服务内容

1. 地面（云石、大理石地面）干拖清洁服务

（1）在尘拖上喷上静电吸尘剂，将尘拖平放在地面上，直线方向推尘，尘拖不可离地扬尘，将地面的灰尘推往较隐蔽的地方。

（2）每推尘一次后，用吸尘器吸干净尘拖上的灰尘。

（3）推尘每半小时循环一次，视灰尘程度及客流量密度增减次数。

（4）每次推尘后应及时将地面灰尘、垃圾打扫干净。地面不能留有脚印、污迹。

2. 家具及云石台清洁服务

（1）用半干半湿毛巾抹净家具及云石台上的灰尘。

（2）将家具保养蜡均匀喷在家具或云石台上：喷蜡不能过多（以免积聚灰尘），用干毛巾将家具蜡均匀地涂抹，边喷边抹，重点擦除污迹，达到光亮清洁。

3. 烟箱清洁服务

（1）用镊子将烟箱里的烟头、杂物清干净。

（2）用废纸把烟箱面上的口痰污迹抹干净。

（3）将烟箱碟清洗干净，用布抹干烟箱盖。

（4）工作时小心轻放烟箱盖，以免造成响声。

（5）每隔 15 分钟巡查清理烟箱一次，视客流量情况增加清洁频度。

4. 大门口内地垫清洁服务

（1）每隔 2 小时吸尘一次，视污迹程度及客流量情况增减吸尘的次数。

（2）注意随时清洁地垫上的污迹。

（3）每晚要揭开地垫，用扫把将地面灰尘、砂粒扫干净，用湿地拖拖干净地面。

（4）每周更换冲洗地垫一次。

（5）铺放要求整齐对称。

5. 大门口外地垫清洁服务

（1）每天用吸尘器吸去地垫上的杂物纸屑。

（2）用湿地拖拖干净地面。

（3）待地面风干后，将地垫放回原位。

（4）每晚揭开地垫，用扫把将地面灰尘、沙粒扫干净。

（5）每周更换冲洗地垫一次。

（6）地垫铺放要求整齐对称。

6. 大门口地毯清洁服务

（1）用吸尘器对地毯进行吸尘处理，并用地毯除迹剂清除地毯上的各类污迹。

（2）按比例将地毯清洁剂兑水后加入洗地机机箱内。

（3）将 150 转 / 分钟的洗地机套上地毯刷，将泡沫均匀地擦在地毯上。

（4）控制洗地机的走向，由左至右，保持 40 米 / 分钟的速度为宜。

（5）用操作机在地毯上来回洗刷 3~4 次，上下行距互叠约 10 毫米。

（6）地毯的边角位用毛刷擦洗，抹干地毯上的泡沫，再用地毯吹干机吹干地毯。

（7）工作完毕后，用清水冲洗洗地机机箱和地毯刷。

7. 电梯清洁服务

（1）打开控制箱，按动指定按钮，使电梯停止运行，将电梯停在指定楼层进行清洁操作。每次只能停一部电梯，并将"停止工作"告示牌放在要清洁的电梯门前。

（2）用玻璃清洁剂清洁玻璃镜面：镜面玻璃、不锈钢门要求光洁、明亮、无手印、无污迹；用家具清洁蜡清洁天花顶及木器装饰部分；用不锈钢清洁剂清洁电梯不锈钢门；用吸尘器吸去边角位和电梯门轨的沙尘；用湿布抹干净地面和门轨上的灰尘。

（3）待地面干后，装上地脚保护板进行打蜡抛光，地面大理石喷抹均匀，抛光的光亮度要高。

（4）工作完成后，取出保护板，把控制按钮恢复原位，关好控制箱，恢复电梯正常运行。

8. 客用洗手间清洁服务

（1）镜面、云石台、洗手盆的清洁。用玻璃清洁工具进行操作。将浸有玻璃清洁剂的清洁刷头贴在玻璃上，上下推抹。用玻璃刮刮去玻璃上的水迹，再用干毛巾抹去遗留的水迹。将清洁剂喷在洗手盆及洗手台上。用清洁百洁布刷洗盆面及台面上的污迹。用清水将清洁剂冲洗干净后用干毛巾将水迹抹干净。用金属除迹剂将水龙头金属污迹除干净。

（2）座厕、尿槽的清洁。将清洁剂倒入水勺中，用清洁毛球将清洁剂均匀地涂在座厕及尿槽周围。用力将座厕、尿槽中的污迹清洁干净（如有水锈迹的话可加少许酸性清洁剂进行清洁）。用热水将清洁剂冲洗干净。用干毛巾将水迹抹干，再用消毒水对座厕板、尿槽进行消毒。将地面水迹拖抹干净。

（3）座厕水箱清洁。关闭进水箱的阀门，按下冲水阀，放走水箱内的水。小心打开水箱盖，并放在安全的地方。将少量的酸性清洁剂倒入水箱内。用手刷将水箱内壁四周洗刷干净。打开进水阀门，用清水将箱内污水冲洗干净。将水箱盖盖好。

（4）不锈钢手纸架的清洁。用钥匙打开纸架箱门后用半干湿毛巾清洁箱内的尘埃，擦完后关上箱门，用不锈钢清洁剂清洁不锈钢门。

（5）地面的清洁。工作地段放置"小心路滑"告示牌。用清洁剂兑水 1：20 洒于地面上后，用扫把洗刷地面上的污迹，再用热水将地面污水冲扫干净，最后用干地拖将地面水迹拖干。

【本章小结】

本章首先从客房清洁标准制定的原则入手，阐述了客房日常清洁服务的一般原则、内容及服务程序；并具体阐述了客房计划卫生制度和客房清洁服务的质量控制；同时对公共区域的清洁保养工作内容进行了具体阐释。通过本章的学习，希望能够对客房清洁服务有全面系统的认识和掌握，为提高客房服务质量打下一定基础。

【复习思考题】

1. 简述客房计划卫生的概念。
2. 简述客房清洁服务应遵循的一般原则。
3. 简述客房清洁服务的准备工作。
4. 简述客房清洁服务的基本程序。
5. 简述客房计划卫生的内容和组织方式。
6. 简述客房清洁服务的质量控制。
7. 试述公共区域的含义及清洁服务工作程序。

本章案例思考："请勿打扰"到底能不能打扰?

"当当当,当当当",服务员小刘小心地敲着1603房的门。

小刘刚想敲第三次的"当当当",手指关节刚落到门上,门却突然打开了。一张充满怒气的脸出现在眼前:"没看到请勿打扰的灯亮着吗?敲什么门啦?我刚躺下一会儿就被你吵醒。真是的!"小刘连忙看了一下手表说:"先生,对不起,现在已经是下午2点40分,按规定长时间亮着请勿打扰灯的房间我们是要敲门的,以防客人发生意外。如果你不需要整理房间,那我就不整理了。对不起,打扰了。"

"你说什么?怕我出意外?我中午刚刚睡下,休息一会儿就会出意外?你胡说什么呀?!"客人怒气更盛,声音也更大了。

"你的房间上午不是就亮着请勿打扰的灯吗? 1603,没错,我的卫生整理报告上明明做着记号表明上午还亮着请勿打扰的灯呀。"小刘还在申辩着。

"上午我没睡觉,你不来做卫生。下午刚睡下,你就来敲门。真是的!算了,没时间跟你啰唆。"说完门"砰"的一声重重地关上。小刘一下子呆住了,眼睛还直愣愣地望着门,似乎那张愤怒的脸还印在门上。

这时恰巧领班走了过来,问怎么回事。小刘说完刚才发生的事,两行热泪极不情愿地流了下来……

点评:

按规定从上午亮着请勿打扰灯而下午依然亮着的,服务员是应当要引起警惕的。按理说小刘敲门是没有错的。

经查,小刘在敲门前是看了楼层的《客房记录表》的,表明该房间是昨晚入住的住客房。但是,该表上并没有任何关于该房请勿打扰灯是否亮着以及何时亮的相关文字记录,因为平时酒店没有这方面的要求。不过,小刘在上午见到该房间亮着请勿打扰灯却是事实,而且在她自己的《卫生整理报告表》上做了记号。

现在的问题是,客人昨晚或上午是否真的是有意识地打开了请勿打扰灯?或昨晚打开请勿打扰灯,上午忘了关掉?或者是在昨晚或上午因打开其他开关而无意中按下的请勿打扰灯的开关呢?如果客人责怪说"上午我没睡觉你不来做卫生,"从这句话看,后两种的可能更大些。说明上午虽然亮着请勿打扰灯,而客人并不知晓。假如是那样的话,客人中午刚睡下却被小刘吵醒,客人当然要发火了。

　　小刘按规定敲门并没有错，但如何避免因为客人失误（昨晚按下请勿打扰灯而上午未关上，或是按其他开关时无意中按下了请勿打扰灯开关）而引起类似此案例中的不愉快情形发生呢？一般来说，可从以下三个方面加以注意：

　　1. 请勿打扰灯的开关不宜装在床头控制柜上。准确地说，不能与床头控制柜的其他开关设在一起。否则，完全有可能错按请勿打扰灯开关。

　　2. 楼层记录表上应记录请勿打扰灯的开闭时间。如果不设楼层值班台，那么房务中心派人员巡查时，应做好这方面的记录。以便作为遇到此类情况需进行判断时的参考。

　　3. 对于长时间亮着请勿打扰灯的房间，当班服务员最好不要擅自敲门，应报请领班处理。因为领班比较有经验，可通过几种情况综合做出判断，并做出是否需要"打扰"的决定。比如，该住客是否曾有要求总机的叫醒服务，叫醒时间是什么时候？该住客这两天情绪是否正常？身体状况怎么样？从楼层记录表上或从闭路摄像探头将录像调出查看，该房是否曾有陌生的访客进入房间等，来判断房内是否正常和决定是否打电话以及何时打电话进房。打电话的方式要比敲门效果好得多，客人可能躺在床上，或酒店因打不进电话极易判断房内是否有意外情况发生。

第十章

客房服务细节管理

学习目标

【知识目标】

1. 掌握宾客服务中心、个性化服务、贴身管家服务的概念。
2. 掌握客房服务的组织模式及其优缺点。
3. 了解客人住店期间服务项目与服务规程。
4. 了解客人住店期间特殊服务项目与服务规程。
5. 掌握个性化服务的主要内容。
6. 掌握提高客房服务质量的途径。
7. 掌握贴身管家服务工作职责和工作内容。

【技能目标】

1. 能够完成洗衣服务、遗失物品、遗留物品的处理。
2. 根据酒店实际情况,完成提高对客服务质量的管理工作。
3. 根据接待贵宾的具体情况,完成贴身管家工作职责、工作内容的设定。
4. 根据不同类型的住店客人,提供有针对性的服务。

引例:香格里拉"贴身管家"为达沃斯论坛主席服务

某年夏季达沃斯论坛在大连隆重举行。论坛创始人、主席施瓦布先生下榻香格里拉大饭店总统套房。贴身管家小谭接到通知,迅速投入到紧锣密鼓的准备工作中。经过多方打听,小谭已经充分了解了施瓦布先生的生活习惯、个人爱好。当施瓦布先生迈进总统套房时,不由眼前一亮:茶几上放的是刚刚榨好的新鲜果汁,他端起来喝了一口,有些意外,居然跟他太太在家中常榨的果汁口味一致!而在书桌一旁,则摆放着一本古董

研究书籍，不太厚，这正是他最喜欢研读的法文原版书籍。施瓦布先生工作繁忙，早餐跟晚餐都是在房间里吃的。只要他回到总统套房休息，小谭就一直守候在门外，力求在第一时间处理他提出的各种要求。离开饭店的前一天，施瓦布感谢小谭周到的服务，还主动跟他聊起登山、滑雪的事。当夏季达沃斯论坛再次在大连举行，施瓦布先生仍旧入住香格里拉大饭店的总统套房。当再次离别的时候，施瓦布亲切地握住他的手，对身边的总经理夸道："这个年轻人工作非常出色。以后我来大连，还要住你们香格里拉！"

评析：

贴身管家是由专人为酒店贵宾提供一切需要服务的岗位，有些时候，要求贴身管家在客人没有提出服务需求的时候，就想到、做到客人所需要的体贴入微的个性化服务，方便客人的生活和商务活动，让客人在住店期间体会到愉快舒适便捷的服务。

小谭在主席施瓦布先生入住酒店前期，就了解到了主席先生的个人习惯、爱好，这是做好贴身管家服务的前提，并进行了精心安排，赢得了施瓦布先生的肯定和赞誉，案例内容也体现了一个贴身管家的工作内容和工作意义。

第一节　对客服务模式

酒店客人大部分时间是在客房度过的，因此，对客服务质量在很大程度上反映了酒店的服务质量。客房部通过设立适当的服务组织模式，了解客人类型及其需求侧重点不同，提供满足大多数客人需要并符合市场要求、酒店接待能力的服务项目，通过采取一系列措施，为入住酒店的不同层次客人提供热情、主动、高效、优质的服务。

客房对客服务的组织模式有两种：一种是"楼层服务台模式"；另一种是"宾客服务中心"模式。

国外酒店以及国内外资独资、中外合资（合作）酒店基本上都采取宾客服务中心的模式，近年来，大多数高星级酒店也采用了宾客服务中心模式。当然，也有部分国内低星级酒店和某些建筑独特的酒店仍旧采用楼层服务台模式。而部分度假区酒店因为呈现多栋建筑或者别墅性结构特点，采用上述两种服务模式互为补充的方式。本节将对这两种模式分别进行介绍。

一、楼层服务台模式

（一）楼层服务台的职能

设置楼层服务台的目的主要是为了保障客房楼层的安全以及方便客人，为客人提供便利的服务。基于这些因素，楼层服务台的职能主要有：服务中心、联络中心和安全中心。

1. 楼层服务台是服务中心，它是为本楼层客人提供服务的基地

（1）迎送客人。楼层服务台负责迎接新到客人，向客人介绍客房设施设备及酒店服务项目；欢送离店客人，并为客人安排行李员协助运送行李。

（2）办理客人的委托代办事项，电话留言及其他有关事宜，为客人提供叫醒服务。

（3）应客人要求，随时进入房间为客人服务。如回答客人问询，为客人送茶，送水，收取客人待洗衣物等。

2. 楼层服务台是联络中心，它是客房部与酒店其他部门的联络中心

因工作需要，楼层服务台经常要与酒店其他部门发生联系，这些部门主要有：

（1）前台。一般情况下，客人办理住宿、离店手续时，要与前台互通情况。当客人办理住宿登记手续时，前台通知楼层服务台做好接待准备。当客人离店时，楼层服务员接到前台接待员通知，进行查房工作。另外，楼层服务员要立即通知客房清扫员，尽快将离店客人的房间打扫干净，并及时通知前台以备再次出租该房间。

（2）工程部。当客房设施发生损坏或出现故障，如空调失灵、马桶长流水、电灯不亮、电视图像不清、壁纸脱落、窗帘脱钩等问题时，可由楼层服务台通知工程部进行维修，使出现故障的房间（×××房）尽快恢复正常，及时出租。

（3）洗衣房。客房使用的布草和待洗烫的客衣等都要送到洗衣房，这些物品在洗衣房与楼层服务台之间要做好交接记录。

（4）餐饮部。客人需要饮食服务时，有时会与楼层服务台联系，这时楼层服务台应及时通知餐饮部门，协助餐饮部做好饮食服务工作。

3. 楼层服务台是安全中心，它负责本楼层的安全保卫工作

安全工作是酒店管理工作的一项重要内容。在楼层设立服务台有助于消除不安全因素。楼层服务台应妥善保管客房钥匙（无论是服务钥匙还是客人钥匙）。值班服务员还要随时掌握客人的动态，记录客人的姓名、特征和房号。密切注意楼层动静，做好来访客人的接待和登记工作，发现走廊里有可疑人员要上前盘问，及时消除不安全因素。此外，服务员还应提高警惕，注意消除楼层客房的火灾隐患。

（二）设置楼层服务台的利与弊

1. 设置楼层服务台的好处

如前所述，我国传统的旅馆、酒店一般都设有楼层服务台，设置楼层服务台的好处在于：

（1）能为客人提供更加热情、周到的服务。楼层服务台可以随时解决客人的各种不便，例如，提供问询服务，接待来访客人等。

（2）有利于增加酒店为客人提供服务的"人情味儿"。这在注重人情味儿的东方国家更具现实意义，对于提高客人（主要是东方客人）的满意度，能够起到积极的作用。

（3）能够减少客人投诉。楼层服务台的设立，增加了服务项目，同时也增加了酒店与客人之间的沟通、交流和接触的机会。服务员一张善意的笑脸、一句问候往往会使客人对酒店服务的不满情绪降到最低。

（4）能够有效地保障楼层安全。楼层服务台一般位于楼层较为显眼或者进出该楼层必经的地方，服务台24小时有人值班，可以随时观察楼层动静，注意来往行人，在一定程度上可以保障客人的安全。

2. 设置楼层服务台的弊端

楼层服务台的设置也有其不利的一面，主要表现在：

（1）占用空间。酒店各楼层都要设置服务台，势必要减少客房营业面积，给酒店带来相当大的营业收入损失。

（2）增加开支。设置楼层服务台需要安排值台人员24小时在岗，从而会增加人事开支，在一些劳动力稀缺的发达国家，上述人力资源成本是相当可观的。

（3）影响楼层安静。楼层客房是客人休息的场所，要求绝对安静，但楼层服务台的设置往往会打破这种气氛，尤其是在一些管理不善的酒店更是如此，服务员的接打电话声、嬉笑声，客人同楼层服务人员的沟通、交流特别是客人对服务工作有意见时更可能严重影响客人的休息；同时，也给客人留下了服务员纪律涣散、服务存在问题等不良印象。

（4）使客人有受监视的感觉。设置楼层服务台，客人进出、活动都会被服务人员看到，西方客人可能会感觉受到监视，是对其隐私的侵犯，对此很不习惯。

正是由于上述原因，欧美等西方国家以及日本等国的大部分酒店都不设置楼层服务台，而用宾客服务中心取而代之。

二、宾客服务中心模式

宾客服务中心是客房部对客服务的另一种模式，也是世界上大部分国家和地区的酒店所采用的服务模式，它将客房部各楼层的对客服务工作集中到一起，通过接受客人电话要求，传达到服务人员进行服务，从而大大提高了酒店对客服务的效率，节约了客房部人力资源的成本和费用，克服了楼层服务台的诸多弊端，同时也提高了酒店客人特别是外国客人的满意度。

由于宾客服务中心的设置可以大大提高工作效率，节约客房部的人力资源成本，越来越多的酒店管理者已经认识到这一点。近年来，许多内资酒店也开始仿效外资酒店的这一做法，逐步取消服务台，代之以宾客服务中心，这是酒店管理的发展趋势。

（一）宾客服务中心的职能

有关宾客服务中心的职能在第一章第四节有概要的阐述。在此基础上将对其做进一步的阐述。宾客服务中心的具体职能包括：

1. 信息处理

凡有关客房部工作的信息几乎都要经过客房服务中心的初步处理，以保证有关问题能及时得到解决或分拣、传递。

2. 对客服务

由宾客服务中心统一接受服务信息，并通过电话等现代化手段，向客房服务员发出服务指令，即使宾客服务中心不能直接为客人提供有关服务，也可以通过通信手段来达到这一目标。

3. 员工出勤控制

所有客房员工的上下班都要到此签名，这不仅方便了考核和加强员工的集体意识，而且还有利于工作安排，服务人员可以利用这一时间了解特殊客情，接受重点指令。

4. 钥匙管理

客房部所使用的工作钥匙都集中于此进行签发和签收。

5. 失物处理

整个酒店的失物和储存都由宾客服务中心负责，这大大方便了失物招领工作的统一管理，提高了工作效率。

6. 档案保管

宾客服务中心保存着客房部所有的档案资料，并必须做及时的补充和更新整理，这对于保持档案资料的完整性和连续性，具有十分重要的意义。

为了及时了解和处理客房服务和管理中随时出现的各种问题，掌握宾客和员工的动态，客房管理人员特别是客房主管，一般将自己的办公室设在宾客服务中心内，以便于更好地进行日常事务管理和处理突发事件。

（二）宾客服务中心的运转

宾客服务中心 24 小时为客人提供服务，一般设一名领班或主管负责日常事务，服务中心工作人员每天三班倒，根据酒店规模的大小和客房数量的多少，每班可设两位或两位以上接听电话及处理相关事务的服务员。

宾客服务中心应具有同时接听两部以上电话的能力，最好有小型交换机的功能，以保证信息的畅通。在对外联络方面，要求有快速、灵活的传呼手段，大部分大中型酒店都建立有独立的 BP 机呼叫系统。有些酒店为方便正在楼层工作的领班和服务员，还设计了楼层走廊灯信号系统与之配套，这对楼层客房较多的酒店来说较为理想。

宾客服务中心的主要工作是接听客人有关客房服务需求的电话，因此，在客房服务中心工作的员工必须具有话务员的素质，能够用礼貌、悦耳的声音接听客人电话，回答客人问询，否则，必将影响服务质量，损坏酒店形象。

（三）宾客服务中心的优缺点

宾客服务中心在实际运作中也有其利弊。优点表现在：

（1）给客人营造了一个自由、宽松的入住环境；同时，使客房楼面经常保持安静，减少了对客人的过多干扰。

（2）从客房管理工作角度来看，采用服务中心的形式加强了对客服务工作的统一指挥，提高了工作效率，强化了服务人员的时效观念。服务信息传递渠道畅通，人力、物力得到合理分配，有利于形成专业化的客房管理队伍。

（3）采用服务中心的形式大大减少了人员编制，降低了劳动力成本。这在劳动力成本日益提高的今天尤为重要。

其缺点表现在：

（1）由于楼层不设专职服务员，给客人的亲切感较弱，弱化了服务的直接性；遇到一些会议客人、团体客人时，他们的服务要求一般较多，让客人不停地拨打服务中心的电话，客人必定会不耐烦。如果有些客人出现亟须解决的困难，服务的及时性必将受到

影响。

（2）采用服务中心的形式对楼层上的一些不安全因素无法及时发现、处理，在某种程度上影响了住客的安全感。

三、对客服务模式的选择

楼层服务台和宾客服务中心对客服务模式各有利弊，但是随着经济的发展，通信、安全、建筑条件的改善，越来越多的酒店管理人员认为宾客服务中心模式在劳动力成本、服务方便性等方面具有优势，愿意采用宾客服务中心模式。但是要取消楼层服务台模式，需要具备一定的条件，否则将因为安全、设备设施等问题最终导致失败，这些条件是：

（1）设立宾客服务中心应不违反酒店所在城市或地区的有关法规。

（2）设立宾客服务中心的酒店所在地治安状况良好。

（3）设立宾客服务中心的酒店应是以接待外国人为主的中高档酒店。由于消费水平，人文素质和文化背景的不同，国内客人往往对于服务台的依赖性比较高，他们不习惯楼层没有服务台的酒店，因此，以接待内宾为主的酒店一般不宜取消楼层服务台。

（4）酒店必须具有完善的保安措施。楼层服务台的一项重要职能就是保安作用，如果取消楼层服务台，就要求酒店必须具有完善的保安措施，如在楼层安装电视监控系统监视楼层动静；加强保安人员对客房楼层的巡视。

（5）楼层建筑结构比较简单。有些酒店建筑结构复杂，楼层走廊"四通八达"，如果没有行李员或楼层服务员带路，客人很难找到自己的房间，结果可能出现客人在楼层迷路，或在楼层大声询问的现象，这时就不宜取消楼层服务台。

在实际工作中，如果酒店因条件不成熟，暂时还不能完全取消楼层服务台，可以考虑采取一些变通的手段，比如可将传统的占相当大空间的大服务台，变为一种小型（或称"袖珍型"）的不设座椅的服务台，供客房服务员做完卫生后或空闲时为客人提供站立服务；或将酒店客房划分为两个部分，一部分专门接待外宾，而另一部分则专门接待内宾，在接待外宾的楼层取消楼层服务台，而在接待内宾的楼层继续保留服务台。

第二节　对客服务项目与服务规程

酒店对客服务工作有两种模式：一是楼层服务台模式；二是宾客服务中心模式，其中宾客服务中心模式是国际惯用的服务模式。我国国内新建酒店大都采用宾客服务中心模式，一方面是向国际惯例靠拢，力争与国际接轨；另一方面也是各酒店在日益激烈的竞争中，从增加营业收入、降低人力资源成本角度出发做出的选择。

考虑到客房服务和管理的这一发展趋势，本书主要按照采用宾客服务中心模式的酒店进行写作，此种服务模式的酒店，对客服务主要集中在三个方面：一是客人住店期间的服务项目；二是客人离店时的服务；三是特殊项目的服务项目。

一、客人住店期间的服务项目与服务规程

（一）客房迷你酒吧服务

为了方便客人，大部分酒店都在客房内安放了冰箱（一些高档酒店还在客房内设有小型吧台）向客人提供酒水、饮料和一些简单的食品。

为了加强对这些食品和饮料的管理，酒店应设计一份记有冰箱内（或吧台）食品、饮料的种类、数量和价格的清单，并要求客人将自己每天饮（食）用的食品、饮料如数填写，酒单一式三联，第一二联交前台收银处作为发票和记账凭证，第三联做补充酒水食品的凭证。

客房服务人员每天早上对其进行盘点，把客人实际饮用的数目通知前台收银处，随后对迷你酒吧所缺食品、饮料予以补充。

提供客房迷你酒吧服务时，客房服务人员应注意以下事项：

（1）如发现客人使用过迷你酒吧时，应核对客人新填的酒水消耗用单。

（2）如客人填写有误，应注明检查时间，待客人回房时，主动向客人说明并更正，如客人没填写，应代客补填同时签名并注明时间。

（3）如客人结账后使用了迷你酒吧，应礼貌地向客人收取现金，并将酒单的第一联作为发票交给客人，收取的现金连同酒单的第二联记账凭证及时交给收银处。

（4）领取和补充迷你酒吧的酒水、食品时，要检查酒水的质量以及饮料、食品的有效保质期。

（5）注意迷你酒吧酒水、食品的损耗情况，有客人出于游戏、恶作剧等原因将食品、酒水消耗后，再将完整包装的空物品放置原处，造成跑账现象，因此服务人员要注意定期检查。

有些高级酒店对客房内的冰箱采用计算机管理，当客人从冰箱里取出了一瓶饮料后，冰箱内的开关信号自动显示，并将账单直接转入该客人账目上。这种装置避免了可能发生的跑账现象，但也有缺点，如客人取出一种饮料后，发现不满意，欲放回原处，但计算机已经把这瓶饮料的账目记入客人账单。

（二）房内送餐服务

房内送餐服务在欧美国家旅馆中称为"room service"。它是指应客人的要求将客人所点之餐品送至客房的一种餐饮服务，常见的房内用餐有早餐、便饭、病号饭和夜餐等，其中以早餐最常见。

提供送餐服务时，酒店要设计专门的送餐服务餐牌，摆放在床头柜服务指南等处，上面标明送餐类型、品种、价目及服务电话。此外，提供送餐服务，通常要收取20%~30%的服务费。

送餐服务的方式有好几种，在一些大酒店里这项服务是由餐饮部负责的，餐饮部设有送餐服务组，由专职人员负责提供送餐服务。在另外一些酒店，送餐服务则是由餐厅服务员送到楼层，再由楼层服务员送进客房，采用这种服务方式的酒店，要求客房服务

人员必须熟悉菜单，掌握一定的餐厅服务技能。另外考虑到中餐的制作工艺复杂、汤水较多，大多酒店提供的送餐服务都以西餐为主。

房内用餐可以用托盘提供，也可以用餐车送上。如用餐车送餐，要小心谨慎，以免因地毯不平或松动而翻车。另外，送餐时，必须要使用保温、保暖、保凉和保持清洁卫生的用具。送餐时要注意请客人在账单上签名。

提供送餐服务时，要注意及时将客人用过的餐具和剩物撤出（一般在1小时后，征得客人同意后撤出），以免影响房内卫生、气味甚至造成餐具丢失等问题。收餐具等物品时，要注意清点餐具并检查有无破损，同时还要注意随手更换烟灰缸、玻璃杯，擦拭桌面，保持房内卫生。

（三）洗衣服务

旅游者离家在外，生活很不方便，再加上每天的旅游活动和商务活动安排得很紧，而衣服又得勤洗勤换，自己动手洗衣服费时又费力，因此酒店一般都向客人提供洗衣服务，大型酒店一般都设有自己的洗衣房。

酒店向客人提供的洗衣服务，从洗涤方式上讲有三种类型：干洗（dry-cleaning）、水洗（laundry service）和熨洗（pressing）。其中干洗的一般是一些高档衣料以及毛织品，化学纤维衣物，绸缎真丝等面料的服装；从洗涤速度上，可以分为"普通服务（regular service）"和"快洗服务（express service）"两种。每种服务都要在规定的时间内完成，普通服务一般在早上9点以前收取衣服，当天送回，快洗服务则要求收到客衣后3~4小时内洗完送回。由于快洗服务会给洗衣房的工作带来不便，因此一般要加收1倍的服务费。

无论是干洗、水洗还是熨烫，也不管要求普通服务还是快洗服务，都要按照一定的程序进行。

1. 送洗衣物服务流程
（1）客人根据自己的洗衣要求填写洗衣单。通常洗衣单放置于写字台上或与洗衣袋一起放在壁橱里，客人要在洗衣单上注明自己的姓名、房号、日期、所需洗涤服装的件数，并标明要求提供普通服务还是快洗服务。

（2）服务员应检查客衣，有无破损、遗留物品并核对相关信息。服务员进房收取衣服时，要仔细核对表中所填需洗涤衣服的数目，同时检查有无遗留物件，有无纽扣脱落，有无严重污损、褪色、布制不堪洗涤等情况，发现问题应向客人指明，并在登记表上注明。

（3）按酒店规定时间交洗衣房。

2. 衣物送回服务流程
衣物在洗衣房完成洗涤工作后，由洗衣房服务人员送交各楼层服务员。

（1）衣物送回时，服务员应按洗衣单逐件清点。

（2）检查洗涤质量。

（3）把客衣送回房间，请客人检查验收。

（4）如客人不在房间，把衣物摆放在床上或挂于衣橱内；如放置在衣橱内，应将衣橱门打开，方便客人了解衣物送回。

为避免一些不必要的麻烦，酒店方面还应在印制的洗衣登记表上注明在洗涤过程中出现某些情况时的处理方法，如关于洗涤的客衣缩水或褪色方面的责任问题，以及出现损坏或丢失情况时的赔偿问题（按国际惯例赔偿费一般不超过该件洗衣费的10倍）。鉴于很多客人待洗衣服的价值远远超过洗涤费的10倍，如衣服损坏或丢失，按洗涤费的10倍进行赔偿远远不能补偿客人的损失，酒店可考虑推出"保价洗涤收费方式"，即按客人对其所送洗衣物报价额的一定比例收取洗涤费。

（四）托婴服务

住店客人外出旅游时，带小孩有时会感到很不方便，为了解决这个问题，很多酒店都为住店客人提供托婴服务。客人外出或商务应酬时，可以把小孩交托客房部，由客房部委派专人照管（或由客房女服务员监管），并收取适量服务费，托婴服务要按照一定的程序进行。

（1）由需要托婴服务的客人提出申请。

（2）接到托婴服务申请后，服务员问清客人托婴的要求和时间，告知客人酒店收费标准。

（3）酒店介绍照看者给客人，并向照看人员交代客人的相关要求。

（4）服务员完成托婴服务后，请客人签单、入账。

托婴服务需要注意的问题：

（1）托婴服务的照看人员要有责任心、可靠、有保育知识。

（2）在托婴服务全程中，必须按照客人要求进行婴儿（小孩）看护，不要随便给小孩吃东西，尤其要注意小孩的安全。

服务细节解析：婴孩看护

在一家涉外宾馆的长包房里，住着一位德国客人，带着一个约三岁的小宝宝。一天，客人要去咖啡厅办事，小宝宝正甜甜地午睡，女主人请楼房女服务员到房内陪看小孩，每小时支付10美元的服务费。临行，女主人交代："我3点（即15点）准时回来，有特殊情况或小宝宝醒来，请打电话通知我。"

想不到2点20分，孩子醒了，且哇哇地哭了起来。女服务员出于好心，抱起小孩又逗又哄，另一名女服务员也闻声进入房间，拿了许多玩具陪小孩子玩。3点整，女主人正点回到房间，两位女服务员原以为会受到夸奖，没想到女主人板起面孔，很不高兴。女服务员连忙解释："孩子哭，我们在哄他。"女主人却说："你们没有按照我的吩咐电话通知我，再说，让孩子哭哭怕什么？我不喜欢你们哄。"女主人郑重其事地写了投诉信。女服务员感到十分委屈，真是好心办了坏事。

点评：

酒店接待的客人来自世界各地，各地的客人有不同的文化背景，酒店服务员应站在客人的角度提供国际化的服务，才不会再出现好心办坏事的现象。

本案例中，有两件事，服务员做得不够恰当，第一，没有遵照客人的要求完成托婴服务，客人要求，3点回来，如遇小宝宝醒来，电话通知；第二，没有理解不同国家文

化差异，外国人对于婴孩哭，会看作正常的交流方式，而对于哄孩子在一定程度上，会视作纵容孩子的哭闹行为。服务员没有遵守服务约定，却仍在解释自己的理由，最终导致客人投诉。

（五）擦鞋服务

高级酒店一般都为客人提供擦鞋，钉纽扣和缝补等服务，从而为客人提供方便，并提高酒店服务质量。

客人需要擦鞋服务时，会将鞋放在壁橱内的鞋筐里（或打电话到宾客服务中心）。服务员进入房间后或者整理房间时，应将鞋筐内的鞋子收集起来，并在擦鞋服务单上写清房号，以避免擦完后将鞋送错房间。将鞋筐放到工作间待擦，在地上铺废报纸，备好与鞋色相同的鞋油和其他擦鞋工具，按规范擦鞋，要擦净、擦亮。一般半小时后将擦好的鞋送入房内，放在酒店规定的位置。

另外，遇雨雪天气，客人外出归来，鞋子易粘上泥泞，此时服务员应主动要求帮客人擦鞋，这样做不仅会使客人满意，还可以避免弄脏酒店和房内地毯。

（六）对客租借物品服务

客人电话要求或向客房服务员要求租借物品、服务人员应仔细询问客人租借物品的时间，将物品准备好送到客人房间，请客人在租借物品登记表上签名，客人归还物品时做好详细记录。

二、客人离店时的服务规程

1. 客人离店前的准备工作

掌握客人离店的准确时间。在得知客人的离店日期后，服务员要记住客人的房间号码，了解客人结账离开房间的准确时间。服务员要检查代办事项，看是否还有未完成的工作。要检查账单，例如洗衣单、客房迷你吧酒水单、长话费用单等，必须在客人离店前送到前台收银处，保证及时收款。服务员要询问客人离店前还需要办理哪些事项，如是否需要用餐、叫醒服务、帮助整理行李等。服务员征求即将离店客人的意见，并提醒客人检查自己的行李物品，注意有无遗留物品。

2. 送别客人的服务规程

服务员要协助行李员搬运客人的行李，主动热情地将客人送到电梯口，代为按下电梯按钮，以敬语向客人告别。对老弱病残客人，要派专人护送。

善后工作。服务员迅速进房间仔细检查。如有遗留物品，立即派人送还，来不及送还的，应交客房部办公室登记处理；还应检查客房设备和用品有无损坏和丢失，如发现有损坏和丢失，应及时报告主管。服务员应代为办理客人遗留事项，有些客人因急事提前离房，会委托服务员替他处理一些遗留事项，例如，来人来访接待，给有关单位打电话等，服务人员一定要一丝不苟地替客人办理好这些遗留事项，体现对客服务善始善终的良好态度和行为。最后服务员要迅速整理、清洁客房，将客房迅速恢复成干净房间准备出售，填写客房报告表。

三、特殊对客服务规程

在酒店对客服务中，出于各种原因，一些特殊的情况有时也会遇到。在日常接待中，虽然发生的频率各有不同，但是如果服务人员处理不当，也会严重影响顾客对酒店服务质量和管理水平评价。因此需要酒店服务人员和管理人员认真对待，提供恰当合理的服务。

（一）特殊类型客人服务规程

1.醉酒客人服务规程

（1）醉酒客人服务程序。

①服务员发现有醉客，应立即通知大堂副理，两人同时去处理，如有可能，最好再通知客人的领队或接待单位、家属。

②服务员应扶客人进房，让他好好休息，避免客人在楼道里大吵大闹，影响其他住店客人的休息，并根据季节的不同盖好被子，以免感冒。

③服务员为客人沏上一杯加糖的温水或茶水，随时供客人饮用并有助于醒酒。

④客人醉酒可能会呕吐，影响地毯和床上卫生，客房服务员应以职业习惯及时准备好毛巾、垃圾桶，随时为客人提供服务。

⑤服务员对待客人要有耐心，做到周到细致的服务，安排好客人后，应让客人安静休息。

⑥服务员还应随时注意观察醉客的动向，了解是否有意外事故发生，对醉酒严重者，则应征得客人或有关人员的同意，及时送往医院抢救，并随时与医院取得联系。

⑦服务员对醉酒客人呕吐在走廊地毯上的脏物要及时清理，以免给其他住客带来不便，对房间里的呕吐物也要及时清理，给客人创造一个干净、舒适的环境。

（2）醉酒客人服务的注意事项。

①千万不能一个人处理此事（特别是女服务员）这样做结果可能适得其反。也许光靠个人力不从心，处理不当；也许客人酒醒后投诉有人进入他的房间，丢失钱物；女服务员进入房间则可能会遭到醉酒客人过分行为的骚扰等。

②其他注意事项。

A.客人脸红时，用冷毛巾冷敷；脸青时，不能用冷毛巾擦脸。

B.要呕吐时，让其倾过脸，准备好垃圾桶和毛巾等。

C.注意身体保温，如醉后醒来，端上热咖啡或红茶。

D.服务员必须知道的酩酊度：

第一期 微醉期——酒精的血中浓度在 0.05% 以下；

第二期 迷糊期——酒精的血中浓度在 0.1%~0.15%；

第三期 醉酒期——走路踉跄，口中喋喋不休，酒精的血中浓度在 0.2%~0.3%；

第四期 泥醉期——酒精的血中浓度在 0.4%，步行困难，随地入睡；

第五期 昏睡期——酒精的血中浓度为 0.5% 以上，如果到了 0.8%~1%，是酒精中毒

的致死量；

服务员可根据上述酩酊度，提供合理的服务直至就医。

服务细节解析：客人在深夜醉倒

南方某酒店，凌晨2点电梯在15楼停住，"叮当"一声门开了，一位客人踉跄而出，喃喃自语："我喝得好痛快啊！"口里喷出一股浓烈的酒气。这时保安员小丁巡楼，恰好走近15楼电梯口，见到客人的言语模样，断定是喝醉了，连忙跑去扶住他，问道："先生，您住哪间房？"客人神志还算清醒，即从口袋里掏出1517房的钥匙牌，小丁便一步一步把客人扶进房里。他把客人放在床上躺下歇歇，泡了杯醒酒茶，并将衬有塑料袋的清洁桶放在床头旁。客人开始呻吟起来，小丁赶紧把客人稍稍扶起，拿泡好的茶"喂"客人喝，同时安慰客人说："您没事的，喝完茶躺下歇歇就会好的。"然后他又到卫生间弄来一块湿毛巾敷在客人额上，说道："您躺一会儿，我马上就来。"随后退了出来，将门虚掩。

一会儿，小丁取来一些冰块用湿毛巾裹着进房，用冰毛巾换下客人额上的湿毛巾，突然"哇"的一声，客人开始呕吐了，说时迟，那时快，已有准备的小丁迅速拿起清洁桶接住，让他吐个畅快，然后轻轻托起他的下颌，用湿毛巾擦去他嘴边的脏物。小丁坐在床边又观察了一会儿，发现客人脸色渐渐缓和过来，就对他说："您好多了，好好睡上一觉，明天就能康复了。"他边说边帮客人盖好被子，在床头柜上留下一杯开水和一条湿毛巾，又补充一句："您如要帮忙，请拨15楼层服务台。"然后他调节好空调，取出垃圾袋换上新的，轻轻关上门离房。

小丁找到楼层值班服务员，告诉她醉客情况，并请她每过10分钟就到1517房听听动静。天亮时，辛苦值勤一夜的小丁眯着一双熬红的眼睛，专程跑来了解情况，得知醉客安然无恙方才放下心来。最后又让值班服务员在交接班记事本上写道："昨夜1517房客醉酒，请特别关照！"

点评：

客人醉酒是酒店经常遇到的事，直接关系到客人的安全健康。保障醉客的安全健康，这也是酒店保安人员的神圣职责。

第一，保安员小丁突然遇到客人酒醉，毫不犹豫地伸出援手，及时保护了客人的健康安全，避免了一场可能发生的不测，这种急客人之所急的高度责任心值得赞扬。

第二，要保护好客人的健康安全，保安人员还必须具有娴熟的服务技巧，才能在紧要关头临危不乱，救护有方。小丁突遇醉客，能沉着镇定，井井有条地独立实施救护，达到最佳效果，这说明他平时训练有素。

第三，帮人帮到底，小丁将醉客安顿停当后，继续交代值班服务员定时观察，又于天亮后跟踪了解，并交代接班服务员"特别关照"，这种极端认真的服务态度、严谨过细的工作作风尤为难能可贵。

2. 病客的服务规程

（1）客房服务员发现住客生病时要表示关心。

（2）礼貌地询问客人病情，提醒客人有驻店医生可进行服务。

（3）了解客人生病的原因。

（4）将纸巾、热水瓶、垃圾桶等放在床前。

（5）询问客人是否有需要代办的事项。

（6）关上房门并随时留意房内的动静。

（7）将情况告知领班或主管，如果是团队客人，要通知团队陪同。

（8）客房部经理亲自慰问病客，并送鲜花、水果等。

（9）对严重病人要及时与医院或急救站联系组织抢救，救护车未到前可由驻店医生给予必要的救治处理。

（10）服务员不得长时间在病客房间，只需做好必要的准备工作，病人若有需要可电话联系。

（11）未经专门训练和相应考核的服务员，若发现客人有休克或其他危险迹象时，应及时通知值班经理，采取必要措施，不得随意搬动客人，以免发生意外。

服务细节解析：患病客人住过的房间

5月份的某一天，服务员打扫1215房间时发现了客人放在书桌上的治疗乙肝的药品，但当服务员询问客人是否患有乙肝时，客人很生气地否认他患有乙肝，可是在接下来的打扫中，服务员发现了客人的医院病历，肯定客人正患有急性乙肝（传染病）。

处理方法：首先稳定客人的情绪，由大堂副理和领班来询问客人，并请酒店的医生先为客人治疗，并送上药品，征得客人同意之后，将客人转到医院治疗。虽然客人当初并不想去医院，但由于酒店管理者和服务员的殷切关怀，最终同意住院治疗。最后，酒店对客房进行了消毒。

点评：

酒店是一个公共场所，为确保公共安全，应及时将患病的客人送入医院治疗，以免延误客人的治疗及影响其他住店客人。此事表明该酒店的服务员观察比较仔细，能够及时发现客人的病情，酒店管理者也耐心地劝导客人接受住院治疗，并对该客房进行了彻底消毒。

在遇到此类事件时，酒店应要求服务员在言语上选择合适的措辞，并给予客人应有的关怀，让客人体会到"家外之家"的温暖。

3. 死亡客人的服务规程

（1）服务员在客房内发现死亡客人，立刻走出房间，将客房门锁上。

（2）通知主管或经理，并逐级向上级管理人员通报。

（3）经驻店医生确认死亡后，由酒店管理人员报警，并保护好现场。

（4）如死者不是住店客人，要验明身份（证件）。

（5）要求所有知道本事件的人员对客人及其他酒店工作人员保密，以免引起不必要的恐慌，影响酒店经营。

（6）通知死者家属。

（7）死者财产的保管责任在于酒店一方，当警察机关因需要将物品拿走时，必须请对方签名。

（8）将死者送往酒店外时需避开客人，并通过员工通道离店。

（9）将客房进行消毒、整理。

（二）特殊项目服务规程

1. 客人遗留物品处理的服务规程

客人在住店期间或离店时，难免会遗忘丢失物品，酒店应有对客人失物进行处理的规定和程序，以协助客人查找、认领自己的物品。酒店对客人遗留物品处理的恰当与否，是判断服务水平的标准之一。

（1）客房内遗留的一般物品，由服务员立即在工作单上"遗留物品"一栏内登记。下班前，在"遗留物品"单上清楚地填上此物品的名称、数量、质地、颜色、形状、成色、拾物日期及自己的姓名。一般物品要与食品、钱币分开填写。钱币及贵重物品经宾客服务中心值班员登记后，交主管登记，然后交秘书保管。早、晚班服务员收集的遗留物品交到客房后，均由晚班的宾客服务中心值班员负责登记。

（2）一般物品处理好后与遗留物品单一起装入遗留物品袋内，将袋口封好，在袋的两面写上当日日期，存入遗留物品储存间，并贴上写有当日日期的标签。

（3）若客人打电话来寻找遗留物品，需问清情况并积极查询。若遗留物品与客人所述相符，则要问清客人来领取的时间，若客人无法立即来取则应把该物品转放入"待取柜中"，并在宾客服务中心记录本上逐日交班，直到客人取走为止。

（4）客人认领物品的方式及其处理。如果客人通过电话或传真认领物品，经查"遗留物品"登记本确实和客人所讲相符，即去传真或电话把结果回复客人，并问清客人要求如何处理，如客人要求寄回，费用由客人自付，但可先把物品寄回给客人，然后把账单传真或快递给客人，要求客人把款项汇回酒店；如属贵重物品可通知客人先汇款，再把物品寄给客人；如果客人通过亲属、朋友或委托其他人来认领时，须问清客人姓名、遗失物品、遗失地点、遗失时间，所有资料相符时才能把物品交给来人，并请客人签名代收；如果客人本人认领时，可通知客人到宾客服务中心，当班的主管或文员须问清客人入住日期、遗失地点，所有资料相符时才能把物品交给客人，并请客人签收。不论客人通过何种途径回来认领物品，如经检查没有发现该项物品时，应给客人明确答复；如果领取的是重要物品，需有领取人身份证的复印件，并通知大堂副理到现场监督、签字，以备查核。

服务细节解析：遗留物品怎么办

一天，刘先生与一位同事因组织一个全国性的会议，入住一家大酒店的508房间。由于代表报到踊跃，报名人数一再增加，使本已排满的客房压力骤增，于是几位会务人员决定连夜搬出各自的标准间，挤进一间套房凑合。由于那晚刘先生搬迁匆忙，把一双洁净的袜子遗留在客房卫生间。第二天想起后，他便直奔508房取袜子，不巧的是房客不在，他只好请服务员帮忙。他找到楼层服务员说明情况，只见她和颜悦色地点了点头，随即请他出示住房卡，他连忙向她解释，并说明自己是昨天曾入住该房间的会务组工作人员，服务员表示知道这件事，问清他要取的物品，客人回答是晾在浴巾架上一双灰色丝袜，便把他领到508房门口。当她打开房门后，刘先生想跟她进房。被服务员礼貌地制止，并请他在门外稍候。接着她进房转进卫生间，很快拿了一双灰袜子出来，问是不是，客人表示是。

评析：

当钥匙交给客人的一瞬间起，房间就属于客人了，任何人要进入房间都需要经过客人的同意，只有客房服务员能够单独进入客人的房间。客人把个人物品遗留在原来住过的房间，服务员了解到这一情况后，应尽快帮助客人解决问题。此案例中服务员在解决客人遗留物品的过程中，进行了情况核实，然后进入客房并阻止客人跟进，这一系列符合程序规范的服务，圆满地解决了问题。

2. 客人遗失物品的服务规程

在客人住店过程中，随身携带的小物品、贵重物品，由于种种原因，可能出现丢失现象，其处理程序如下：

（1）客房服务员如果接到客人遗失物品的报告后，首先安慰并帮助客人回忆可能丢失的地方，并协助寻找。如果没有找到，请客人提供线索，分析是否确实丢失。

（2）如果仍旧没有找到，可上报酒店管理人员，由管理人员汇报保安人员共同查找。在查找过程中，请客人耐心等待或让客人到现场一起寻找。

（3）如果客人报告贵重物品丢失涉及某服务人员，在没有弄清事实前，不可盲目下结论，以免挫伤服务员的自尊心。

（4）经多方查找仍无结果或原因不明，征求客人意见，如有需要，请客人自行报警。同时应向客人表示同情并耐心解释，请客人留下地址和电话，以便今后联系。

服务细节解析：遗失的钻戒

晚上 10 点多，某酒店 1217 房客人突然打电话到客房中心，说他放在床头柜上的钻戒不见了。作为客房部晚班主管，小焦接到电话后立即协同 12 楼服务员张某到客人房间去了解情况和帮助查找。路上张某跟小焦介绍说，这间房住的是晚上 7 点多进店的台湾团客人，他曾经敲门询问是否需要做夜床，但客人不需要，他也就没有进去。

经了解，1217 房的客人在抵达酒店休息半小时后，就去夫子庙游玩，记得当时钻戒随手放在床头柜上。小焦不停地宽慰客人，并仔细寻找床头柜周围、床单，甚至卫生间的一些地方，没有任何发现。于是小焦紧急通知了大堂副理、安全部、工程部等人员上来协查。工程技术人员通过读卡机意外发现除了客人用房卡开过门外，张某也用楼层钥匙开过此门。由此可以看出，服务员张某敲门询问客人做不做夜床这一说法有问题。经过再次质问张某，张某只承认客人不在，打开房门后发现房间很乱，考虑到不是散客是团客房就退了出去。张某保证没有拿过钻戒，因为害怕钻戒遗失会怀疑到他，所以故意说自己没有进过该客房。正在大家苦思对策时，1217 房客人再次打电话来说钻戒找到了。

点评：

虽然客人没有遗失钻戒，但因为服务员张某，该酒店遗失了一种比钻戒更珍贵的职业道德和服务规范。

酒店人力资源部招聘新员工的第一阶段，除了看中学历、工作经验外，新员工的职业道德也要列入观察重点之一。入店后除了通过案例加强培训外，酒店还可以以适当的

方式，通过保密同时不侵犯人权的测验来检验员工的职业道德。

一线员工在岗位上工作时，无论是领班还是主管都要严格要求，使新员工能较好地纳入酒店的运转体制中。服务员张某在整个事件中心态不正，有意隐瞒真相，使找寻工作陷入了被动，是其职业道德较差的表现。如果酒店对员工职业道德抓得不好的话，有可能发生员工内盗事件。许多酒店就因员工内盗事件而使酒店蒙受了巨大的经济和社会效益损失。现阶段大多酒店的培训都是以服务技能、管理技巧的巩固、提高为主，而忽视员工思想方面的改造。目前国内酒店都在倡导"提升执行力，塑造竞争力"，目的是为了适应市场竞争，提高经济效益。但基本的一点却容易被忽视而使工作无从下手，"任何执行事项都需要人去做，员工执行时心态的积极程度最能影响完成情况的好坏"，这也是成功酒店拥有完善的企业文化和培训机制的重要原因。

为避免类似问题的发生，该酒店在检查员工服务标准和现场督导加强了控制。酒店将开夜床的时间规定为18：00~21：00，服务过程中要求服务员不仅准确填写进出房的时间，更要将房内的贵重物品加以登记并汇报。领班和主管除了做好工作安排外，更要保证一定的房间检查量，对员工不符合服务标准的现象立即指正，视情况辅以考核，特别是对一些平常表现不好的员工。遇到隐瞒事实的行为，必须对员工进行思想教育，对情节严重的员工酒店将下狠手，必要时考虑除名。另外客房部要对楼层钥匙的发放和保管加强管理，以免个别员工有机可乘。

第三节　客人类型和服务方法

一、客房服务员准则

（一）客房服务人员素质要求

客房服务人员的素质要求包括身体要求、思想素质要求和业务知识技能三方面内容。

1.身体要求

身体健康，没有腰部疾病。客房部的工作大都属于体力活，因此，服务员必须具有健康的体魄，不能有腰部疾病。

2.思想素质要求

（1）不怕脏，不怕累，能吃苦耐劳。客房部的工作主要是清洁卫生工作，因此，要求在客房部工作的员工必须具有不怕脏、不怕累、吃苦耐劳的精神。

（2）较强的卫生意识和服务意识。要做好客房部卫生清洁和服务工作，服务员必须具有强烈的卫生意识和服务意识。

（3）良好的职业道德和思想品质。因工作需要，客房部服务员特别是楼层服务员每天都要进出客房，有机会接触客人的行李物品，特别是贵重物品和钱物等。因此，客房部服务员必须具有良好的职业道德和思想品质，以免发生利用工作之便偷盗客人钱物等事件。

3. 业务知识和技能

（1）具有一定的设施设备维修保养知识。酒店客房内有很多设施设备，其保养工作由客房服务员负责，一些小项目的"维修"，诸如换灯泡、插电源插座等，也由客房服务人员负责，因此，客房部服务员必须有基本的设施设备的维修常识。

（2）具有一定的外语水平。客房部的员工有时也需要面对面为客人提供服务，作为涉外星级酒店的客房服务员，也必须有一定的外语水平，能够用英语为客人提供服务。

（3）具有一定的商务人士工作、生活方面的常识。大多数住店客人是商务人士和旅游观光人士，服务人员因不了解其日常生活、工作的相关文件、票据，将客人特别是离店客人遗留的飞机票、支票等当成废弃物品扔掉的情况时有发生，因此在日常服务中，服务人员了解、识别商务人士的生活、工作物品是提供优质服务的必要手段。

（二）客房服务员注意事项

除具备以上素质以外，客房部服务员在日常服务工作中还有一些额外需要注意的事项，包括酒店意识、行为规范和特殊事项处理三方面的内容：

1. 酒店意识

（1）工作中不能失态。客房服务员要表现得有耐心、有教养，善于控制自己的情绪，不能与客人发生争执。

（2）尊重客人的隐私权。客房服务员经常进入客人房间，可能会了解客人很多情况，在无意之中听到、看到一些客人的私人资料，这时要格外注意尊重客人的隐私权，不得向外人透露，尤其是关于一些演艺界名人、财经或政界要人等容易成为评论对象的客人，他们的隐私更不能随便向外人说起。

（3）不能让客人签名，或是向客人索要照片。一般酒店都会接待一些演艺界或是其他领域的名人，客房服务员往往有机会接触到这些客人，服务员不能借机索要客人签名，更不能随便向客人索要照片。

（4）保持楼层安静。不能在楼层或是其他工作场所大声喧哗、聚众聊天、开玩笑等。向客人打招呼时声音不能太大，如果因距离较远听不见，可以点头或是用手势来领会、示意；如果是客人在开会或是座谈而又需要叫客人接听电话，应到客人身边轻声告知，或是请其出场，向其指示电话所在。

（5）要掌握拒绝的技巧与艺术。在服务过程中，会碰到客人提出的要求无法予以满足，必须给予拒绝，向客人说"不"。那么，这时客房服务员就要掌握和运用拒绝的艺术，不能直接、生硬地回绝客人，而应该向客人说明实际情况，用委婉的语言向客人表示拒绝，如果必要的话，还可以向客人做更详细的解释，取得客人的理解和原谅。

2. 行为规范

（1）上下班及工作时，只能乘坐员工专用电梯，而不能使用客用电梯。

（2）接服务台电话时，要先通报"Housekeeping, can I help you ?"（这里是客房服务，可以帮您吗？）。与客人通话时，要注意措辞、语气。如有要事，应适当记录并复述请客人确认。

（3）因工作需要进入客人房间时，要先敲门，得到客人许可后方可进入。一般来说

要敲三次,每次敲三下,每两次之间要间隔几秒钟。在敲门时,还要向客人通报自己的身份,说明自己是客房服务员,如果敲三次之后客人仍无回应,可以用钥匙轻轻将门打开。

(4)在客人的房间里,不能随便坐下,即使客人邀请,一般也不要坐下或停留。在退出客人房间之前,要站在门边向客人点头微笑致意,而后再离开,并轻轻把门关上。

(5)要注意保管好客房钥匙,将钥匙随身携带,不能到处摆放。在领取或交出钥匙时,要做好交接记录。

(6)不得在酒店和客房内与自己的亲友会面交谈。

(7)不要轻易接受客人的馈赠,假如客人执意要送礼物,则必须请客人留言说明是真心赠送,并请客人写上他的姓名和房间号码。如果没有这些证明,客房服务员就不能随便把礼物带出酒店。

(8)在岗位工作时,不准吃口香糖,也不允许因工作劳累而靠墙休息。

3.特殊情况处理

当发生以下情况时,客房服务员应向部门经理或主管报告。

(1)发现客人的房间有凶器、麻醉剂或者毒品等违禁物品。

(2)在工作时无意中损坏客人的行李物品。

(3)客人将自己的宠物带入房间。

(4)外来人员出入客房的人数或是频率过多。

(5)发现客房内的设备如家具、电器等有缺损或是出现故障。

(6)发现客人患有严重的疾病。

(7)发现客人的遗留物品。

(8)在走廊或其他地方发现可疑人员及物品。

二、客人类型与相对应的服务方法

酒店的客人来自世界各地和社会各个阶层,由于他们的身份地位、宗教信仰、文化修养、兴趣爱好、生活习惯、社会背景等各不相同,因而,对酒店的服务也有不同的要求。了解他们的需求特点,采取针对性的服务,是客房管理者和服务人员做好对客服务的前提。

(一)按旅游目的划分

1.商务散客

据统计,全世界所有酒店客源中,商务旅游者占了53%,其支出占全球旅游观光消费的2/3以上。因此,了解商务客人的需求和偏好,对酒店经营者至关重要。随着我国国民经济的迅速发展,国内商务散客逐渐成为酒店业的重要客源之一。

特点:对酒店商务设施设备要求很高,如完备的商务中心,先进的通信设备,喜欢配备商务设施的客房。消费水平较高,对服务要求高,希望酒店提供的服务快速、高效、有个性。因为公务在身,此类客人常常要早出晚归,有的住户则在客房办公。客人文件较多,且要求严格保密;来访客人较多;他们最怕打扰,工作时要求安静。他们在商务活动中，注重仪表仪容、个人形象、生活品位，往往代表公司形象，进而影响商务活动的成果，因此商务客人对生活细节要求较高。另外他们常外出游览参观，委托服务也较多。

服务方法：商务客人的房间一般要求设备设施应充分考虑办公需要，如宽大、舒适的办公桌椅、明亮的灯光、种类齐全的文具用品和个人卫生用品，先进的通信设备（如Internet 接口）、传真机、复印机。酒店要为他们提供优质的洗衣服务和美容美发服务，洗熨衣服、擦鞋等服务速度要快。服务员不要乱翻、乱动房内的文件，否则会引起抱怨甚至投诉。有客人来访，必须事先征得其同意。

2. 观光旅游型

特点：这类客人以游览为主要目的，对自然风光、名胜古迹最感兴趣，最大的要求就是住好、吃好、玩好。喜欢购买旅游纪念品，喜欢照相，委托服务较多。

服务方法：应根据其进出店时间，注意做好早晚服务工作。如早上叫醒服务要准时，酒店早餐时间要适应此类客人需求。早上离店后按时整理好房间。接受客人委托服务如洗熨衣服、擦鞋、冲胶卷等服务要主动热情、保证质量、及时周到，努力为客人创造一个良好的居住环境，使他们能有充足的精力、愉悦的心情完成他们的旅行活动，从而对酒店留下美好的印象。服务人员要主动介绍自然风光、名胜古迹、风味餐馆和本地区、本城市及酒店商店的工艺美术品、土特产品和旅游纪念品等，便于客人购买。

3. 疗养旅游型

特点：这类客人多借旅游之机看病或疗养、休假，部分客人患有某种慢性病，住店时间长，喜欢安静，活动有规律，对药物、矿泉和优美僻静的自然风光感兴趣，一般都希望起居方便，能够得到热情周到的照顾。

服务方法：尽量安排僻静的房间给他们，服务员要勤下客房，询问他们有什么需要帮忙，及时供应饮食。客人休息时不要打扰他们，保持楼道、客房安静。

4. 蜜月旅游型

特点：要求住"蜜月房"（大床间）；房间干净、卫生、僻静、不受干扰。对当地风景名胜及旅游纪念品感兴趣。

服务方法：尽量为他们安排"蜜月房"，客房整理一定要做到整齐、美观、怡静。必要时，按照客人的要求和风俗习惯，布置好"洞房"，房间布置要气氛热烈、美观、大方，举行婚礼时要送结婚纪念品，组织客人和服务员表示祝贺。

5. 会议旅游型

特点：人数较多，住店时间长，客人活动集中，有规律，会场使用多，时间抓得紧，客房服务任务重，要求严格。这类客人身份地位较高，有专长，多属公司高级职员、知识分子或政府官员，生活上要求高级享受，爱买旅游纪念品，会议间隙或晚上要求有娱乐活动。

服务方法：要根据主办单位的要求，尽量出售高级客房，但要集中，一般要安排在同一楼层或按照组别安排房间。会议期间，最好有人统筹安排，统一调度酒店接待力量，妥善安排好客房、会议室或餐饮等多方面工作。夜晚有娱乐活动不要忘记告诉他们，以便调节客人生活。平时多介绍名胜古迹、旅游纪念品（包括工艺美术品、文物复

制品）和其他高档商品。另外，会议结束，众多客人几乎在同一时间回到房间，要注意安排客人行走路线及引领人员。此时，参会人员服务要求较多，设宾客服务中心的酒店最好能提供临时楼层值台服务，对回到楼层的客人表示欢迎，同时回答客人的问讯，并应客人的要求，为客人提供各项服务。

6. 休闲度假型

特点：休闲度假客人一般喜欢房间布置有家居氛围，服务要求比较多，洗衣、送餐、迷你酒吧、托婴、租借物品服务等均会出现。

服务方法：此类客人喜欢丰富多彩的娱乐项目，喜欢同服务员打交道，希望得到热情、随和而非呆板、规矩的服务，希望酒店在为宾客提供一个轻松自由的休闲环境的同时，能保证客人的人身财产安全，因而要求客房服务和管理工作外松内紧，防止不法分子混入酒店给客人造成伤害。

（二）按宾客身份划分

1. 体育代表团

特点：体育代表团是客源类型中比较特殊的一种，这种特殊性主要是由他们所从事的职业造成的。运动员入住时人数较多，行动要求统一，他们在参加比赛前一般需要充分的休息、良好的饮食，还要聚集在一起进行战术讨论，观看比赛录像，因此需要有宽敞的、配备录像设备的会议室。另外，紧张的比赛会使他们特别需要一个安静、舒适的休息环境。

服务方法：服务人员在工作中坚持"三轻"（说话轻、走路轻、操作轻），减少进入客房的次数，打扫房间要及时；同时还应配合酒店保安人员保护他们免受记者、球迷及"追星族"的骚扰。

2. 新闻记者

特点：由于职业关系，新闻记者的生活节奏比较快，因此要求服务讲究效率，并且对服务比较挑剔。他们把房间既当卧室又当办公室。各种稿件、传真、复印件比较多，东西摆放比较杂乱。

服务方法：此类客人希望房间里有完备的通信设施，齐全的办公用品，准时得到当天的报纸等。记者因为职业关系，比较敏感，服务方面要特别留意。

3. 政府官员

特点：政府官员入住，对服务及接待标准要求很高，重视礼仪，店外活动比较多，店内活动比较少。

服务方法：此类人员的服务要求一般由随行人员传达给酒店，且经常会出现一些临时需要，要求酒店尽快做出反应，安排妥当。住店期间不希望服务人员过多进入房间，对安全要求极高，任何安全隐患都应绝对避免。此外他们喜欢高质量的个性化服务。

4. 长住客人

特点：一般来说居住时间超过一个月的客人都称为长住客人，也有酒店称为长包房客人，他们大多为一些国内和国外商社客户。这些公司在酒店长期包租一些客房来建立办事机构，派有常驻人员，有些甚至提出特别的设施摆设和安装要求，希望一切都舒适方便。长包房客人将客房作为住宿场所，同时也是商务洽谈的场所，期望得到清洁、舒适、安静、安全以及热情周到的服务，希望有"家"一样的感觉。

服务方法要特别注意：

（1）服务人员要相对稳定，以便了解客人生活、商务活动习惯，同时也让客人熟悉，产生亲切感。

（2）服务人员要细心观察客人的生活习惯，熟知他们的房间、姓名、性格和爱好等。

（3）做好来访客人的接待工作，要像对待住店客人一样热情有礼。

（4）在服务细节上多下功夫，如节日送鲜花水果，生日送蛋糕。

（5）客房管理人员要经常征询意见，发现问题，及时解决。

（三）按国籍划分

1. 外国客人

特点：外国客人多有晚睡晚起习惯，比较随意；对客房卫生及设施非常敏感，据统计，外国客人来华入住酒店投诉较多的就是房间内毛发过多；其消费水准高，服务要求也较多，如洗衣、擦鞋、送餐服务等，房内迷你酒吧消耗量较大，美国客人还特别喜欢喝冰水；习惯电话服务，希望服务要求能尽快满足；重视个人隐私，不希望看到有楼层服务台（有受到监视的感觉）。另外，希望保持楼层绝对安静。

服务方法：为客人服务时要特别注意尊重客人的隐私，注意服务时的各种礼貌用语，还要注意服务的效率问题；回答客人服务要求时应使用准确时间，如客人要求送餐服务，应告知15分钟内送到，而不应回答马上。客房部还应注意为客人供应冰水（外宾楼层可设制冰机）。

2. 国内客人

特点：大部分国内客人对楼层服务台的依赖性较强，不善于通过电话要求酒店提供服务，希望有楼层值台服务员，并希望服务员随叫随到。特别是因公出差的国内客人，常需会客服务，因此，对于国内客人要注意多观察，随时准备为客人提供服务。此外，国内客人大都有午睡习惯，要注意在这个时间段不要进房打扰客人。

第四节 客房个性化服务

酒店服务的客源阶层日益广泛，顾客消费经验日益丰富，需求越来越成熟化、多元化，仅依靠标准化的客房设施，客房服务和管理，各酒店难以形成特色，形成品牌进而培养忠实顾客。为提高客房服务质量，提高客人满意度，创造最佳经济效益和社会效益，酒店根据自身情况，为客人提供个性化服务，满足客人个性需求，是现代酒店客房服务管理的趋势，更是21世纪酒店市场竞争激烈，各酒店谋求经济效益最大化的必然手段。

一、个性化服务的含义

酒店个性化服务是指以顾客需求为中心，在满足顾客共性需求的基础上，针对顾客的个性特点和特殊需求，主动积极地为顾客提供差异性的服务，以便让接受服务的顾客留下深刻的印象而成为回头客。这就要求酒店员工既要掌握客人共性的、基本的、静态的和显性的需求，又要分析研究客人个性的、特殊的、动态的和隐性的需求，它强调一对一地提供有针对性、差异性和灵活性的服务。

酒店个性化服务已经成为酒店强化自身品牌形象的强大动力。从酒店管理的角度来看，酒店的个性化服务内涵包括以下几个方面：

（1）满足顾客的个性需要。服务人员根据服务对象的特别需要提供相应的、有针对性的服务，不仅满足客人临时的、特殊的要求，还应对客人的各种个别的需要进行归类、整理与分析，推出与此相适应的，使不同客人得到符合各自个性要求的服务。

（2）物质服务与心理服务相互结合的优质服务。个性化服务是通过心领神会地、深入细致地、恰到好处地针对客人个性需要，提供"特别关照"和"区别对待"的服务。

二、个性化服务的内容

个性化服务通常体现出服务员的主动性及发自内心的与客人之间的情感交流。个性化服务的内容很广泛，归纳起来，可以分为以下几个方面：

1. 灵活服务

指针对不同的时间、不同的场合、不同的顾客，灵活而有针对性地提供相应的服务，即不管是否有相应的规范，只要客人提出要求而且是合理的，酒店就应尽最大可能去满足他们。比如：在许多情况下，经常可以听到客人说："小姐，还是让我自己来吧。"服务员说："对不起，我们酒店有规定，还是让我来吧。"此时，无论服务员的语气多么委婉，对客人来讲，仍是她的最初合理要求未得到满足，甚至感到被拒绝。这种情况在我们如今的服务中是屡见不鲜的。

2. 癖好服务

这是最具体、最有针对性的个性化服务。客人的需求千差万别，有些客人的需求更是独特。比如某五星级酒店曾住进一位外国老太太，她不喜欢服务员穿鞋进入她的房间；还有一位英国客人要求房间内不得有一根毛发。这些癖好事无巨细，涉及方方面面，需要服务人员仔细观察，并做好记录存储起来，建立规范化的需求档案，满足客人这些非常有"个性"的需要。

3. 意外服务

由于在旅游过程中难免发生意外，客人亟须解决有关问题，在这种情况下，"雪中送炭"式的个性化服务必不可少。如客人在住店期间患病、受伤或贵重物品丢失等，此时服务人员应急客人之所急，想客人之所想，在客人最需要帮助时服务及时到位，客人必将铭记在心。

4. 心理服务

凡是能满足客人心理需求（包括那些客人没有提出但肯定存在的心理需求）的个性

化服务都将为客人带来极大的惊喜，这要求酒店服务人员有强烈的服务意识，主动揣摩客人的心理，服务于客人开口之前。心理服务是与功能服务相对而言的，在服务中侧重顾客的心理感受，使顾客感到心灵的满足与放松。

5.（电脑）自选服务

随着电脑技术的发展，发达国家的许多个性化服务通过电脑中设置的 Guest Operated Devices（宾客自选装置）来实现，无论是个人留言、查询消费账目、结账、叫醒服务还是送餐服务（Room Service）、VOD 点播（客房视像点播系统），都可以由客人在房间内通过客房电视电脑系统自由选择并处理，这是一种高品质的个性化服务。这种服务更多地使客人参与其中，增强了参与感和选择性，使客人在自主决定的同时得到个性化的满足。

服务细节解析：四个枕头

那是 2018 年的一件事。客房部员工小王在给一位香港客人做房。当她打开毛毯，发现客人枕过的两个枕头中间有一道折痕。细心的小王在想：为什么两个枕头同时都出现一道折痕呢？她分析了半天，认为只有一种可能：客人嫌枕头矮，把两个摆在一起同时对折使用的结果。当她确认自己的判断之后，便把想法告诉了领班和主管，经领导批准，小王给客人多加了两个枕头。

晚上，客人回到房间，发现床前多了两个枕头，顿觉奇怪：我没跟任何人讲过，他们怎么知道我嫌枕头太矮呢？他要探个究竟。第二天，客人没有外出，专等服务员做房。当他见到小王，劈头便问："你为什么把我的两个枕头换成四个枕头！"小王吓坏了，连连说道："对不起，先生，实在对不起。如果您不喜欢，我马上撤掉，您看好吗？"客人看到服务员的紧张情绪，马上笑了："不是，我是说，你怎么知道我嫌枕头矮？"小王如释负重，就把她思考的前后一一道了出来。当小王说完全过程，客人再也抑制不住自己的激动，抢前几步，紧紧握住小王的手说："小姐，您在用'心'为客人服务！"

点评：

案例中小王的表现就是通过细心的观察，发现客人日常生活中的特殊需求，在客人没有言明之前，为客人提供专属于他个人的个性化服务，因此才能够感动客人，得到客人的感谢。

三、个性化服务的实施

酒店提供个性化服务应从管理制度化、程序化和培养服务人员服务意识及职业素养两个方面入手。

（一）管理制度化、规范化

1. 建立了解顾客需求的流程

只有真正地了解顾客需求，才能提供令顾客满意的服务，才能提高酒店的竞争力。在为客人提供服务时，首要的任务是要先跳出自己设定的框框，打破自己的思维模式，

切忌以习惯性的眼光看顾客。要站在顾客的角度，去了解顾客真正的需求与渴望。只有这样，在实行个性化服务时才能做到有的放矢，而不会给顾客造成过度服务的反感。

2. 建立客史档案流程化管理体制

充足有效的顾客资料是了解顾客需求、为顾客提供个性化服务的基础。因此，酒店必须建立起独一无二的客史档案。首先，酒店要从收集顾客资料着手，全程跟踪，完整准确地建立客史档案。即从酒店第一次、第一人接触顾客直至服务结束的整个过程中，顾客所有的信息都必须记录在案。运用先进的信息管理系统，建立详尽而又细致的顾客档案，如对顾客的基本情况（生日、口味）、习俗喜好、消费习惯、宗教信仰、投诉反馈等方面资料进行存档，通过晨会等方式让员工事先了解那些即将来店的客人档案，特别是 VIP 客人档案，预先布置，让客人满意。

3. 向客房服务人员授权

现代化酒店是否能提供高质量的个性化服务，很大程度上取决于服务过程中的顾客、员工互动关系，而影响其服务效果的主要因素是酒店的员工。因此，为了提供高质量的服务，就必须充分激励员工发挥其主观能动性，必须充分信任他们，进行必要的授权，授予服务人员一定的权力。例如：里兹·卡尔顿酒店的职员被授权当场解决问题，不需要请求上级，每位职员都可以花 2000 美元来平息顾客的不满。

4. 个性化服务向规范化服务的转变

通过对个性化服务案例的全面分析，对于其中反映客人普遍要求的服务，实现由"个性化"服务向"规范化"服务的转化。一些客人的个性需求通常也是客人的共性需求，客房管理人员应对个性化的服务案例进行认真分析，研究个性化服务是否是客人的普遍需求，衡量推广的难度和可行性。

5. 完善一套激励机制

保持个性化服务的持续性需要依赖于基层管理人员和员工高度敬业精神和良好的职业习惯，而高度敬业精神和良好的职业习惯需要酒店有一套行之有效的激励机制来保证。如对于受到客人欢迎的个性化服务，酒店可以进行评选并颁发物质奖励进行肯定，从而保证个性化服务的持续性。

（二）培养服务人员的服务意识及职业素养

1. 培训服务员掌握酒店的标准化程序

标准化的服务内容和服务程序是为客人提供个性化服务的基础。个性化服务是标准化服务的延续和补充。在实施个性化服务时，为满足客人的一些特殊要求，所提供的服务往往会突破酒店职能部门的界限，通过对各部门的统一协调来为客人提供服务。所以，服务的执行者——服务员，就必须熟悉和了解酒店各部门的操作规程，必要时应打破部门的局限，为客人提供及时的服务。

2. 培训服务员的服务意识和服务技巧

服务意识是指酒店全体员工在与一切酒店利益相关的人或组织的交往中所体现的为其提供热情、周到、主动服务的欲望和意识。服务技巧是服务员将酒店标准化的操作方法和操作程序根据不同场合、不同时间、不同对象，适应具体情况而灵活恰当地运用，以取得更佳的服务效果。只有具备主动灵活的服务意识和服务技巧，才能为客人提供高质量、高效率的服务，才能使客人对酒店服务留下深刻印象，进而成为酒店忠实顾客。因此酒店要进行有针对性、系统性的服务意识和服务技巧方面的培训。

3. 培训服务人员熟悉和了解最新旅游知识

酒店业是一个知识更新很快的行业，它所提供的服务始终以不同时期的不同需要为中心。这就要求服务人员极快速地更新和掌握相关知识，如当地的气候、旅游动态、商务动态、航班信息等。同时，对于不同时期客人的需要、各地的民风特点等相关知识，也应该有所掌握。这样，在服务过程中才能做到有的放矢。

个性化服务的出现为酒店客房服务的发展指明了方向，它是一种更高层次的服务思想和经营理念，将为酒店客房竞争优势的确立奠定坚实的理论基础和实践指导，对酒店的经营和发展有不可估量的重要作用。

第五节 客房贴身管家服务

一、贴身管家服务的含义

贴身管家（Butler Sevice）服务源于欧洲贵族家庭的管家服务，是集酒店前厅、客房和餐饮等部门的服务于一身，使下榻酒店的贵宾得到一位指定的专业管家专门为其服务。

贵宾的一切服务需要，诸如机场接送、拆装行李、入住退房、客房服务、清晨叫早、订餐送餐、洗衣服务、订票、安排旅游和秘书服务等，这一切都由这位贴身管家负责，训练有素的贴身管家将为客人提供体贴入微的个性化服务，无论是商务事务还是休闲娱乐，都会为客人安排得尽善尽美，让客人居住愉快，体验现代商旅的舒适和便捷。英国专业管家行会会长兼董事长罗伯特·沃特森先生说过："管家服务是管家协调所达成的无缝隙的服务，是实现客人高度满意的服务途径！"

二、贴身管家的素质要求

贴身管家24小时为贵宾提供殷勤周到的服务，要求具备相当高的素质。

（一）基本素质

（1）流利的外语水平。很多贵宾来自国外，因此，贴身管家要能够用流利的一种或者两种外语与客人交流，为客人提供服务，特别是一些西餐，酒水的翻译都要达到一定标准。

（2）较强的沟通、协调能力。能够妥善处理与客人之间发生的各类问题，与各部门保持良好的沟通、协调关系。

（3）良好的礼仪，礼貌修养。这是贴身管家的必修课，为贵宾服务，必须有良好的礼仪和礼貌修养。

（4）较强的服务意识。能够站在顾客的立场和角度提供优质服务，具有大局意识，工作责任心强。

（5）专业的服务技能。给客人沏茶，烫衣服也是非常必要的功课，甚至还要在短时间里了解客人的性格喜好。

（6）宽广的专业知识面。了解各种洋酒的常识、社交礼仪、马术、中外各种棋类、牌类等休闲娱乐活动的游戏规则等。

（二）具体要求

（1）具有大专以上学历或同等文化程度，受过旅游酒店管理专业知识培训。

（2）具有三年以上酒店基层服务、管理工作经验，熟悉酒店各服务部门工作流程及工作标准。

（3）掌握酒店的各类服务项目，掌握本酒店的详细信息资料。

（4）熟练掌握电脑操作。

（5）熟悉本市旅游景点，了解本地区的风土人情，旅游景点、土特产，掌握本市高中低餐厅、娱乐场所等。

（6）具有一定的商务知识，能够安排或处理客人简单的商务活动。

三、贴身管家的服务内容

贴身管家的工作内容主要包括：

（一）生活起居方面

（1）客人抵达酒店前，贴身管家需了解客人的饮食、爱好等个人生活喜好，并与相关部门进行沟通、协调，共同做好接待客人的准备。

（2）客人抵达酒店前夕，贴身管家需检查客房、用餐等方面的准备情况，为客人做好额外的欢迎准备工作。

（3）客人抵达酒店后，贴身管家引导客人至房间，提供欢迎茶及行李开箱服务。

（4）贴身管家与各服务部门密切配合，安排客人房间的清洁、整理、夜床、用餐、洗衣、叫醒、用车等服务。

（5）对客人住店期间的意见进行征询，了解客人消费需求，及时与相关部门协调、沟通予以落实。

（6）在客人住店期间，在客人房门外等候，随时满足客人特殊服务要求。

（7）客人离店前为客人安排行李、车辆，欢送客人离开酒店。

（二）业务助理方面

为客人提供会务及商务秘书服务，根据客人的需要及时有效地提供其他相关服务。

（三）其他方面

整理、收集客人入住酒店期间的消费信息及生活习惯等相关资料，做好客史档案的记录和存档工作。

四、贴身管家服务的组织模式

由于涉及服务成本问题，贴身管家服务一般只有高档酒店才提供，三星级左右的中低档酒店没有必要提供贴身管家服务。贴身管家服务可以有两种组织模式：

（一）临时模式

对于偶尔入住酒店的贵宾（如高级政府官员、体育明星、演艺界人士、企业高级行政人员以及其他社会名人等），临时抽调酒店服务意识强、精通外语，充当客人的贴身管家角色，这种模式主要是用于接待贵宾数量不多的中小型高档酒店，所抽调的"临时贴身管家"可以来自于客房部和前厅部，也可以来自于酒店的其他部门。

（二）固定模式

在客房部（管家部）设立专职贴身管家职位，为入住酒店的贵宾提供贴身管家服务，这种模式适用于经常有贵宾入住的大型高档酒店或各类高档精品酒店。

第六节　提高客房服务质量的途径

一、客房服务质量的构成要素

客房服务质量要素一般由以下六个方面构成：

1.服务态度

服务态度取决于服务人员的主动性、积极性和创造精神，取决于服务人员的素质、职业道德和对本职工作的热爱程度。在客房服务实践中，良好的服务态度表现为热情服务、主动服务和周到服务。

2.服务技巧

服务技巧取决于服务人员的技术知识和专业技术水平。只有掌握操作程序，不断提高服务技能，具备灵活的应变能力，才能把自己的聪明才智和酒店服务工作结合，从而为客人提供高质量、高效率的服务。服务技巧作为劳务质量的重要组成部分，关键是抓好服务人员的专业技术培训。其基本要求是：掌握专业知识，加强实际操作训练，不断提高技能水平，充分发挥服务的艺术性。包括语言艺术、动作艺术、表情艺术和应变处理艺术等，以提高服务质量。

3.服务方式

服务方式随客房服务项目的变化而变化。客房服务项目大体上可分为三大类：第一类是客人住店期间服务项目；第二类是客人离店服务内容；第三类是一些特殊服务项目。服务项目反映了酒店的功能和为顾客着想的程度。因此，客房服务质量管理必须结合每个服务项目的特点，认真研究服务方式。各种服务方式都必须从住店客人的活动规

律和心理特点出发，有针对性地提供服务。如客房洗衣服务、送餐服务是否方便客人等。总之，每一个服务项目都要根据实际需要来选择服务方式，要以提高服务质量为根本出发点。

4. 服务效率

服务效率是服务工作的时间概念，是提供某种服务的时限。等候对外出旅行的人来说是一件头痛的事，因为等候使人产生一种心理不安定感，况且离家外出本身就存在不安全感，而等候则强化了旅游者的这种心理。所以，客房服务要想方设法减少等候时间。

服务效率有三类：第一类是用工时定额来表示的固定服务效率，如打扫一间客房用时不超过 30 分钟等；第二类是用时限来表示的服务效率，如总台服务员办理登记手续不超过 3 分钟，结账手续不超过 2~3 分钟等；第三类是有时间概念，但没有明确的时限规定，是靠客人的感觉来衡量的服务效率，如设备坏了报修后多长时间来修理等，这一类服务效率在酒店是大量的。服务效率在客房服务中占有重要的位置，酒店要针对以上三类情况，用规程和具体的时间来确定效率标准。

5. 礼节礼貌

礼节礼貌是提高服务质量的重要条件。礼节礼貌是以一定的形式通过信息传输向对方表示尊重、谦虚、欢迎、友好等的一种方式。礼节偏重于礼仪，礼貌偏重于语言行动。礼节礼貌反映了一个酒店的精神文明和文化修养状况，体现了酒店员工对宾客的基本态度。

6. 清洁卫生

客房的清洁卫生体现了酒店的管理水平，也是服务质量的重要内容。客房的清洁卫生工作要求高，必须认真对待。首先，要制定严格的清洁卫生标准，岗位不同，接待内容不同，清洁卫生标准也有所不同；其次，要制定明确的清洁卫生规程，具体规定设施、用品、个人卫生的操作规程，并要健全检查保证制度。

二、客房服务质量标准的设计

客房服务质量标准直接体现客房的管理水平和服务水平，符合酒店经营目标和经营定位的服务质量标准要得到客人的认同并且为服务人员操作提供便利，这一服务质量标准应包括很多方面：如服务产品标准、服务程序标准、服务时间标准、服务设施用品标准、服务态度标准、服务语言标准、服务质量检查和事故处理标准。下面对前四项服务标准进行重点阐述。

1. 服务产品标准

客房服务质量的高低在很大程度上反映了整个酒店的服务质量。客房服务产品质量标准有很多方面，具体而言，有以下几点衡量标准。

保持房间干净、整洁、舒适。客房是为客人提供休息的地方，也是客人在酒店停留时间最长的场所，因此，必须使客房保持干净整洁的状态。

提供热情、周到而又礼貌的服务。除了保持客房及酒店公共区域的清洁卫生外，客房部还要为客人提供洗衣、送餐等热情周到的服务。在提供这些服务时，服务员要有礼貌、迅速、真心诚意。

确保客房的设施设备时刻处于良好的工作状态。为此，必须做好客房设施日常保养工作，一旦设施设备出现故障，应立即通知酒店工程部维修，尽快恢复其使用价值以便提高客房出租率，同时确保客人的权益。

2. 服务程序标准

针对客房服务工作的每个环节，制定具体的服务程序，方便服务人员操作，并据此作为进行服务人员考核、技能评比的标准，具体包括：客人住店期间的服务项目及服务规程，客人离店时服务内容，特殊服务项目及服务规程。

3. 服务时间标准

为了提高服务质量，客房部必须为各服务项目确立时间标准，并以此作为对服务员进行监督、考核的依据。

接听电话标准：铃响两声内接听电话。

服务传达：2分钟。客人提出的任何要求，服务员必须在2分钟内到达客房，如送开水、茶叶等。

回答问讯标准：立即。为此，酒店应该就客人常常问到的问题，对员工进行全体培训。

投诉处理标准：10分钟。客房在遇到小问题时，应力争在10分钟内圆满解决；遇到比较大的问题，应安慰客人，稳住客人的情绪，然后根据实际情况在10分钟内给予回复。

客房报修标准：5分钟内处理好小问题。如更换灯泡、保险丝以及设施设备。

客房送餐标准：15分钟。酒店为了提高服务质量，应在酒店设有关于送餐服务的规定，如员工电梯必须首先保证送餐服务等。

4. 服务设施设备用品标准

（1）客房设施设备质量标准。

①房客种类与面积。酒店各类客房比例安排合理，适应不同类型的客人要求和酒店目标市场需要，单人间面积不小于18平方米，双人间不小于20平方米，标准间不小于24平方米。室内设施齐全，布置合理，客人活动空间宽阔。

②房门与窗户。选用耐磨、防裂、耐用材料，经过阻燃处理，表面光洁，明亮，色彩柔和。玻璃宽大，有装饰遮光帘和纱帘，阻燃性能良好，门窗无缝隙，遮阳保温效果好。开启方便，无杂音，手感轻松自如。

③墙面与地面。墙面贴满高档墙纸或墙布，耐用、防污、防磨损、不易破旧、色彩、图案美观舒适、易于整理和保洁。无开裂、起皮、掉皮现象发生。壁柜、房门和窗户与墙面装饰协调，在适当位置配合框装镜子供给客人使用。地面满铺地毯或木质地面。地毯铺设平整，色彩简洁明快，质地柔软、耐用、耐磨。木质地板打蜡光洁明亮，有舒适感。

④天花与照明。天花选用耐用、防污、反光、吸音材料。经过装饰，光洁明亮，牢固美观，无开裂，起皮，掉皮的现象。室内壁灯、台灯、落地灯、夜灯等各种灯具选择合理，造型美观，安装位置适当，具有装饰效果、插头处线路隐蔽；各类灯具应起到方便客人不同用途的照明需要。

⑤冷暖与安全设备。采用中央空调或分离式空调，安装位置合理，外型美观，性能良好，室温可随意调节，开启自如。室内通风良好，空气清新。房门装有窥镜、防盗链、消防疏散指示图，天花板有烟感装置和自动喷淋灭火装置，过道有消防装置与灭火器，安装隐蔽。安全门和安全通道健全通畅。对各种安全设备实行专业管理，始终处于正常状态，使客人有安全感。

⑥通信与电器设备。客房配程控电话，通常客房和洗手间各有一部电话副机，功能齐全，性能良好，可直拨国内外长途，高档套房配双套电视，有国际卫星天线。客房设迷你酒吧，配有冰箱。电话、电视、冰箱摆放位置合理，与室内功能分区协调，始终处于正常运转状态。

⑦客房家具用具。高级软垫床、床头板、床头柜、办公桌椅、沙发座椅、梳妆台镜、壁柜行李架、衣架、小圆桌等家具用具齐全，按室内分区功能合理设置和摆放。高档客房配花架、茶几或工艺品展示观赏柜，摆盆栽盆景。客房各种家具造型美观，质地优良，色彩柔和，使用舒适。档次规格与客房等级和酒店星级标准相适应。

⑧卫生间设备。地面满铺瓷砖，天花板、墙面、地面光洁明亮、地面防滑、防潮、隐蔽处有地漏。墙角通风良好，换气量不低于30立方米/小时，洗手盆采用大理石或水磨台面，抽水马桶、浴盆分区设置合理，高档客房淋浴与浴盆分隔。照明充足，有110/220伏电源插座。

⑨设备配套程度。同一等级、同一类型的客房，其照明、安全、冷暖空调设备、家具用具、卫生间设备和门窗等在造型、规格、型号、质地、色彩上统一、配套，创造一个舒适、典雅的住宿环境。

⑩设备完好程度。客房应设立各种设备的维修程序，日常维护良好，损坏及时维修，始终处于正常状态。各种设施设备的完好率不低于98%。

（2）客房用品质量标准。

客房用品根据客房等级规格和客房种类配备。

①用品配备。客房用品以单房和床位为基础配备。

②用品质量。客房用品质量根据酒店和客房等级规格确定。同一等级、同一类型的客房用品在规格、型号、质量、花纹、质地、造型、柔感、手感上保持一致，成套配备，质量优良，美观适用，同酒店星级标准相适应。无拼凑、短缺、陈旧、破损现象发生。

③用品撤换。需要换洗的床单、毛巾、枕套等客房棉织品，以床位配备标准为基础，符合储备要求。客房和卫生间的茶叶、卫生纸、浴液、洗发液等客用一次性消耗物品，每天换新，其他客用多次消耗品，客房部要保持一定储备，定期或根据需要更换，保证客人需要。

④用品管理。客房楼层设服务间，用品管理制度健全，内容具体明确。各种用品集中管理，分类存放，领取、发放补充更新登记手续规范，责任明确。并定期统计各类用品的消耗。无丢失、超拿、损失等岗位责任事故发生。

（3）环境质量标准。

①室内环境布置。客房室内环境布置美观，空间分割适当。睡眠空间、书写空间、存储区、起居空间等分区功能协调。床铺、沙发、办公桌、咖啡桌椅、冰箱、梳妆台镜

等家具设备装饰布置摆放与分区功能相适应。天花装饰简洁明快，墙面布置庄重大方，地毯平整美观，灯具与灯饰选择典雅大方。墙上字画、条幅和家具蒙面物、布件、盆栽盆景选择适当，数量合理。室内色彩柔和、简洁明快，主色调和陪补色调协调。单人间、双人间、标准间、套房装饰布置各具特色，具有良好的空间构图形象，对客人具有形象吸引力。

②卫生间环境布置。盥洗区、洗浴区、活动区等分区功能突出。盥洗台面、横镜、浴盆、淋浴设备、马桶等卫生间设备装饰与布置美观、舒适，与分区功能协调。墙面、天花、地面布置简洁大方，美观适用。室内空气清新，色彩淡雅柔和、简洁明快。各种盥洗用品摆放整齐，整个卫生间装饰美观协调、环境舒适。

③走廊过道环境。客房楼道、过道、走廊和电梯间宽敞，墙面色彩淡雅，地毯平整美观，灯光柔和，始终保持整洁、雅静。客房及楼道附近无机器、锅炉等噪声源。

④定量环境质量。客房温度冬季不低于20℃，夏季不高于26℃。走廊过道温度冬季不低于18℃，夏季不高于28℃。风速0.1~0.3米/秒。一氧化碳含量不超过0.2%。可吸入颗粒不超过0.15毫克/立方米。新风量，客房不低于20立方米/小时，卫生间不低于3020立方米/小时。细菌总数，客房不超过2000个/立方米，卫生间不超过4000个/立方米。室内噪声，客房不超过40分贝，走廊不高于45分贝。整个客房及楼道空气清新，环境舒适，气氛典雅。

三、提高客房服务质量的途径

（一）为客房日常服务确立标准

客房环境整洁、幽雅能使客人心情舒畅、轻松愉快，客房服务完成得及时准确能够满足客人的需要。因此服务员必须按照一定的操作标准和服务流程提供服务。具体服务质量标准包括：服务产品标准、服务程序标准、服务时间标准、服务设施用品标准、服务态度标准、服务语言标准、服务质量检查和事故处理标准。

（二）培训员工客房服务标准及服务技巧

1.培训服务标准

对于客房服务人员的培训，应从最基本的服务标准开始，将酒店制定的整体服务标准、操作程序通过整体培训、一帮一互助、老服务员带新服务员等多种形式，使全体服务人员统一操作标准和操作程序。

2.培养员工的服务意识

员工的服务意识是员工的基本素质之一，也是提高服务质量的基本保证。很多情况下，客房部服务质量上不去，服务员遭到客人的投诉，并不是因为服务员的服务技能或操作技能不熟练，而是因为缺乏作为服务员所必需的服务意识，不懂得"服务"的真正含义和服务工作对服务人员的要求。客房部很多工作是有规律的，客房管理人员可以将这些有规律的工作制定为服务程序和操作规范来保证服务质量，但也有很多问题或事件是随机的，正确处理这些问题，要求服务员必须具有服务意识，掌握服务工作的精髓。

3. 强化训练，掌握服务技能

客房服务员的服务技能和操作技能是提高客房服务质量和工作效率的重要保障，也是客房服务员必备的条件。客房管理者应通过加强训练，组织服务技能竞赛等手段，提高客房服务员的服务技能。酒店对服务员进行有规划的、系统的培训，根据服务员的个人能力提供不同的培训，使员工能够尽快掌握服务技能，最终学以致用。

4. 增强员工的应变能力，提高服务技巧

客人在酒店住宿期间，在客房待的时间最长，服务员在对客服务过程中，随时可能会遇到一些意想不到的问题，很多问题是客房服务规范上找不到的，能否正确处理这些问题，使客人满意，是影响客房服务质量的重要因素之一。而要正确处理这些问题，不仅要求服务员有服务意识，还要求服务员必须有较强的应变能力和纯熟的服务技巧。

5. 加强对员工在仪表仪容与礼貌礼节方面的培训

服务员的仪表仪容与礼貌礼节不仅体现员工的个人素质，而且反映酒店员工的精神面貌。管理人员必须加强对员工这方面的培训。

（三）为客人提供优质服务

酒店优质服务由三个层次的服务构成，即由基础服务质量、整体服务质量和服务创新三个递进的层次构成。

1. 基础服务质量

基础服务质量是指酒店内每个部门、班组、岗位和每位员工的服务质量。基础服务质量包括标准化服务、个性化服务和情感化服务三个方面的内容。

标准化服务是保证客房服务质量的基本要求，但标准化服务只能满足客人的共性需求，而不能满足客人的特殊服务需求，因此，标准化服务只能维持客房部最基本的服务质量，要使客房服务质量上一个台阶，必须为客人提供个性化服务。

"酒店个性化的服务"是指酒店管理人员针对不同的员工采取灵活的措施，最大限度地调动员工的积极性，发挥团队协作巨大能量的一种管理方法。要为客人提供个性化服务，客房服务员必须在日常服务中，注意观察客人的需求特点，还应加强与前厅部的联系，建立并充分利用客史档案。

情感化服务不是独立的一类服务，它是在标准化服务和个性化服务中都渗透和体现出来的，是对客人真切的情感关怀。

2. 整体服务质量

整体服务质量即在酒店服务中一直倡导的团队精神、整体意识。整体服务质量以酒店整体品牌为质量标准。它要求酒店所有部门和员工以一个整体的物质资源、人力资源和资金资源的协调和整合，为顾客提供一体化的优质服务。

3. 服务创新

在激烈竞争的市场环境下，酒店要想在众多的竞争对手中脱颖而出，必须有自己特有的服务特色。只有紧跟时代变化、研究市场客源的变化、了解顾客的需求变化，不断创新，才能满足顾客的服务要求。

酒店客房服务工作应把提供上述三个方面的服务内容作为工作的主要方向，只有这

样，才能获到顾客的认可，才是适应市场竞争的优质服务，才能创造酒店持久的高额的经济效益。

（四）搞好与酒店其他部门的合作与协调

要提高客房服务质量，还应做好与酒店其他部门的合作与协调，特别是前厅部、工程部、餐饮部、保安部等部门。客房部与这些部门联系密切，客房部的对客服务工作必须得到上述部门的理解和支持。同样，客房部也必须理解和支持上述部门的工作，并加强与这些部门的信息沟通。

（五）重视顾客反馈意见

1. 设置客人意见表

为了及时征求客人意见，让客人有机会对客房服务质量发表意见，客房部和酒店可在客房内放置意见表。事实上，几乎每家酒店都在客房内设置有"客人意见表"，但对客人意见表的管理却大都存在问题，管理人员不够重视，服务员对客人的表扬意见感兴趣，而对批评意见置之不理，或随手扔掉，使客人意见表流于形式。对客人意见表的管理应注意以下几点：

（1）客人意见表的设计应简单易填。

（2）统一编号、月底收集汇总，禁止乱撕乱扔，并以此作为考核服务员工作好坏的重要依据。

（3）由于客人意见表以批评客房服务员的工作质量为主，因此，具有一定的保密性质。为了防止服务员对不利于自己的意见进行"截流"，可将客人意见表设计成自带胶水，由客人自行密封的折叠式信封装表格。

当然，为了提高客人意见表的回收率，酒店也可以请求客人直接将意见表交给大堂副理或者客房管理人员。除了在客房设置客人意见表之外，为了激励员工为客人提供更加优质的超值服务，还可以在客房放置一张"表扬卡"，对于收到表扬卡的客房员工，管理方面应以某种特殊的方式给予表扬或鼓励。

2. 拜访客人

客房部经理或者大堂副理等管理人员定期或不定期地拜访住店客人，可以及时发现客房服务中存在的问题，了解客人的需求，以便于进一步制定和修改有关客房服务标准。同时，这种拜访也会增进与客人的感情交流，使客房部改善宾客关系，提高客人满意度。

 【本章小结】

住店客人大部分时间是在客房度过的，因此客房服务质量是保障客人在酒店获得舒适、方便的住宿体验的重要因素，也是客房管理的主要任务之一。客房服务项目主要有：一是客人住店期间的服务项目；二是客人离店时的服务内容，还有一些特殊服务项目。酒店的客人来自世界各地和社会各个阶层，他们对酒店的服务有不同的要求。了解他们的需求特点，根据他们的不同类型，采取侧重点不同的服务方式，同时提供个性化服务

和贴身管家服务，这些都是取得顾客特别是 VIP 客人满意的重要手段。为了提高客房服务质量，酒店通过为客房日常服务确立标准，培训员工客房服务标准及服务技巧，为客人提供优质服务，搞好与酒店其他部门的合作与协调，重视顾客反馈意见等途径，加强服务和管理工作，为客人提供满足其需求的服务。

【复习思考题】

1. 解释概念：宾客服务中心、个性化服务、贴身管家服务。
2. 客房服务的组织模式有几种，其各自的优缺点？
3. 个性化服务的内容和实施。
4. 贴身管家服务的模式有哪些？
5. 客房服务质量标准的设计包括哪些内容？
6. 提高客房服务质量的途径有哪些？

本章案例思考：洗衣服务谁之过

服务员小江进入客房时，客人便招呼她说："小姐，我要洗这件西装，请帮我填一张洗衣单。"小江爽快地答应了，帮客人在洗衣单湿洗一栏中做了记号，然后将西装和单子送进洗衣房。接收的洗衣人员按照洗衣单上的要求将这件名贵的西装进行湿洗。不料，在西装口袋盖背面出现了一点破损。台湾客人收到西装，发现有破损，十分恼火，向酒店投诉。客房部经理接到客人的投诉，要求赔偿西装价格的一半 2 万日元时，吃了一惊，立刻找小江了解事情原委，但究竟客人交代干洗还是湿洗，双方各执一词，无法查证。经理十分为难，向副总经理做了汇报，副总经理也感到棘手，便召集酒店领导反复研究，考虑到这家台湾公司是酒店的协议公司客人，长期在酒店有较大数额的消费，尽管客人索取的赔偿大大超出了酒店规定赔偿标准，但为了彻底平息这场风波，稳住这批常住客，最后还是接受了客人过分的要求，赔偿了 2 万日元。

点评：

本案例中将名贵衣服干洗错作湿洗处理引起的赔偿纠纷，虽然起因于客房服务员代填洗衣单，造成责任纠缠不清，但主要责任仍在宾馆方面。

第一，客房服务员不应接受替客人代写的要求，应婉转地加以拒绝。在为客人服务的过程中严格执行酒店的规章制度和服务程序，这是对客人真正的负责。

第二，即使代客人填写了洗衣单，也应该请客人过目后予以确认，并亲自签名，以作依据。

第三，洗衣房的责任：首先，洗衣单上没有客人签名就直接洗涤；其次，洗衣工对名贵西服要湿洗这种不正常情况应有所觉察，重新向客人了解核实，则可避免差错，弥补损失，这就要求洗衣工工作作风细致周到，熟悉洗衣业务。

另外，就本案例的情况而言，酒店一般可按规定适当赔偿客人损失，同时尽可能将客人破损的衣服修补好，由于投诉客人是长包房客人，为了稳住这批长包房客源，这家酒店领导采取了同意客人巨额赔款要求的处理方法，这是完全可以理解的。

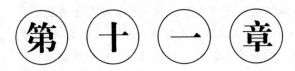

第 十 一 章

客房物资管理

学习目标

【知识目标】

1. 了解客房物品和设备的分类、选择、使用和管理。
2. 掌握客用品控制。
3. 客房棉制品的配备、保管、送洗与发放。

【技能目标】

1. 根据酒店实际,制定酒店不同类型的客房设备管理任务和管理方法。
2. 根据酒店实际,制订酒店客用品控制的具体方案。
3. 根据酒店实际,能够对客房布件的保养与贮存提出合理化建议。

引例:一错再错

某酒店位于某经济发达地区最大的国展中心与火车站之间,每天都要接待不少于来自全国各地的会议客人。

一天,16楼住着的几位客人在收银台结账准备离店,客房服务员小朱在楼梯口送完客人后正快速地查房,发现1603房的电热水壶壶盖破裂,有一条长裂缝,电热水壶已经不能正常使用,立即按程序报给收银员要求客人赔偿。几位客人来自厦门,他们认为住店期间一直是正常使用电热水壶,并没有故意损坏,应该不可能破裂,故而拒绝赔偿,事情陷入僵局。后客人由于急着赶火车,无奈之下只好先赔偿,但表示不会就此罢休。

大堂经理继续深入调查,结果大吃一惊:1603房的电热水壶本来就是坏的,那是在厦门客人入住前被服务员打扫时不小心弄坏的,由于当时仓库已下班,而且有会议团队

进店，楼层领班小姚不得已心存侥幸地让服务员把电热水壶照旧放入房内，但嘱咐了服务员在交班中备注"查此房时勿报"，不知何故服务员忘了交班，导致轮岗上班的小朱不知内情而误报。大堂经理还了解到领班小姚误报后很想与客人说明，请求客人谅解，但由于部门某位经理曾在领班会议上强调，物品报到前台，即使报错了也不能更正，否则后果自负。小姚向主管汇报，可主管也是如此说法，于是只有硬着头皮认定电热水壶是客人损坏的。

点评：

除了一些突发性维修项目以外，酒店出售给客人的房间应是合格的，设施齐全，能正常使用。上述案例中客房状态的"准 OK"已经侵犯了消费者的正当权益。大多数酒店报 OK 房都是由领班完成的，在这一方面领班无疑是最后决定出售给客人的产品是否合格的决定因素。酒店领班小姚怀有侥幸心理非常不可取，违背了一个基层管理人员应尽的职责，首先未按照报 OK 房标准来要求自己的工作，这是第一个错误；其次未检查服务员交班，导致事态进一步恶化，为第二个错误。

个别管理人员管理水平不高在这个案例中起到的负作用同样不可小视。管理学家认为：员工犯错误，80% 的原因是在管理者的管理方法和水平上，只有 20% 是由于员工操作不当。管理人员水平不高这种现象在国内许多酒店都存在，也是国内许多酒店管理水平上不去的一个重要原因。该酒店客房部某经理本身业务不过硬，思想认识狭隘，更可惜的是他把错误观点传输给了下一层的员工，并要求员工不折不扣执行。这应该是案例中第三个错误。事实证明，如果小姚不顾忌经理所说的"会议精神"和主管"机械服从"，而在错误发生时主动向客人承认错误，并诚恳道歉，估计也不会发展到客人事后的严重投诉，致使酒店只能委派专人到厦门去退款、道歉。

投诉处理中许多原因很简单，较大比例是员工责任心不强造成，领班报准 OK 房和服务员不交班都是责任心不强的具体表现。现在大多酒店对培养员工责任心不太重视或不得法，更多的是在加强规范培训，殊不知员工的思想和心态改造更重要。任何一项措施的实施与否取决于思想和心态，社会上许多事故的发生证实了思想和心态起的反面作用远大于一个人操作能力的大小。责任心和规范不该一分为二，必须有机结合，并通过不断地强化培训，使之相辅相成。

另外酒店查房时错报物品后，前台收银人员一定要注意语言技巧，可先礼貌地请客人配合，同时积极请客房部人员仔细检查；在客人情绪激动时要立即汇报大堂经理并给予适当安抚。如果得知是客房错报了物品，收银人员可以委婉道歉并让客人离去。为了维护酒店利益，此时不一定要和盘托出真相，但应视情况给客人一些优惠。

第一节　客房物品和设备的分类

客房物品与设备管理是客房物资管理的重要环节，也是酒店降低成本的主要方式，也是考查酒店管理水平的重要衡量标志。

一、客房五大功能区域物品

按客房内部的功能来分，可以分为五大功能，每一功能应配置的用品有：

1. 睡眠空间

床：床单、被套、枕套、（羽绒）枕芯、（羽绒）被、床垫、保护垫；

床头柜：电话、便签纸、笔、相关书籍、灯开关、拖鞋、擦鞋布、纸巾、遥控器、环保标识卡、睡眠卡、时钟。

2. 盥洗空间

洗脸台：中巾、方巾、浴巾、地巾、纸巾、口杯、烟灰缸、牙刷、牙膏、肥皂、沐浴露、洗发水、浴帽、梳子、免费水等；

浴缸：防滑垫、地巾、浴巾、浴盐；

恭桶和妇洗器；

卷纸、垃圾篓、卫生袋。

3. 贮存空间

行李架，衣柜，衣架。

4. 书写空间

书桌：服务指南、安全须知、菜单、烟灰缸、纸、笔、信封、明信片、购物袋、宾客意见书、台灯等；椅子。

5. 起居空间

沙发、茶几、电视、minibar、烟灰缸、火柴、纸巾、垃圾篓、植物等。

二、其他物品

除了客房各大功能区域的物品和设备外，还应有其他的物品以及清洁设备设施：

1. 清洁设备

如吸尘器、吸水机、洗衣机、烘干机、三合一洗地机等。

2. 建筑修饰品

如地毯、墙纸、地面材料等。

以上内容基本上可以分为两大类：客房设备和清洁设备。加强对客房设施设备的管理工作，对于提高客房服务质量，降低客房经营成本和费用具有重要意义。

第二节　客房物品和设备管理

一、客房物品与设备管理的任务

（1）编制客房物品与设备采购计划；

（2）制定客房物品与设备管理制度；

（3）做好物品与设备日常管理和使用；

（4）对现有设备进行更新和改造。

二、客房物品与设备管理的方法

1.编制客房物品与设备采购计划

客房部要根据实际工作需要，及时做好要求增加物品与设备的计划，报酒店采购部门及时采购，以保证客房经营活动的正常进行。

酒店客房设备及清洁设备一般在开业之初就已准备就绪，作为客房管理人员，如果在酒店开业之初就参与管理，就要提出客房设备及清洁设备的采购计划。客房设备的选择，要遵循几项基本原则：

（1）协调性，包括设备的大小、造型、色彩、格调、档次等必须与客房相协调，与酒店档次相协调；

（2）实用性，客房设备设施要与酒店经营实际需要相匹配；

（3）安全性，客房清洁工作发生安全事故，主要是由于服务人员操作清洁设备失误导致的，因此选购清洁设备时，安全因素也是重点需要考虑的问题；

（4）经济性，通常而言，采购设备希望做到物美价廉，即在满足功能性的同时要尽可能的低价格。

另外，在选择清洁设备时，还应考虑：

（1）噪声小；

（2）操作方便；

（3）易于保养；

（4）使用寿命长。

2.做好设施设备的审查、领用和登记编号工作

客房内设施设备采购进店以后，采购部门和客房管理人员要按照各自工作职责范围严格审查。同时，设立物品与设备保管员具体负责物品与设备的分配、领用和保管工作。保管员应建立设备登记簿，将领用的设备按进货时的发票编号分类注册，记下品种、规格、型号、数量、价值以及分配到哪个部门、班组。低值易耗品也要分类注册，凡来库房领取物品都要登记，每个使用单位一本账，以便控制物品的使用情况。

3.分级归口管理

客房物品与设备应实行分级归口管理，专人负责，将物品与设备管理同部门、班组的岗位职责结合起来，在确保服务质量和合理限度的情况下，实行增收节支有奖、浪费受罚的奖惩措施。

客房设备的日常管理和使用是由客房管理的各部门、各班组共同完成的，各部门、班组既有使用这些设备的权利，也有管好、使用好这些物品与设备的责任。因此必须实行分级归口管理。分级就是根据客房部门管理制度，分清这些设备是由部门、班组或个人中的哪一级负责管理。归口是按业务性，将物品与设备归其使用部门管理，分级归口管理使客房设备的管理有专门的部门和个人负责，从而使客房设备的管理落到实处。

对客房设备分级归口管理的关键是：

（1）要账物相符，各级各口管理的物品与设备数量、品种、价值、数量要一清二

楚，有据可查；

（2）要完善岗位责任制、维修保养制和操作制等规章制度；

（3）落实奖惩制度。

4. 做好客房物品与设备的日常保管和使用

客房物品与设备分级归口以后，班组和部门要设立物品与设备管理员，在客房部领导下，与服务员一起共同负责本班组或部门的物品与设备的日常管理和使用。班组管理员一般由本班次领班兼任，在物品与设备的使用过程中，班组管理员要定期和客房物品与设备保管员核对，发现问题，及时解决。

客房物品与设备在日常使用中，要特别注意严格遵守维修保养制度。

客房设备在使用中要努力防止事故发生，一旦发生事故，要立即通知工程部及时维修或采取措施，使设备尽快恢复正常使用。事故的发生，如果是由于个别员工玩忽职守，要严肃处理。如果是由于客人的原因造成的，必要时应要求客人赔偿。

5. 建立设备档案

设备设施档案主要有客房装修资料（记录客房内地毯、建筑装饰和卫生间材料等）和机器设备档案（内容包括设施设备的名称、购买日期、生产厂家、价格、维修记录时间、项目、费用等）。这是对设施设备进行采购和管理的依据。

6. 及时做好客房物品与设备的补充和更新工作

酒店是高消费场所，客人对酒店及客房物品与设备的要求很高，不仅要干净卫生而且要常变常新，从而使客房物品与设备具有更新期短、折旧快的特点。因此，要求客房管理者必须事先做好计划，根据物品与设备的品种、规格、质量等规定各种物品与设备的使用周期，并定期检查设备性能和使用效果，提出设备更新计划，报酒店批准，及时做好物品与设备的补充和更新工作。客房设备的更新，依据其类型的不同而具有不同的特点和要求。清洁设备的更新往往要根据其质量、使用和保养情况决定。通常情况下，如果机器不出现明显问题，如老化、严重磨损、清洁效果不佳和维修费用过高，就可以继续使用。其他如家具、装修设施以及设备设施，因为直接出现在顾客面前或者客人直接使用，为了酒店的规格、档次，也为了酒店能保持并扩大对客源市场的吸引力，都要对客房进行计划更新改造，并对一些设备用品实行强制性淘汰。

客房内设备设施、备品的更新改造，按其更新周期的不同，在酒店中可以分为部分更新和全面更新两类。通常部分更新改造周期为5年左右，全面更新改造周期为10年左右。当然，上述时间安排也跟其设备设施的自身质量、客房入住情况、损耗程度、日常维修保养情况和酒店管理水平相关。

（1）部分更新改造项目：地毯、墙纸、沙发布艺、靠垫等装饰品、窗帘、床罩等床上备品。

（2）全面更新改造项目：衣柜、写字台、床垫、床架、椅子和床头板等木质家具；灯具、镜子和画框等装饰品；地毯、墙纸；卫生间内的设备设施及其墙面、地面、灯具和水暖器材等。

以上更新计划应根据各酒店的具体情况提前或到期进行，如果延期，则应警惕可能出现的各种工程维修问题导致酒店服务质量的下降或不稳定。

服务细节解析：采购卫生洁具问题

根据国家质量技术监督部门季度质量抽查结果显示，在市场抽查的20种卫生洁具中，只有XX、FF两个品牌卫生洁具厂的产品各项指标都合格。某高星级酒店根据以往使用XX品牌卫生洁具产品的情况，把XX厂列入合格供应商名录。由于今年酒店厕所马桶节水设备改造，酒店急需一批卫生洁具，但市场一时买不到XX卫生洁具厂生产的适合酒店的产品，采购员没有与其他部门协商就从建材市场买回了一批其他厂家生产的洁具，直接投入使用。结果使用不久，就发生多起密封件漏水事故，被客人投诉，赔偿。酒店客人在携程等订房网站上留言，表示酒店卫生间质量问题严重，酒店声誉下降，客房入住率也受到影响。当酒店想向生产厂家索赔时，生产厂家表示，没有证据证明是产品问题，出现的问题可能由于安装不当导致。

分析：

在采购酒店客房设备时，应该先提出采购计划，选择设备时，也要遵循基本的原则，严把质量关。案例中酒店由于原来的合格供方产品买不到，采购员在没有征求任何部门人员意见的情况下，临时采购，本身就很草率。其次采购物资，没有按照规定的程序进行严格的进货检验，也没有保留检验记录，直接使用，给下一步发生质量问题埋下了隐患。最后，当酒店想要索赔时，发现因酒店设备管理没有按照规定程序进行，以至于索赔都无法进行。这是一起典型的因物资管理没有按照规定程序造成的酒店管理问题。本案例中还有一点特殊情况，即突发临时采购，这种情况，采购最好能够先小批量进行，待使用一段时间后再决定是否列入合格供方名录。

第三节　客用品的管理

客用品指客房各类客用低值易耗品。客用品的使用和消耗量伸缩性比较大，因此做好对客用品的控制是客房成本控制的重要环节。

一、客用品的选择

现阶段，我国大部分一线城市开展创建绿色酒店活动及绿色酒店评定工作，提倡环保节能，客用品（俗称"六小件"）不再提供或者改为提供大包装也是一种发展趋势。但仍有部分酒店提供六小件，不管是否提供，客人都会使用客房内的客用品，必须保证客用品的质量。

客用品的选择应遵循以下因素：

1. 质量

为客人提供高质量的客用品，可以提高客人的满意程度，提升客人对酒店的好感度。部分高星级酒店甚至会提供一些国际知名品牌的洗沐浴产品，如欧舒丹、欧莱雅等，进而提高客人对酒店服务质量的评价。

2. 实用

客用品是为方便客人的住店生活而提供的，因此，必须符合方便、实用的原则，所选购的客用品必须是客人所真正需要的，方便使用。一些酒店提供给客人的洗发液、淋浴液等卫生用品装在玻璃瓶或硬质塑料瓶内，客人使用时，倒不出来，也无法挤压，不仅给客人造成极大的不便，也造成了很大浪费。

3. 美观

酒店除了满足客人住宿的基本需要功能之外，还应让客人感到身心愉悦，美观的产品恰好是满足这一功能的基础性手段。

4. 适度

客用品的选择应与酒店的档次功能相匹配，也需要与客人的实际需要相适应。

5. 经济

客用品的选择除了满足上述要求外，还应该考虑价格因素，以便于控制客用品成本。

二、客用品的控制

1. 确定客用品消耗定额

合理确定客用品的消耗定额，是客房管理人员应该具备的一项管理技能，具体做法是根据客房总数、客房类型及年均开房率，确定各类客用品的年平均消耗情况，在此基础上，对每月情况进行尽可能细致的核算统计，并对服务人员及其班组具体使用客用品控制情况进行考核。经过多重测算验证后，确定酒店正常经营条件下客用品一定周期内的消耗定额，并以此作为酒店客用品采购的基础。

2. 确定客用品储备定额

为尽可能减少客用品占用资金，同时也保证酒店日常经营需要，应将酒店客用品储备定额形成书面材料，以供日常发放、检查及培训之用。

（1）确定中心库房储备定额。客房部应设立一个客房用品中心库房，其存量应能满足客房一个月以上的需求。

（2）确定楼层布草房储备定额。往往需要备有一周的用品，储备量应列出明确的标准贴在布草房的门后或墙上，以供领料对照。

（3）工作车配备标准。工作车上的配备往往以一个班次的耗用量为基准。

3. 做好客用品的日常管理

客用品的日常管理是客用品控制工作中最容易发生问题的一环，也是最重要的环节，具体措施如下。

（1）客用品日常发放的控制。

客用品的发放要根据楼层布草房的配备定额明确在一个周期内应该发放多少，这样在发放日期前，楼层领班就可以对各楼层布草房的存储情况进行统计并发放今后一段时间需要使用的布草。

（2）做好客用品的统计分析工作。

①通过每日统计工作，了解所有楼层、所有房间、工作人员的客用品耗用量。

②通过定期分析客用品整体消耗情况，提出改进措施。具体做法是了解每日客用品耗用情况，结合入住率情况，制作月客用品消耗分析表，对每月耗用情况进行分析，如果消耗过大，需要分析原因，找出对策。

③通过对各员工消耗情况进行分析对比，并公布上墙，促进员工开展节约日常客用品活动，从而节约酒店经营成本。

4. 控制流失现象

客用品的流失主要是员工和客人两方面造成的，因此做好管理工作很重要。

（1）为员工创造不需要使用客用品的必要条件。例如，更衣室和员工浴室应配备员工用挂衣架、手纸或香皂等。

（2）要随时锁上楼层小库房门，工作车要按规定使用，控制员工及外来人员上楼层，加强各种安全检查和严格执行各项管理制度。

（3）服务员在房间进行卫生清洁时，将工作车紧靠房门，以便于防止其他客人进入房间，也方便监督服务员卫生清洁工作。

（4）加强对服务员的职业道德教育和纪律教育。

（5）与人力资源部、保安部配合，定期检查员工更衣柜内物品，发现有收存酒店客用品的员工要按照酒店规定给予相应处罚。

5. 落实奖惩政策

通过奖惩政策，让客房服务人员能够自觉遵守酒店的管理规定，也让客房管理人员通过各种管理手段，加强全员节约意识，共同提高酒店经济效益。

第四节　棉织品的管理

客房棉织品管理在整个客房管理中占据重要的位置，是否合理有效地管理直接会影响酒店服务质量和酒店成本控制等。棉织品管理工作需要做好棉织品配备、棉织品保管、棉织品送洗和发放等方面的工作。

一、棉织品配备

棉织品的配备要足够，一般标准是指每个床位应配备的棉织品量（包括一位宾客所需要的卫生间棉织品）。这个标准从3~5套不等，取决于营业情况、客房出租率、洗衣房运转情况、部门预算等一系列因素。一般最低的标准是3套：一套在客房内使用，一套在洗衣房内洗涤，另外一套则储存在棉织品仓库备用。更加充分的需要量是：一套在客房内使用，一套在楼面储存室内或工作车上，一套在中心棉织品仓库，一套已经脏了正送往洗衣房，另一套正在洗衣房处理之中，共计5套。具体配备数量与酒店的标准定位，具体情况具体分析。

二、棉织品保管

棉织品保管应注意以下几方面问题：

（1）保管库房应控制湿度。

（2）棉织品应整齐分类摆放，标签标注。

（3）棉织品保管从楼层棉织品存储柜开始进行，应制定出每个存储柜的标准存放量，并根据这些标准每日盘点，进行补充，有必要时存储柜要上锁，并经常查看门锁是否完好。

（4）存储柜应保持整洁有序，备有足够的框架。

（5）进出入口要严格控制。存储空间必须保持干燥，通风，棉织品应进行必要的捆扎和标上标注。

（6）永久性的记录中还应包括运进存储室的新棉织品的有关信息。

三、棉织品送洗和发放

要做好棉织品的送洗和发放，应做好以下几点：

（1）布草房的员工每天应对清洗返还酒店的棉织品数量进行清点，以便发现短缺。

（2）每天运送到楼层工作间的棉织品量应登记，并以补充棉织品套数所需量为标准，不可多补，不可少补，多补会造成棉织品数量积压，积压的棉织品容易受灰尘的污染，过多棉织品还为某些员工错误使用棉织品提供机会；少补意味着服务员工没有足够的棉织品来进行清洁服务，其结果或者是影响工作影响服务速度，打乱正常工作程序；或者为某些员工不更换棉织品制造借口，从而影响服务质量，以致引起客人投诉。

（3）从洗衣房洗完的棉织品，例如毛巾、床单等应进行抽查，看有无破损或污点，小件棉织品争取做到全部检查，如方巾等有污点应送回洗衣房返洗，有破损的应与完好的棉织品分开堆放，送缝纫室处理或报损。

（4）对棉织品的折叠和摆放，应与洗衣房协商，立一个规定。如方巾应每十条一叠，枕套十个一叠，床单的折口码放应统一方向，以方便发放时清点。

（5）对服务员送返的脏棉织品应进行检查，以便及时发现被错误使用的棉织品，并对其进行特殊洗涤处理。

（6）建立健全发放制度，领取棉织品和一些特殊少量的棉织品应有一套特殊的管理制度，分别单独送洗。

专业的客房管理人员必须使棉织品的供应确实地达到正常的标准，对棉织品的使用实行有效的控制，并编制出准确的棉织品储存清单。

【本章小结】

本章首先介绍了客房内物品和设备的分类情况，阐述了客房物品和设备日常使用和管理的相关内容，阐述了客用品的选择原则与日常控制方法，最后介绍了客房棉制品的配备、保管、送洗和发放。做好客房物资的管理不仅是提高对客服务质量的保障。同时，也是节约客房部经营成本的重要途径。

**【复习思考题】**

1. 简述客房品的概念。
2. 简述客房物品和设备管理的任务和方法。
3. 简述加强客用品控制的方法。
4. 试述客房棉制品的配备和保管。

本章案例思考：空调设备该检修了

某年夏季夜晚，一家三口客人入住度假村酒店的行政套房。因为入住时间较晚，客人急忙洗漱准备睡觉了，但是感觉房间内的空调好像不起作用，半个多小时也不见室内温度下降多少，打电话到客房服务中心，服务员解释，因为刚入住，可能空调温度还没有下降。客人只好上床入睡，半夜客人热醒，感觉室内温度仍旧很高，就再次打电话给客房服务中心人员抱怨道："房间的空调怎么不制冷，一点也不凉快。"服务员答应找人替客人看一下空调情况。客人也很无奈，睡到半夜还要有人来修空调，就拒绝了服务人员的要求，服务人员答应次日早晨再派人检修空调。

第二天检修的结果是，空调管路部分堵塞，冷风输送不足，套房面积大，冷气供应量满足不了房间需要。因为此房间价格高，客人很少入住，多数时间处于闲置状态，所以长时间没有例行的维修保养和检查工作，同时这几天本地气温陡然升高，超过同期水平，多重原因导致这一房间温度过高。客人知道后，非常不满，认为花了大价钱，反而没有得到好的服务，坚决要求更换房间，并且房费打折。

点评：

从消费心理学的角度分析，因设备陈旧的客观原因引起客人埋怨及投诉，主要是顾客消费心理未得到满足。消费者通常认为，既然按标准价格来消费，酒店就得给予同等的服务或享受。否则，就要提出异议或求得补偿，这是消费者自然的心理需求。因为当人的需求得不到满足时，"求满足"就会变成"求补偿"。而客人因设备问题产生不满，又因两次电话告知没有得到解决，最后导致非常不满投诉而要求"补偿"，这也是消费者在消费过程中所产生的正常心理需求。

作为酒店的服务人员，当客人对设备问题提出异议时，若只会简单地说再等等是远远不够的。应该尽量找出问题，第一时间化解客人的不满，如果懂得冷气的相关知识，可当场向客人解释和说明。如果超出所了解的范畴，应该请酒店工程部的专业人员向客人做解释和说明。重要的是解决客人的实际问题，使客人的不满尽可能降到最低程度。假使解释和说明仍未得到客人的理解，就要以客人能接受的其他方式来替换设备的缺欠，如调换房间和给予打折，这是服务人员和管理者必须要认真对待的问题。

同时，饭店应经常维修保养检查设备。如空调、电视、音响、电脑、浴房、带自动冲洗功能的马桶及中央空调系统等。随着社会和经济的发展，人们生活越来越富裕。来酒店消费的客人中，很多家庭都已购买了这些生活最新设备，饭店的设备档次跟不上家庭的设置，也是造成消费者对酒店设备不完善而产生不满的原因之一。所以，酒店要顺应时代发展的潮流，不断更新设备，并保持设备的完好，为客人不断制造新的惊喜。

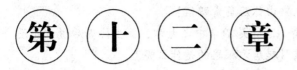

第十二章

客房安全管理

学习目标

【知识目标】

1. 掌握客房火灾发生的原因、防范措施及处理程序。
2. 掌握盗窃事故的预防和处理程序。
3. 掌握客房其他意外事故的防范措施及处理程序。

【技能目标】

1. 根据不同类型、不同阶段的火情，能够做出恰当的处理。
2. 根据客房盗窃案件的不同情况，能够做出恰当的处理。
3. 对于治安、刑事案件等引起的意外事故，能够做出恰当的处理。
4. 对于因客房设施引起的意外事故，能够做出恰当的处理。

引例：客人在客房内滑倒要求赔偿

国外一位舞蹈演员 K 女士来我国内地探亲后，准备很快从某城市出境回国。

当她到某酒店办好住宿手续，被领进客房时，发现房间并未打扫好，于是把行李放下，去商场购买纪念品，直到晚上才回来。看到床上的被单和浴室里的浴巾已换上干净的，但是卫生间地面还有点湿滑，她本想叫服务员来，但感到时间已不早，人也疲倦了，于是就打算淋浴过后入睡了。

但是洗浴过后，跨出浴缸时，脚下滑了一下，摔倒在地，脚踝感到很疼痛。

经过服务员向经理室汇报后，客房部经理来到客房向 K 女士口头做了慰问和道歉，并先请酒店医生来为她检查治疗，然后视情况送最近医院。

此时 K 女士感到不满意。她进一步提出申诉索赔说："如果医生检查后发觉伤势严

重，无法走动，一切住院医疗费用应由你店负责。此外，我原本决定在后天回国，如果因受伤而不能演出的话，一切经济损失也要由你店负责赔偿！"

客房部经理这下子傻眼了，不知所措。总算是不幸中之大幸，医生检查后说幸而没有引起骨折……总之，从这起事故中应该引起店方深思的是什么呢？

点评：

酒店中的客房未经过彻底打扫整理干净就让客人住进去是绝对错误的，甚至可以说是一种欺诈行为。事后据客房部经理了解，K女士入住的那间客房，因为旺季急于出售，在没有清扫完毕就进入前台销售系统。此外，客房管理员与总台之间没有衔接好，将客人领进还未清扫好的客房更是错误的。

保护客人的人身财产安全是酒店的头等大事。不管主客观原因如何，当客人受了伤，酒店就有一定的责任。如果不能防患于未然，等事故发生再来议论是非，总归会陷于被动。该酒店应该理解K女士的心情，除了使客人在精神上得到慰藉以外，在物质方面也要考虑合理适当地予以补偿，当然更重要的是改进管理制度，吸取事故的教训！酒店最后一方面减免K女士部分房费；另一方面，将上述情况报保险公司处理，将相关保险赔偿支付给了K女士。客人住进酒店后，由于各种不同原因，突发事件可能会时有发生，若酒店工作人员处理恰当，则可以为客人提供一些服务，亦可令身处异地而又需要别人关怀的旅客得到酒店的特别照顾，感到受重视及欢迎，易生"宾至如归"之感。

第一节　客房安全管理的意义与内容

酒店安全直接关系到客人的人身和财产安全，关系到酒店自身的社会公众形象。客房作为人员高度密集的区域，是酒店安全事故的重灾区，客房安全管理尤为重要。客房安全是酒店服务质量的基础条件，没有安全，其他一切无从谈起。在酒店中可能导致客房不安全的因素有很多，诸如火灾、偷盗、刑事案件、疾病传播等都会给客人带来不安全感，进而影响酒店的经营。酒店安全管理就是要营造一个外松内紧的环境，即在客人看来时时刻刻轻轻松松，管理人员心中紧绷安全管理的弦，这些对于提高顾客对酒店服务质量的评价具有十分重要的意义。

一、客房安全管理的意义

大多数人认为在酒店管理中，安全工作是依附于服务而产生的，它不直接产生利润，属于非生产性部门，因而将其视为"二线"部门而轻视之，这种看法和做法都是片面、错误的。安全工作的好坏，不仅直接关系到酒店的正常运转，也在很大程度上影响酒店的效益。

1. 安全管理是提高宾客满意度的重要保证

安全是人类的一个最基本的需求。酒店宾客如同其他任何人群一样，具有免遭人身伤害和财产损失，要求自身权利和正当需求受到保护和尊重的安全的需要。宾客身处异地他乡，他们对自己的生命安全、财产安全和心理安全格外关注和敏感，期望更高。因此，从经营角度出发，为宾客提供安全的环境以满足客人对安全的期望，是酒店开展正常经营管理工作和提高服务质量的基础。

2. 安全管理影响酒店的社会效益和经济效益

宾客来酒店消费，酒店经营者有义务制定出保证消费者安全的服务标准，配备能保证消费者安全的设施设备。否则，酒店将面临因安全问题而引起的投诉、索赔甚至承担法律责任，从而影响酒店的社会效益和经济效益。从法律角度出发，酒店在经营管理工作中必须牢固树立安全意识，确保酒店内所有人员和财产的安全。这里"所有的人员"，既包括宾客，也包括服务人员以及所有合法在酒店的其他人员；"所有财产"包括宾客财产、酒店财产以及服务人员的财产。

3. 安全管理有助于提高员工工作积极性

安全管理不仅包括对客人安全、酒店财产安全的管理，同时也涵盖对员工的安全管理。如果酒店在生产过程中缺乏各种防范和保护措施，将难以避免发生事故，可能使员工的健康状况受到威胁，进而很难使员工积极、有效地工作。

二、客房安全管理的主要内容

1. 保障客人生命财产不受损害

客房安全是会影响宾客选择酒店的重要因素，在马斯洛需求层次理论中的第二层次需求就是安全需求，可见对安全的需求是住店客人最基础也是最重要的，特别是出门在外，人们会对自己的生命、财产格外关注和敏感，其期望程度也比平时更高。如果一家酒店连最起码的宾客安全都无法保证，那离关门就不远了。因此，为宾客提供安全、温馨的住店环境，满足宾客的安全需求，无疑成为客房安全管理的首要任务。

2. 保护客人的隐私不受侵犯

宾客一旦入住酒店，客房便成为他的私人领地。宾客的自我意识很强，期望自己私人空间能得到充分的保护和重视。如果他们的私人空间受到了侵犯，便会产生强烈的不安全感，最后导致对酒店的不满。不恰当的服务方式和服务时间都会使宾客感到酒店对保护客人的隐私缺乏足够的重视，并因此而丧失对酒店的信心。因此，酒店必须以宾客为中心，高度重视向其提供安全可靠、无干扰的服务，努力营造温馨、放松、自由、和谐的氛围，使客人感到住在酒店如同住在自己家一样无忧无虑、轻松自在。

3. 尊重客房的使用权

客房是酒店的产品，出售客房是酒店创收的重要途径。宾客入住酒店就是购买了某一客房某段时间的使用权。因此，酒店应充分尊重宾客对客房的使用权。包括按酒店配备的设施设备、客用品，向客人提供符合酒店档次和形象的客房服务等。

4. 防止客人受到外来侵犯和骚扰

宾客一旦入住酒店，我们就有责任确保住店客人不受外来的侵犯和骚扰，有效地消除可能使宾客遭遇外来侵犯和骚扰的因素。为此，酒店应加强对访客的管理，未经住店客人的允许不得向访客提供任何有关住客的私人信息；加强楼道的安全管理，防止店外闲散人员进入客房区域，消除可能由此带来的安全隐患，为客人营造一个暖、静、雅、

洁的住店氛围；加强总机的管理，如果客人不希望被干扰，要求总机提供阻止外来电话进入客房的服务要求时，接线员应仔细询问宾客的要求，如免于干扰的时间及范围，并根据宾客的要求，认真实施。

第二节　火灾安全管理

火灾是酒店最致命的灾害，而客房是火灾发生的重点区域。虽然发生率很低，但后果极其严重，会给酒店带来经济和声誉上的双重损失。因此客房服务员在日常工作中一定要注意做好防火工作，确保酒店和客人的生命财产安全。

一、客房火灾发生的原因

火灾发生的原因一方面来自电器等设备原因，另一方面来自人为原因，人为原因则可能是由客人或者服务人员的疏忽而造成。

（1）床头柜电路板发生短路，引起火灾。

（2）客人醉酒玩火，引起火灾。

（3）客人带了酒精、汽油等易燃物品进房，不小心引燃，引起火灾。

（4）客人乱扔未熄灭的烟头、火柴梗，引燃物品，引起火灾。

（5）长住客人在房间内使用超负荷的电器设备，引起火灾。

（6）服务员工作不慎，将未熄灭的烟头处理不当，引起火灾。

（7）服务员违反规定在库房内吸烟，引起火灾。

（8）人为的火灾。

（9）节日燃放烟花爆竹，引起火灾。

二、客房火灾的预防措施

造成火灾的原因可能有多种因素，作为酒店管理层，要从多方面采取措施，避免火灾的发生，火灾预防措施主要包括：

（1）客房内服务指南附有安全须知，床头柜上放有"请勿在床上吸烟"告示牌，通道及电梯口有烟灰桶。

（2）在酒店设计建设中，安装必要的防火设施和设备。

（3）所有服务员都要牢记太平门、灭火器与消防栓的位置，并熟练掌握灭火器的使用方法。

（4）当班服务员要坚守岗位，注意观察，杜绝火灾隐患（如火星、火花），发现问题要及时采取措施并报告。

（5）禁止客人在房间内使用电炉等自备电器，如长住客人确实需要在房间使用自备电器设备，服务人员应请工程电力人员对使用的电器安全情况和布线等情况进行审核、安装、管理，切实防止超负荷用电。

（6）对服务员进行消防知识的培训，每年至少进行一次全员消防演练。

（7）服务人员应该在指定区域内吸烟，并及时处理烟灰和熄灭烟头。

（8）楼梯和电梯井底部等地积聚的垃圾易造成火灾，应定期清理。

三、客房火灾的处理程序

一旦客房发生火灾，服务人员和管理人员要按照一定程序进行处理，切忌慌乱，以免造成不必要的伤害和损失。

（1）客房服务员如发现火源，要保持镇静，迅速使用最近的酒店内部火警报警设备报警。

（2）消防监控部门发现火警报警信号后，要及时查找火源。

（3）服务员听到火灾报警信号时，如是本工作区域要立即查明火源，根据火势情况，采用适当的灭火器材进行灭火并报告上级主管部门和保安部处理。

（4）由酒店主管领导视火情拨打店外报警电话，报警时要讲清起火的地点、火情。

（5）疏导客人。如果火势不能控制，则应立即疏导客人离开火场。服务员要迅速打开安全通道，敲击和打开房门，在各要道口派人把守，有人引路。

（6）应急对策。若发现床单起火，应立即取水浇灭。注意开关房门时勿太用力，以防空气对流引起助燃；如遇电器火灾，应先切断电源，再用灭火器灭火；对易燃酒精、汽油等引起的大火，应用消防水龙头或灭火器灭火。

四、灭火的方法及灭火器材的使用

（一）火灾的种类

依照国家标准，火灾分为四大类：

（1）普通物品火灾（A类）。由木材、纸张、棉布、塑胶等固体所引起的火灾。

（2）易燃液体火灾（B类）。由汽油、酒精等引起的火灾。

（3）可燃气体火灾（C类）。如由液化石油气、煤气、乙炔等引起的火灾。

（4）金属火灾（D类）。由钾、钠、镁、锂等物质引起的火灾。

针对以上不同类型的火灾，应用不同类型的灭火方法和灭火器材进行灭火。客房部的火灾通常属于A类，即普通物品火灾。

（二）常用的灭火方法

常用的灭火方法有以下几种：

（1）冷却法。即通过使用灭火剂吸收燃烧物的热量，使其降到燃点以下，达到灭火的目的，常用的这类灭火剂是水和二氧化碳。

（2）窒息法。即通过阻止空气与可燃物接触，使燃烧因缺氧而熄灭，常用的这类灭火剂有泡沫和二氧化碳等，也可采用石棉布、浸水棉被来覆盖燃烧物。

（3）化学法。即通过灭火剂参与燃烧过程而起到灭火的作用，这类灭火剂有二氟二溴甲烷（1202）、一氟一氯一溴甲烷（1211）、三氯一溴甲烷（1301）及干粉等。

（4）隔离法。即将火源附近的可燃物隔离或移开，以此中断燃烧。

灭火的方法很多，但具体采用哪种方法，要视当时的实际情况、条件而论。

（三）灭火器材种类及使用方法（见表12-1）

表12-1　常用的灭火器材及使用方法

类别	适用范围	使用方法
酸碱式灭火器	扑灭一般固体物质火灾	将灭火器倒置；将水与气喷向燃烧物
泡沫灭火器	用于油类和一般固体物质及可燃液体火灾	将灭火器倒置；将泡沫液体喷向火源
二氧化碳灭火器	用于低压电器火灾和贵重物品（精密设备、重要文件）灭火	拔去保险锁或铝封；压手柄或开阀门；对准燃烧物由外圈向中间喷射
干粉灭火器	与二氧化碳灭火器适用范围相同，但不宜贵重物品的灭火	拔去保险锁；按下手柄；将干粉喷向燃烧物
卤代烷灭火器（1211、1202等）	上述范围都可以用它来灭火，特别适用于精密仪器、电器设备、档案资料的灭火	拔去保险锁；打开阀门；喷射火源

第三节　盗窃事故安全管理

近年来，随着酒店行业的迅速发展，犯罪分子针对酒店特别是客房进行盗窃的案件呈上升态势，酒店要从为客人服务的角度出发，加强管理和员工培训，加强硬件设施建设，建立有效的防盗机制。

一、客房盗窃发生的原因

客房盗窃发生的原因主要有以下四个方面：

（1）管理方面。酒店为了追求经济利益，简化登记程序，对登记把关不严，使犯罪嫌疑人蒙混过关。

（2）硬件方面。有些酒店虽然安装了监控设施，但形同虚设，没有真正做到24小时监控；有些酒店客房有监控盲点，为犯罪嫌疑人提供了肆意作案的条件；有些酒店门锁系统存在缺欠，形成关门却没有上锁的问题。

（3）服务人员方面。服务人员责任心不强或者职业道德存在问题，责任心不强给盗窃分子留有可乘之机，还有个别服务员见到客人贵重物品产生贪念，形成内盗。

（4）客人方面。有些客人入住酒店后，没有基本的防盗意识，不注意关门上锁，或是不按酒店要求去做（将贵重财物寄存或妥善保管），致使盗窃分子得手。

二、客房盗窃常见作案方式

客房管理人员和服务员要充分了解盗窃的作案方式，善于观察，提高警惕性。

（1）采用撬门、扭锁、插片等方式进入客房盗窃。

（2）偷配钥匙、盗取客人房卡进入客房作案盗窃。

（3）趁机进入房内盗窃。

（4）翻窗入室行窃。

（5）酒店内部员工自盗。

三、客房盗窃案件的预防措施

为有效防范客房部盗窃案件，酒店在日常经营管理和服务工作中，要做到如下几个方面，切实有效地防止盗窃案件的发生。

（1）规范登记制度。入住客人登记工作要尽可能做到全面、详尽，人和证件统一；认真比对通缉资料，发现情况，及时报警。

（2）建立监控预警机制。启用监控设备，真正做到昼夜24小时监控，发现异情，要做到早发现、早报告、早控制、早处置。

（3）建立防盗宣传制度。酒店服务人员或者房间内部服务指南应当向客人宣传防盗意识，加强自我防范，不要让陌生人进入室内。进门关门，睡觉时锁窗、锁门，将现金和贵重物品进行寄存等。

（4）堵塞客房的防盗漏洞。在门锁处添加防盗板，防止插片开门；对安装扶手下压式门锁的门底缝隙进行缩小处理，以避免金属丝绳套法开门盗窃。

（5）服务员坚守岗位。尽量掌握客人的特征、国籍、姓名、性别及出入情况，在楼层内发现有人滞留，徘徊张望或行踪可疑，从为客人排忧解难和酒店安全的双重角度出发，客房服务员应进行询问，问话应礼貌而妥当。如："您找哪位客人？""我能帮您做些什么？"从对方回答问题的神态与内容，很容易判断是遇有困难还是图谋不轨，根据不同情况进行处理，发现可疑情况要立即报告。

（6）客房服务员为住店客人保密。防止盗窃者了解客人情况后进行盗窃活动，到客房会见住客的来访者，须经服务员传达且得到被访者允许后才能进入。如果客人不在房间，来访者不得进入客房。

（7）客房服务员要严格执行清扫房间的登记制度。服务员离开房间后，须将房间门锁好，不给盗窃者可乘之机。清扫房间过程中，如有非本房间的住客进入时，客房服务员要问明情况，提高警惕。

（8）加强对内部职工的教育，防止少数不法分子进行内盗。客房员工之间要互相监督，严格按工作程序办事。

服务细节解析：房务工作车堵住房门的作用

一家五星级酒店内，女服务员正在2005房间打扫卫生间，她一边轻声哼着流行歌曲，一边用刷子清洗恭桶。门敞开着，工作车放在走道中。一个西装革履、留着长发的小偷，绕过工作车，轻手轻脚地溜了进来。坐在床旁，背对房门，拿起话筒，假装打电话。

服务员清洗完毕，走出卫生间。她看见有个人坐在床旁打电话，以为客人回来了，不宜干扰，于是退出来，关上房门，到其他房间做清洁整理。客人的公文包放在写字台上，大衣挂在衣橱里，旅行箱放在沙发旁的圆桌上。小偷乘机行事。他用螺丝刀撬开公

文包，翻寻值钱的物品。其中有一个豪华的钱包，他搜出一沓美元。从衣橱中拿出客人的长大衣，从口袋中翻出一沓人民币，一支名贵金笔。他打开旅行箱，把里面的杂物一股脑儿地倒在地上，寻找珍贵物品。他找到一串珍珠项链，一只装金戒指的首饰盒，将它们塞进自己的西装口袋。然后，迅速地将看不中的物品塞回旅行箱，把大衣、公文包放回原处，打开房门，溜了出去。

傍晚，客人回房，发现失窃，立即报案。保卫人员和公安人员赶到现场，搜集线索，拍摄脚印、指印照片，询问女服务员。她一边哭，一边讲述了事情经过。5天后，公安机关在商品市场抓获了正在向行人兜售珍珠项链的罪犯。案子虽然侦破，但给客人带来精神上的痛苦和不必要的经济损失，损害了酒店的声誉。

点评：

酒店的人员流动量大，人员比较复杂。客人住进酒店，酒店要保护客人的人身和财产安全，酒店的安全工作不能只靠保安部来维护，酒店的所有工作人员都应该为保护酒店的安全而努力，不仅要保护好客人的人身财产安全，也使酒店员工都有一个安全的工作环境，同时也可以避免酒店遭受损失。在本案例中，防止此次盗窃的有效方法非常简单，服务员清扫时用工作车堵住房门，就可以一定程度上防止小偷和闲杂人员乘机潜入。

四、客房盗窃案件的处理程序

住店客人的财务被盗后，客人直接通知公安局的有关部门，这叫作"报案"。客人没有报案，而是向酒店反映丢失情况，这属于"报失"。无论是"报案"或是"报失"，酒店领导、客房服务员、保安部都应该帮助客人调查失窃原因，积极了解相关情况，尽快解决客人提出的问题，把自己范围内的工作做好。

（1）客人向服务员或其他酒店人员（领班、主管、值班经理）报失财物后，服务人员应马上向上级领导汇报，领班或主管要及时向客人了解情况。问清客人丢失物品的名称、特征、丢失的时间、丢失前什么时候在什么地方最后一次看到此物等情况。

（2）问清情况后，安慰客人不要着急，请他再次仔细查找，并征求客人意见是否报案。

（3）如果客人不要求报案，只是要求酒店方面帮助查找，客房服务员也应及时把情况汇报领导，听取领导的处理意见。如果客人要求报案，酒店应给客人提供方便，让客人自己到公安机关（或打电话）报案。

（4）如果被盗财物涉及服务员，在未掌握确凿证据之前，客房管理人员不可妄下结论，也不可盲目相信客人的陈述，以免损伤服务人员的自尊心。要坚持内紧外松的原则，细心查访和寻找。

（5）酒店一旦发生盗窃案件，作为客房服务员，要在报告领导及保卫部门的同时，注意保护现场，不准无关人员无故进入现场，更不许碰触其他物件，这对调查分析、追踪破案极为重要。

（6）此外，案发后，在真相未明的情况下，不能向不相干的外人传播，如有客人打听，应有礼貌地说："对不起，我不清楚。"

第四节　意外事故安全管理

发生在客房部的安全问题，除火灾、盗窃原因引起，还可能有以下几个方面造成的安全问题，因客房设施引起的意外事故；因传染性疾病引起的意外事故；治安、刑事案件等意外事故引发的安全问题。

一、客房设施引发意外事故的防范与处理

因客房内部设施设备、家具等配置、安装或使用不当引起的意外事故也是一项造成客人、服务人员安全问题的主要因素。

（一）客房设施引起意外事故发生的原因

（1）浴室冷、热水供应不正常，烫伤客人。

（2）设施设备年久失修或发生故障而引起的各种伤害事故，如天花板等建筑物掉落、倒塌，砸伤客人。

（3）地板太滑，楼梯地毯安置不当以及由于走廊、通道照明不良而使客人摔伤。

（4）卫生间地面容易滑倒，致使客人受伤。

（5）客房清洁设备操作不当，造成服务人员受伤。

（二）客房设施引起意外事故的防范

对于以上事故隐患，酒店应给予足够的重视，要采取各种防范措施，防止意外事故的发生。

（1）采取措施，确保浴室冷、热水供应正常。

（2）经常检查维修酒店的设施设备，消除隐患，如地板太滑可铺设地毯，照明不良可更换灯泡。

（3）如因地毯铺设不当，经常绊倒或摔伤客人，应考虑对其重新安置、铺设。

（4）卫生间地面浴缸前面铺设防滑物品，尽量保持卫生间干燥，并设置提示牌提示客人注意地面易滑倒。

（5）客房部员工在工作时，要严格按照操作程序和操作规程进行操作，防止出现各种工伤事故。

（三）客房设施引起意外事故的处理

（1）服务人员接到客人通报或者投诉后，应立即安慰客人，通知酒店医生来为客人治疗，由医生决定进一步治疗方案。

（2）客房部管理人员根据客人的伤势，到房间或者医院探望问候，对所发生的事情向客人表示歉意。

（3）对该客人给予特殊的照顾，视情况进房问候，询问客人在服务上有无其他需要。

（4）马上通知维修部门，对该房间内的设备进行维修。

（5）对事情发生的经过做好记录，调查事故发生的原因，从中吸取教训，防止类似的事情再次发生。

（6）对客人提出的索赔要求根据不同情况进行相应处理。

（7）客房服务人员在日常工作过程中受伤，如在工作日时间，应立即去酒店内部医务所诊治，同时第一时间通报人力资源部按照工伤程序处理。如在夜间或者休假日，应通报大堂副理或其他管理人员，由管理人员进一步上报处理。

二、传染病引发意外事故的防范与处理

传染病是由各种病原体引起的能在人与人、动物与动物或人与动物之间相互传播的一类疾病。由传染病引发的意外事故一旦大规模发生，对酒店的经营管理会造成极端恶劣的影响和破坏，酒店切不可掉以轻心。

（一）传染病源和常见传染病

对于酒店而言，要注意防范传染病，管理者和员工需要了解传染病的简单知识，如：传染源、传播途径及酒店内常见传染病。

1. 传染源

传染源是指体内有病原体生长、繁殖并且能排出病原体的人和动物。包括病人、病原携带者和受感染的动物。在酒店客房内传染源可能来自两个方面：一方面来自酒店，包括酒店环境和酒店员工；另一方面来自客人。

2. 传播途径

传播途径是指病原体离开传染源后，再进入另一个易感者所经历的路程和方式。不同的传染病有不同的传播途径，有的传染病有几个传播途径。主要的传播途径有以下几种：

（1）空气传播：病人在说话、咳嗽、打喷嚏时，将黏液、飞沫喷到空气、尘埃中，被易感者吸入体内引起疾病，主要有流行性感冒、麻疹、白喉、百日咳等。

（2）水源、食物传播：常见于肠道传染病。被污染的水源和食物被人食用后引起传染病，如细菌性痢疾等。

（3）接触传播：既可传播肠道传染病，又可传播呼吸道传染病。人与传染源直接接触而引起传染病，如狂犬病等。人接触传染源的呕吐物、大小便或接触了被污染的手、用具、玩具等，如脊髓灰质炎、白喉等。另外性病可通过直接或者间接接触病原体传播。

（4）节肢动物传播：如蚊子、白蛉等作为中间媒介传播疾病。蚊子可传播疟疾、流行性乙型脑炎，白蛉可传播黑热病。

（5）血液及其制品传播：通过注射、输液（血）、针灸或一些血液生物制品的应用引起传染病，如乙型和丙型病毒性肝炎、艾滋病等。

3. 酒店客房常见传染病

酒店客房常见的传染病类型包括：通过空气传播的呼吸道传染病，如流行性感冒等；

通过水、饮食传播的消化道传染病，如细菌性痢疾、甲型肝炎等；通过生物媒介等传播的血液传染病，如乙型肝炎、流行性乙型脑炎等；通过接触传播的体表传染病，如血吸虫病、性病等。

客房部要做好上述四种传染病的预防工作，特别是在传染病大规模集中爆发阶段。

（二）传染病引起意外事故的防范

客房部应该从以下几个方面着手抓好卫生工作，防止传染病的发生和传播。

（1）按预定的清扫频率，组织正常的清扫工作。如酒店所在地气温较高就应注意潮湿问题，应对潮湿的角落经常检查，并定期或不定期地喷洒杀虫剂。另外，要避免灰尘的堆积，角落、家具底部特别容易成为灰尘聚集的地方，要组织系统有效的行动来清除灰尘。

（2）布草的清洁。无论是客人使用的布草还是员工使用的布草，应保持清洁卫生，无懈可击，对于那些可能感染上病菌的布草应尽可能放在沸水里煮过。

（3）卫生间设施的特别清扫。浴缸、淋浴器、便器以及洗脸池是客人身体直接接触的物体，病菌容易通过这些设施传染给随后租房的其他客人，因此搞卫生时应特别予以关注，尤其是那些患有传染病的客人使用过的客房，客人离店之后，要对其卫生间设施使用消毒剂，进行彻底的清扫。

（4）消灭害虫。我国很多旅游酒店蟑螂成灾，酒店以及上级有关部门经常收到来自国际旅客在这方面的投诉，旅客气愤地说："我不能与蟑螂同住一屋！"有的旅客甚至在回国后有意无意地写文章，投书新闻界，诉说自己在这方面的"经历"，对我国旅游酒店业的声誉造成不良的影响。酒店要定期对各种可能出现的害虫进行集中投药、消毒等防治消灭工作。

（三）发现传染病住客的处理

为了防止传染病的蔓延，保障住店客人的安全与健康，酒店方面有权拒绝患有传染病的顾客留宿。一旦发现传染病住客，可以要求对方立即就医，并对房间进行彻底消毒处理同时注意保密。

三、治安、刑事案件的防范与处理

酒店内可能发生的治安、刑事案件除了前面介绍过的盗窃外，还有抢劫、诈骗、斗殴、凶杀、毁坏公共财物等刑事或治安案件，这些意外事故会对客人心理和生理造成极大的不良影响，必须提高警惕，坚决制止。

（一）治安、刑事案件的防范

（1）保安部加强对大厅、娱乐场所、客房的巡视，对成群结伙或者花枝招展、衣着暴露的人员注意观察，从中发现苗头，加以劝阻直至其离店。

（2）服务员在工作中如发现有可疑之处，应立即报告保安部。

（二）治安、刑事案件的处理

（1）客房服务人员一旦发现上述治安、刑事案件，要及时打电话报告保安部，并通知在岗保安员控制事态。

（2）服务人员要说明发案地点、人数、国籍、闹事人是否携带凶器，并报清自己的姓名。

（3）保安人员迅速到达现场后，将斗殴双方分开并带到保安部办公室处理。服务员可根据保安部要求做好情况介绍、笔录或者离开。

【本章小结】

安全是客人在酒店住宿的前提条件，保障客人在酒店人身财物的安全是客房管理的主要任务之一。客房部的安全问题主要涉及火灾、偷盗和客人因客房设施设备的安装和使用不当而引起的伤害、刑事案件、传染病等意外事故等。客房员工要有安全意识，针对不同的安全问题，采取不同的防范措施。客房管理人员不仅要教育员工洁身自好，还要制定客房安全管理制度并教育员工严格执行，同时加强安全管理的检查工作。对重点区域重点防范，对可疑人员严格盘查和重点关注，不给其可乘之机。

【复习思考题】

1. 客房部主要安全问题有哪些？

2. 酒店火灾发生的原因有哪些？应如何防范？

3. 酒店发生火灾的处理程序有那些？

4. 客房盗窃案件发生的原因有哪些方面？

5. 因意外事故引发的安全问题有哪些，其主要防范和处理程序有哪些？

本章案例思考：住酒店遭窃谁来赔

广州某酒店几年前被住店客人告上了法庭。某四川客人入住了该酒店，一觉醒来发现随身所带的物品皆失，他认为酒店的保安没有尽到职责，于是起诉要求酒店赔偿各种损失15.2万元和3000美元（含精神损失费5万元）。

同样情况也出现在一家沈阳的星级酒店，至今已经被类似官司纠缠了一年多了。酒店的一位住店客人在房间里丢失了手机，要求酒店赔偿1000元。事情的经过是这样：该名客人正在卫生间里洗漱，这时听到有人敲门，他以为是刚才打过电话的朋友，于是就把门打开了，自己又回到了卫生间，两分钟以后他觉得有些不对劲，便走出来查看，发现放在床上的手机不见了，于是追出门外，在楼道里他遇见了那个盗贼。据他说，窃贼手里拿着钢刀，在他和窃贼搏斗时，楼道里有一名服务员没有管，因此他认为酒店应负责任，遂提出赔偿。

此外，还有在酒店停车场丢车要求赔偿的，有酒店吃饭丢包要求赔偿的，等等。

背景介绍：

酒店究竟该不该对这些失窃者进行赔偿，存在两种截然相反的意见。认为应该赔偿的几乎都是消费者，他们认为，既然客人在酒店花了钱，不论是住宿也好，存车也好，吃饭也好，酒店都有责任保护客人的财产安全，应该保护消费者的利益，否则就是酒店的失职，东西丢了，他们当然要赔偿客人的损失。认为不应该赔偿的则几乎都是酒店，他们说，酒店前台有明确的提示，贵重物品要交给酒店保管，客人如果不愿意，那么丢失了贵重的东西应该由自己负责；另外，如果是因为酒店的责任引起客人失窃，如窃贼破门而入或由酒店保管的行李丢失等，应由酒店赔偿；要是因为客人自己的问题引起的丢失情况，酒店没有理由进行赔偿。

北京新世达律师事务所的律师刘卫认为，客人入住酒店后，酒店和客人之间有个合同问题，他们是租赁和服务的关系，根据《民法》《消费者权益保护法》和《合同法》的规定，酒店有责任在客人入住时提醒对方注意安全，如果酒店没有做到这一点则是失职，客人有权要求赔偿。刘律师还对消费者有几点忠告：一是带数量较多的现金要按规定存入酒店的前厅；二是要有安全意识；三是一旦发生情况要积极反映，并配合公安部门调查，要尽可能得到酒店的协助。对酒店，刘律师也有几点提示：一是一定要提醒客人注意安全，而且必须明示，要在显眼的位置张贴警告牌，必要时还要告知对方；二是发生情况后要注意免赔条款，比如在不可抗力的情况下，酒店可以不赔偿，但要积极取证。北京和平宾馆发生的停车场里的轿车被砸一案即属于这种情况，最后处理得非常圆满；三是要有保险，目前有一种公共责任险，对酒店来说很有利，值得投保，北京现在已有很多酒店参加了，有些已经受益；四是要加强管理，尤其是安全方面的管理，从领导的角度来说就是要有安全意识。

点评：

客人在酒店遭窃，不论原因为何，酒店都应记住这一基本原则：向客人提供安全服务是酒店的基本功能。离开了这一功能，酒店产品也就失去了一定的意义。因此，酒店应在方方面面加强安全防范，尽可能将此类事件的发生率降至最低。

参考文献

1. 刘伟.前厅与客房管理［M］.北京：高等教育出版社，2018.

2. 唐飞.前厅与客房管理［M］.重庆：重庆大学出版社，2018.

3. 陈丹红，王蕾.酒店服务技能与实训［M］.北京：中国旅游出版社，2016.

4. 田雅琳.前厅与客房管理［M］.北京：机械工业出版社，2014.

5. 林璧属.前厅、客房服务与管理［M］.北京：清华大学出版社，2014.

6. 薛秀芬，王蕾，宋丽娜，于桐.前厅与客房管理［M］.大连：大连理工大学出版社，2011.

7. 陈丹红，王蕾.饭店服务技术［M］.北京：中国旅游出版社，2009.

8. 景曦.浅析饭店的个性化服务［J］.商场现代化，2009，12（23）：20-21.

9. 谢琼.我国酒店贴身管家职业规范化发展刍议［J］.经济研究导刊，2017，9（25）：166-167.

10. 李羽欣.浅谈我国酒店管家服务的发展［J］.传播力研究，2019，2（2）：202-204.

11. 李彦妮.酒店服务创新策略分析［J］.旅游纵览，2019，4（8）：81.

12. 赵豫西.酒店个性化服务探析［J］.江苏商论，2019，2（2）：26-27.